# デザインが「交通社会」を変える

## 美しい国土、魅力ある交通

(財)国際交通安全学会編

中村良夫
中村英夫
隈　研吾
水戸岡鋭治
岩貞るみこ
矢野雅文
古川　修

◎企画編集
武内和彦
栗原典善

技報堂出版

鍬形蕙斎作『江戸一目図屏風』（津山郷土博物館蔵）

# 美しい日本の原風景

青い海、空、緑の山々。
美しい自然の懐に抱かれた風景こそ、
私たち日本人の原点といえよう。

## 庭園都市、江戸の眺望

幾筋もの川が流れ込み、その間を縫うように広がる江戸の町並み。日本の伝統的な都市の姿は、自然と文化が融合した庭園都市のようであった。この潤いのある風景が、東京の街から急速に姿を消し始めたのは、東京オリンピック開催の準備に追われた昭和30年代のことだった。

葛飾北斎作「信州諏訪湖水氷渡」(東京国立博物館蔵)

葛飾北斎作 『富嶽三十六景 御厩川岸より両国橋夕陽見』（東京国立博物館蔵）

**交通風景が、その時代の“顔”に**

時代のイメージは、その時代の幹線路からの眺めにより印象付けられる。江戸期の日本では、世界でも例を見ない一大舟運網と、陸では街道筋の風景がその象徴となった。そして、現代のイメージを印象付けているのは、高速道路や新幹線、ジェット旅客機からの眺めである。

日本橋地域の将来図(日本橋みち会議)

## 五街道の起点、日本橋の再生

東京の日本橋地区では今、高速道路の移設を軸にした大規模な都市再生計画が検討されている。全国に先がけ、まず五街道の基点である日本橋で、品格のある理想的な街づくりを先行し、そこから日本全国に、都市再生の意義と方向性を波及させていくことが期待される。

昭和初期(『日本橋總覧』より)

歌川広重作『東海道五十三次 日本橋』(東京国立博物館蔵)

# 都市に、水辺の潤いを

都市のなかに網の目のように広がる川、堀、用水路。
日本の都市を特徴付けてきたのは、美しい水辺の風景だった。
その潤いを取り戻す試みが、近年、徐々に広がりつつある。

現在

昭和37年(『首都高速道路公団二十年史』より)

## 山紫水明の都、広島の復興

広島市では、戦後数十年の歳月をかけて、太田川の水辺の空間を生かした街づくりに取り組んできた。近年は水上交通も復活。水辺にはゆったりと寛げるカフェがオープン。河川敷と街を一体化させた整備事業により、広島市は山紫水明の都へと再生しつつある。

F
P
E

# 暮らしを支える道

暮らしに身近な風景は、いつも魅力的であってほしい。
都心には「品格」を、郊外には「潤いと活力」をもたらす
交通デザインを、これから真剣に考えていく必要がある。

## 快適で、潤いのある交通社会へ

20世紀に発達した自動車交通は、今や私たちの暮らしと切り離せないものになっている。では、今日のクルマ社会は、利用者にとって本当に快適で、潤いの感じられるものになっているのだろうか。今後はそれを再点検し、新時代にふさわしい交通社会のデザインを考えていく必要がある。

J

K

## 暮らしの記憶を刻む路地

笑い声、泣き声、世間話……。路地にはさまざまな人の記憶が刻まれている。路地で育まれた伝統文化は今、私たちの身辺から姿を消しつつあるが、この魅力ある空間をなるべく維持し、現代的に蘇らせていくことも、これからの都市デザインの大きなテーマとなる。

水／ガラス(熱海)

# 自然に溶け込む建築

個性の主張から、自然と一体化し、その場所に溶け込む建築へ。
21世紀に入り、建築デザインも大きな転換期を迎えている。

## 場所性へのこだわり

そこに建ったことも気づかないくらい、周囲にすんなりと溶け込む受動性。「場所性」にこだわるとは、そうした受動性を持つことであり、これが隈研吾の作品を貫くキーコンセプトである。海岸では全面ガラス張りの建築が、中国では竹を使った建築が、それぞれの場所の風景や文化に見事に溶け込んでいる。

GREAT(BAMBOO)WALL（北京）

馬頭町広重美術館(那須)

## 天然素材のちから

建築の世界では今、素材のイノベーションが進行しつつある。木、石、土、竹、紙など、さまざまな自然素材が使われるようになり、同時に、それらの扱いに長けた日本の建築技術に、世界の関心が集まり始めている。今後は天然素材のちからが、建築デザインの可能性を切り拓いていくことになる。

石の美術館(那須)

**「つばめ」に漂う伝統美**

九州新幹線「つばめ」には、楠や桜、藺草などの自然素材が使われている。「伝統とモダンの融合を目指した」（水戸岡鋭治）というこの新幹線には、真にジャパン・ブランドといえる独創性が備わっており、今やその魅力が、九州人の新たなアイデンティティとなりつつある。

# ジャパン・ブランドの鉄道

「伝統」と「モダン」の融合。
そして素材、人、文化の「地産地消」。
固定観念を打ち破るデザインが、地域社会に活力を与える。

KYUSHU SHINKANSEN TSUBAME 800 SINCE 2004
KYUSHU SHINKANSEN TSUBAME 800 SINCE 2004

九州新幹線つばめ

特急ゆふいんの森

あそ1962

特急かもめ

## 九州を彩る、個性豊かな電車たち

九州を走る水戸岡デザインの車両は、どれも魅力満載だ。博多ー長崎を結ぶ「かもめ」には、地域文化を取り込んだアートギャラリーを設置。博多ー由布院を結ぶ「ゆふいんの森」は、リゾート気分を満喫できるつくりに。阿蘇カルデラ観光列車「あそ1962」には、サイクリング車も持ち込める。

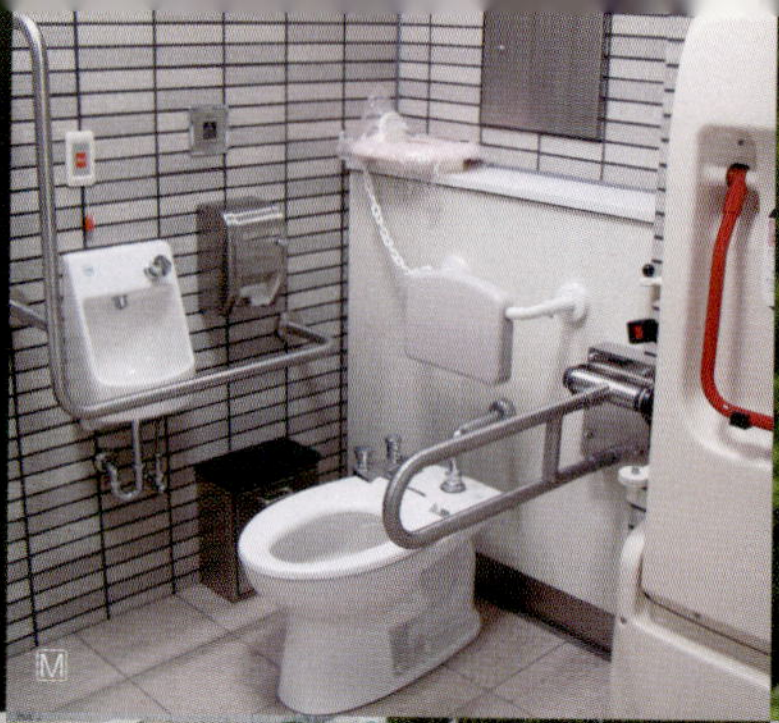

M

N

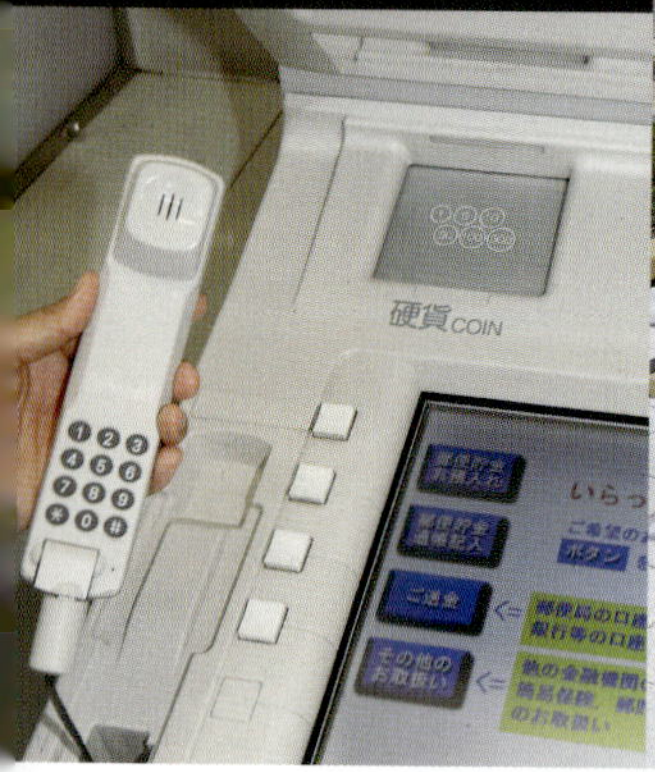

L

M

O

# 機能と美しさの融合

あまねく人に見やすく、使いやすく。
さらに美しさも、魅力も備えたデザインへ。
ユニバーサルデザインが、交通社会を潤す。

## あらゆるデザインを、利用者の視点から

計器類のデザインや福祉車両の充実など、近年、自動車会社はユニバーサルデザインの導入に力を入れ始めた。しかし、駅や各種施設、標識などの公共デザインの分野では、まだ総じて切り替えが遅れており、今後は公共空間のユニバーサル化を、さらに加速させていく必要がある。

P

きっぷうりば
Tickets 售票处 매표소
定期券購入のお客様へ
運賃表
Fare Table
定期券発売対応機
チャージできます
PASMO

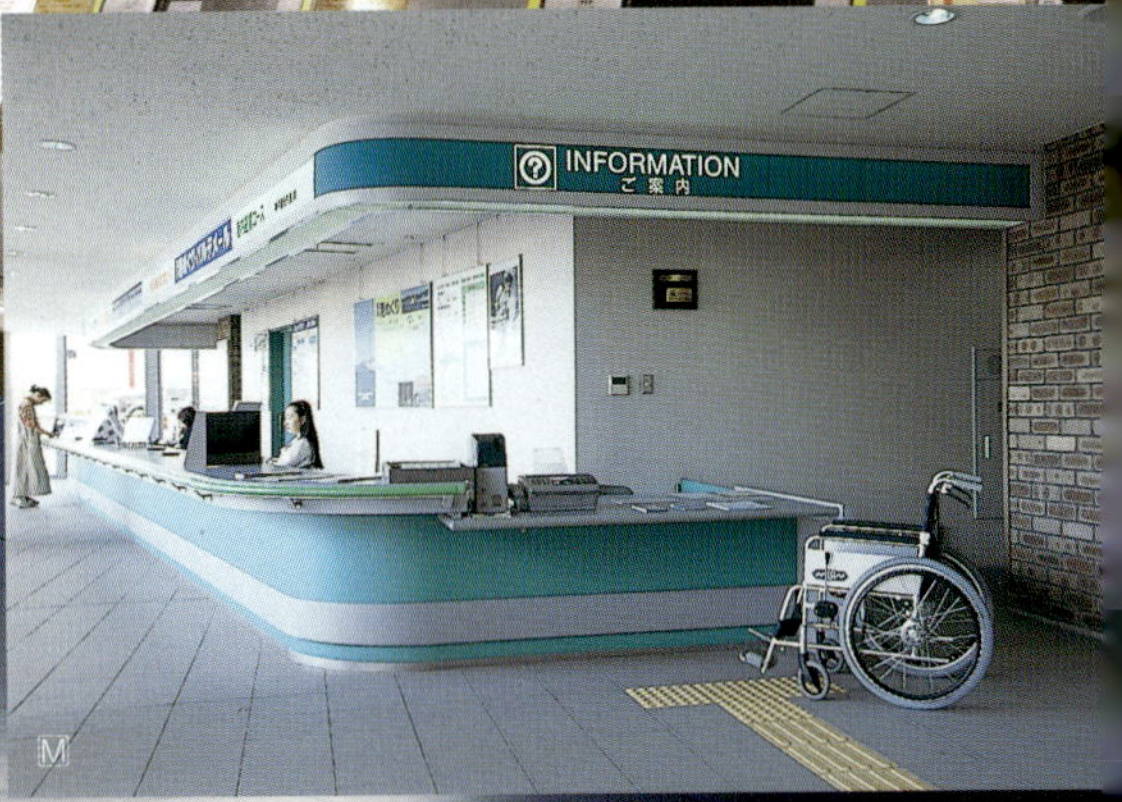
INFORMATION
ご案内

出入国ロビー
DEPARTURE/ARRIVAL LOBBY
送迎デッキ
VISITOR'S DECK

# 未来への挑戦

テクノロジーの発達により、
ますます高度化、複雑化する交通社会。
21世紀に、我々はどのようなモビリティを獲得できるのか？

イラスト：栗原典善

## ヒューマンフレンドリーな交通社会へ

科学技術の進歩により、交通社会は今後、どのように変貌していくのか。SF映画のようなモビリティの実現も、あながち夢ではないかもしれないが、反面、ますます高度化するテクノロジーと、人間が共存していけるのかという問題も、今後の大きなテーマとなる。

**写真提供**：Ⓐ フォトライブラリー　Ⓑ データクラフト　Ⓒ DCアーカイブズ　Ⓓ 広島市都市活性局　Ⓔ Tomio Takahashi
Ⓕ Stadio Caesar　Ⓖ R. Creation　Ⓗ Ikao Nonaka　Ⓘ デジタルアーカイブジャパン　Ⓙ sebun　Ⓚ Tomonari Tsuji
Ⓛ 中部技術事務所　Ⓜ ユニバーサルデザインコンソーシアム　Ⓝ ASCII24　Ⓞ 本田技研工業株式会社
Ⓟ フォルクスワーゲンジャパン　Ⓠ 横浜港大さん橋国際客船ターミナル
東京国立博物館所蔵作品は、Image：TNM Image Archives Source：http://TnmArchives.jp/

# はじめに

## 真に豊かな交通社会を築くために

　幕末期に初めて日本を訪れた西欧人たちは、四季折々に変化する日本の自然の美しさを称えるとともに、手入れのよくいき届いた街道筋や、情緒豊かな町並みの美しさにも賛辞を惜しまなかった。近代以前における日本は、いち早く産業革命を終えた西欧諸国に、機能や効率の面では比肩しようもなかったが、「美観」の面では、世界でも例を見ない美しさと多様性を備えた国であったといえる。

　その後、明治維新を経て近代化の道を歩み始めた日本は、富国強兵、殖産興業の大号令のもとで国をあげて国土改造を推進した。交通分野でも、鉄道路線網の整備、車文化の輸入などを推進し、日本は短期間で西欧諸国に追いつくことができた。

　戦後には、戦災で焦土と化した国土を復興するために、産業誘致などで急ピッチに国土開発を進めた。そうした政策は功を奏し、日本は先進工業国の仲間入りを果たした。交通分野においても、都市鉄道の開発、新幹線の導入が進められた。さらに、自動車が爆発的に普及し、空前のモータリゼーション社会が築かれた。

明治以後、このように紆余曲折を経て走り続けてきた日本が、空前の経済的繁栄を手中にしたことは周知のとおりである。しかし、振り返って、我々がこの百数十年で築いてきた社会は、果たして我々の生活に潤いと真の豊かさをもたらしたのだろうか。確かに、戦後日本は経済的には豊かになった。しかし、その一方で、国土の美しさや人々の心の豊かさの面では、むしろ以前よりも後退したのではないか。

このような疑問は、有識者のみならず、国民にも広がりつつある。二〇〇五(平成一七)年には景観緑三法が施行され、景観が国民共有の財産であることが広く認知されるに至る。しかし、美しく潤いのある国土を取り戻すには、まだまだ多くの努力が必要である。公共空間を大事にしなくなった国民意識の変革、実効性のある景観計画の策定、望ましいデザインの普及など、解決すべき課題は多い。

こうした状況下で、首相の諮問会議として「日本橋川に空を取り戻す会」が設置され、東京オリンピックに間にあわせて日本橋川に高架で設置された首都高速道路を地下に移設するという事業の提案がなされたことは、まことに象徴的な出来事であった。二〇世紀の経済成長の負の遺産を二一世紀中に解消すべく、美しい国土づくりに乗りだすことは、成熟した国づくりを目指す日本に求められているものである。

## デザインが交通社会にもたらすもの

ところで、私たち日本人には、本来美しいものを尊ぶ伝統がある。それを支えるデザイン技術にも目を見張るものがある。そうしたデザイン技術は、伝統芸術のみならず、近代的な工業デザインにも生かされている。その現れが、すぐれた自動車のデザインである。もし日本で、国土から車のスケールに至る統一的なデザインの体系が出来上がり、それを国民の総意で実現させられれば、そのときこそ、日本は名実ともに豊かで潤いのある国になったといえるのではなかろうか。

「デザイン」は、交通社会に機能と美観をもたらす。しかし、デザインの観点から今日の日本を眺めたとき、さまざまな課題が生じている。本書では、そうした問題意識に基づき、交通に関わる幅広い分野のデザインを取り上げ、俯瞰的、多角的な検証を試みる。ここでいうデザインは、たんなる視覚表現にとどまらない。機能性や利便性を含んだ、トータルな概念として、デザインを考えていく。

本書では、国土スケールから、都市・農村スケール、車・鉄道などの乗物スケールに至るまで、さまざまな空間スケールを通してのデザインのあり方について検証を行う。そうした検証を経て、交通分野に共通するデザインの思想を浮き彫りにし、交通社会を潤すデザインのあり方について、その可能性と課題を検討する。

ここで重視したいのは、「デザイン」における共通性と固有性をどのように組み合わせていくかという問題である。グローバル化は、国や地域の異質性を乗り越えて世界文明としての共通性を獲得する過程にほかならず、デザインでも高い共通性が求められる。機能性や安全性が重視される交通社会では、なおさらである。

しかし一方で、個性を尊重しないと地域文化は廃れてしまう。日本には、長い歳月をか

けて養われた独特の美意識に基づくデザインの思想がある。それゆえ、交通社会における
デザインが抱える大きな課題は、機能面で国際標準化が進むなかでの普遍的なデザインと、
国や地域の固有性を尊重した個性的なデザインとを、それぞれ追求しながら、現実の社会
において、両者をどう矛盾なく共存させるかである。

現代社会においてデザインが抱えるもう一つの課題は、持続可能性の追求である。地球温暖化や資源枯渇をはじめとする地球環境問題は、いうまでもなく現代人が背負わされた最重要課題の一つである。潤いのあるデザインは実現できても、それが地球環境の持続可能性を阻害するものであってはならない。乗物の製造についても、環境に負荷を与えない素材や、循環型資源利用が求められている。

さらに、交通社会では、高度化する技術と人間性の回復が両立できるのかという問題もある。自動車などの交通機関は、ますます高度化・複雑化し、建築物や道路などのインテリジェント化も進んでいる。技術革新により、目まぐるしく人々のライフスタイルが変化するなかで、機械と人間の共存は果たして可能なのかを考える必要がある。本書では、ユニバーサルなデザインやヒューマンフレンドリーなデザインの観点から、こうした問題に対してどう取り組むかを考える。

本書は、(財)国際交通安全学会(ＩＡＴＳＳ)の研究調査委員会主導による第三回プロジェクトの研究成果をまとめたものである。第一回は『「交通」は地方再生をもたらすか―分権時代の交通社会』、第二回は『「交通」が結ぶ文明と文化―歴史に学び、未来を語る』(い

ずれも同学会編、技報堂出版発行)と題し、すでに刊行されているが、本書はその姉妹図書にあたる。これまでと同様、プロジェクトメンバーに対するインタビューの実施と、シンポジウムの開催を通じて、その成果をとりまとめた。

本プロジェクトのメンバーは、中村良夫(IATSS顧問、東京工業大学名誉教授)、中村英夫(同評議員、武蔵工業大学学長)、隈研吾(建築家)、水戸岡鋭治(インダストリアル・デザイナー)、岩貞るみこ(モータージャーナリスト)、矢野雅文(同会員、東北大学電気通信研究所所長)、古川修(同顧問、芝浦工業大学システム工学部教授)、の各氏である。また、プロジェクトリーダーの武内和彦(同会員、東京大学大学院農学生命科学研究科教授)と、栗原典善(同会員、(株)典・NORI INC. 代表取締役)がプロジェクトのとりまとめを担当した。

本書が、二一世紀の交通社会に果たす「デザイン」の本質的な役割をよりよく理解し、今後、美しく潤いのある交通社会を築き上げていくための議論の参考になれば、まことに幸いである。

平成十九年三月

武内和彦
栗原典善

# 目次

## 企画編集

本書の企画編集
およびインタビュー

**武内和彦**
東京大学大学院
農学生命科学研究科教授
IATSS 会員

専門分野は緑地環境学。
主な著書は『環境時代の構想』など。

**栗原典善**
㈱典・NORI INC. 代表取締役
デザインディレクター
IATSS 会員

国内外の自動車デザイン
プロジェクトを中心に活躍。

# 第一章 日本の原風景と未来像

**中村良夫**

東京工業大学名誉教授

IATSS顧問

東京大学工学部卒業。東京工業大学教授、京都大学教授を歴任。専門分野は景観工学。主な著書は『風景を創る』『研ぎすませ風景感覚1・2』など。

---

中村氏は、景観工学のパイオニアとして先駆的な研究を続けてこられた。一方で市民学としての風景学を提唱するなど、草の根的な教育活動も展開されている。また、都市設計に景観工学の理念と手法を導入し、広島・太田川環境護岸、古河総合公園（ユネスコのメリナ・メルクーリ国際賞受賞）の設計に携わるなど、景観改善活動の現場にも精通されている。風景は個人の心理現象である以上に、構造主義的な文化現象であるとの立場から、わが国の国土や都市の景観について歴史的な考察を行っていただくとともに、今後どのような理念のもとで、都市や交通社会の景観を改善していけばよいか、その方向性を明示していただいた。

# 自然と文化の融合

中村さんが早くから主張されてきた風景、景観の問題については、最近、ようやく一般の人にも理解されるようになってきました。今日はそうした点を踏まえて、これからの国土、都市景観のあり方について、「交通社会」というものに一つの視点をおきながら、幅広くご意見をうかがえればと思います。

## 自然と文化の二元論

わが国の都市や交通社会の景観が抱える問題について、少し突っ込んだお話をする前に、まずその前提として、風景とか景観をかたちづくっている「自然」と「文化」の関係性といいますか、仕分け方の問題についてお話ししたいと思います。

ご存知のとおり、風景や景観の問題は、自然との共生という考え方と関連づけて語られることが多いのですが、実際にはむしろ、我々は自然と文化を分けて考える傾向が強く、そういう二分法に縛られすぎているのではないかという問題意識を持っています。自然と文化という二つのカテゴリーに分けて物事を考える傾向は、現代人の癖といってもいい。それがいろいろと悪影響を及ぼしているように思います。

最初に、一つエピソードを紹介しましょう。昨年、島根県に行く用事がありまして、宍道湖、中海、島根半島のあたり、あのあたりは非常に神話的な趣を持った地域ですが、そこをまわっていろいろと見聞しているうちに、これはどうしても考えなければならないと思うことがありました。島根半島のいちばん東側のあたりに美保関町という町があります。今は町村合併で松江市に入ってしまいましたが、この美保関はかつて、北前船による沿岸交易の要所だったところで、当時の古い港が今でもそっくり残っています。北前船の港は日本海沿岸にいくつか残っていますが、美保関ほど当時の面影を忍ばせているところは、たぶん珍しいのではないでしょうか。小さな天然の良港で、まわりには古い町並みがあり、水運の要所ですから、航路の安全を守る美保神社という立派な神社もあります。港の周辺は、大山隠岐国立公園でもある島根半島の深い緑に囲まれており、観光するには非常に魅力的なところだと思いました。

しかし、この美保関町の集落は直径でせいぜい五〇〇ｍなのですが、驚いたことにこの集落だけは国立公園の指定区域に入っていない。そこだけくり抜かれたように国立公園から除外されているのです。なぜかというと、現代の国立公園制度は、基本的には自然を守る制度であって、自然は純粋であるほど尊い、手つかずの自然こそ保護すべきだという思想に基づいて運用されています。そのため、エリアのなかにいくら魅力的な集落があっても、それは国立公園からは外されてしまうわけです。（資料①）

大山隠岐国立公園の深い緑に包まれる美保関港。

昔懐かしい商店が旅情を誘う。

航海安全とえびす信仰の社として知られる美保神社。

青石を敷き詰めた路地には、
かつては廻船問屋が建ち並んだ。

## 昔ながらの面影を残す美保関

漁港として恵まれた自然地形をもつ美保関（島根県・松江市）は、江戸期には北前船の寄港地として栄え、大勢の人々と物資が行き交ったが、近年は過疎化が進み、空き家が目立ち始めていた。
しかし、地元住民の活性化に向けた熱心な取り組みから、徐々に青石畳などの歴史的街並みがよみがえり、魅力ある景観を後世に残そうという気運が盛り上がりつつある。

**資料①**

同じ例をあげますと、瀬戸内海国立公園は非常に広くて、福岡県、大分県から中国、四国地方に広がり、兵庫県の六甲の裏あたりまで含まれていますが、その中心にある有馬温泉もぽっかりと除かれています。それから、世界遺産になった知床半島にも、国立公園に隣接してウトロという町があり、これも氷の世界にぽつんと取り残されたような、大自然に囲まれた実に立地のいい温泉町ですが、これまた国立公園には入っていなくて、この町を外れたとたんに「ここから国立公園」という表示が立っています。

こうした人間のつくった町を保護区域から除外するという考え方に、私はどうも違和感を覚えるのです。自然を守る必要があるのは当然で、とくに反対する理由はありませんが、国土の美しさや豊かさ、その土地で受け継がれてきた素朴な伝統文化に触れたいと思っている旅行客から見れば、集落が持っている素朴な人間の営みの痕跡が、美しい自然に抱かれている状態こそが、本当はいちばん魅力的だと思う。そこでおいしい土地の産物を食べたりすることが、やはり観光の醍醐味であって、だからこそ、そういう町は美しく保存されてほしいと思うわけです。

ウトロはそういう町並みの美しさという点から見たら、まあ落第としかいいようがないのですが、幸い、美保関のほうは歴史的な町並みが今でもきれいに残されています。ところが、この集落は文化庁の伝統的建造物保存地区には指定されていない。国土交通省の所管では地区計画という制度があり、これを活用しても景観を守れる可能性は大きいのですが、これも活用されていません。また、景観法[※1]に基づく景観地区にも設定されていないのです。景観地区というのは、三年前にできた新しい制度ですから、これから設定される可

**1　景観法**
都市、農山漁村などにおける良好な景観の形成を促進するため、景観計画の策定、景観計画区域、景観地区などの規制や制度を定める法律。(平成一六年法律第一〇号)

能性はあります。しかし、美保関は漁港ですから、おそらく農林水産省が所管していると思いますが、そうすると国交省の景観行政の網にかかりませんから、景観地区に設定できるかどうかは疑問です。農水省[※2]にも美しい集落を表彰したりする制度がようやくできて、これから期待できるのですが、港湾は対象にならないという話です。

結局、現状では、美保関は公園行政からも、都市行政からも外れているわけで、これはやはりおかしいのではないかと思います。日本の行政が縦割りだからといえばそれまでですが、私にはやはり、自然と文化を二元論的に分けてしまう現代人の悪い癖が、もっと根本のところで根強く作用しているのではないかと思えるのです。これは日本文化の伝統に反します。

## 自然と文化の融合は世界的な流れ

こうした問題を検討するためのヒントとして、ユネスコが打ち出している「文化景観」という概念が参考になると思います。(資料②) これは一九九二年に、サンタフェで開かれた世界遺産委員会会議の場で発表された概念ですが、これによると、文化景観とは自然と文化の共同作品ともいえるもので、長期にわたる人類文化の進化や発展を示すような景観であると規定されています。ようするに自然が基本にあるが、人間の痕跡が強く残った自然を文化景観と呼ぶわけです。いろいろなタイプがあって、我々にわかりやすいのは里山です。定義にもよりますが、里山とは一般に集落の一部であり、農耕空間でもあるような場所で、小川があり、池があり、村や神社がある。そういう非常に人間臭い自然のことをい

**2 農水省の表彰制度**
「美の里づくりコンクール」。農林水産省が主体となり、二〇〇五年より設けられた。美しい景観を生み出す活動や取り組みをしている団体を表彰している。第一回農林水産大臣賞は、愛媛県内子町「石畳を思う会・石畳自治会」が受賞した。

熊野参詣道「大門坂」

## ユネスコが打ち出す文化的景観

1992年に世界遺産の概念として新しく導入されたのが「文化的景観」。庭園や里山など人間の痕跡が強く残っている自然景観のことで、そうした場所も積極的に評価していこうとする考え方。日本では、唯一、紀伊山地の霊場と参詣道（熊野の霊場）がこの文化的景観として世界遺産に登録されている。

**資料②**

ラオス「ワット・プー」

オーストリア「ハルシュタット」

います。自然の純粋性という観点からすれば、人間の手垢がついた三流の自然だが、自然と文化が融合することで独特の価値を生み出している。そういう場所も積極的に認め、大切にしていこうというのがユネスコの考え方だと思います。

また、里山とは別の類型になりますが、二〇〇四年に世界遺産となった熊野の霊場なども、文化景観の一つとして非常に面白いものだと思います。ご存知のとおり、熊野は山岳信仰の霊場ですが、山に宗教的な価値を持たせて信仰の対象とした場所は、このほかにも日本にはたくさんあります。富士山、立山、白山など、いわゆる百名山といわれる山はみなそうですし、沖縄の御嶽《うたき》などもそうです。そういった山々は現在、手つかずの自然といってもいい状態にあるが、同時に日本人の宗教心が刻印された場所でもある。こうした自然も文化景観の一類型と考えられ、ユネスコはそれを認めて、熊野を世界遺産に登録したわけです。

このように、文化的な意義を持った自然を一つの価値として認める方向に動き始めたのは、世界的に見てもごく最近のことです。やや哲学的な議論をすれば、自然と文化という二元論的な立場から、両者を融合した、一元論的な考え方にシフトしてきたといえましょうか。デカルト以来、近代人は、人間とは身体と精神の二つの次元を持った生物であるといったように、二元論的な思考に悩んできたわけですが、最近の哲学者はあまり二元論的な立場は取らずに、むしろ人間とは、精神と身体が融合したある種の不純な存在であって、それゆえに非常にユニークな価値を持っているというような考え方が主流になっています。こうしたことが先ほどの文化景観の概念や、日本の里山の考え方を支える哲学的なバックグラウンドになっていると思われます。

> いわゆる景観や風景といわれているものの価値を、自然と文化が融合された、一元論的な視点からとらえ直すべきだというご指摘ですが、そもそも近代以前の日本の風景は、そういう考え方に沿って成り立っていたのではないでしょうか？

## 自然と文化を切り離した西洋、融合した日本

そのとおりです。日本には伝統的に、人間が生み出した文化と自然を融合させてきた歴史があり、それはとくに都市のありように如実に表れていると思います。日本の古典的な都市は、その成り立ちが西洋の反自然的な都市とはまったく異なります。西洋では中世以来、周囲を城壁で囲み、非常に圧縮された砦のような都市を築いてきました。そのため、西洋では自然は城壁の外側にあり、都市は反自然的な空間であるという認識が定着しており、比較文学者のバートン・パイク[※3]などは、「都市は、神によって創造されてきた自然の秩序に対する押しつけであり、必然的に罪悪感がともなう」とさえいっています。

それに比べて日本の古典的な都市は、反自然どころか、その骨格から暮らしの身辺に至るまで自然と融合した空間として都市をつくり、暮らしを成り立たせてきたのです。具体的にいいますと、たとえば江戸や京都の町など、遠くの背景に山があって、そこからだんだんと都市に近づいて、まず神社が建つような里山がある。さらに人家のほうに近づくと、

**3　バートン・パイク**
主著『近代文学と都市』で、都市に対して我々が抱く「憧れと反感」「期待と不安」「希望と幻滅」を対置させながら、近代文学に表われた「都市」の意味を縦横無尽に読み解いた。

山から流れてくる細い遣り水が網の目のように広がり、その水を庭に引き込めるところに屋敷を構えるというのが、日本人の好みであり、理想的な屋敷の構え方でした。

おそらく平安貴族がそうした遣り水を好み、自分の庭に引き込めるように都市を設計したのでしょうが、山からの自然の水の流れを、まさに人間の血液でいえば毛細血管のようにして身近に取り込んでいたわけです。滋賀県大津市の坂本という集落に行くと、お寺の塔頭《たっちゅう》ですが、今でもそういう遣り水の形式が生きていて、庭のなかを清らかな水が流れています。さらに自然を身近に置くために、日本人は家と家の間の小さな坪庭にも木や花を植える。それでも足りなくて、縁側に松の盆栽を置いて、床の間に花をいける。こうして徹底的に自然を洗練させながら、人間の手元まで引き込んでいたわけです。（資料③）

それは自然のペット化だと批判する人もいますが、私はこうしたことも、人間と自然の絡みあいの一つの重要なかたちではないか考えています。ようするに自然と人間、自然と文化が融合するとはそういうことであって、昔の江戸や京都の図面や、都市を俯瞰した絵などを見ても、あたかも都市全体が一つの大きな庭園のように描かれています。（鍬形蕙斎作『江戸一目図屏風』口絵参照）庭園というと、普通は縁側から先の部分を指しますが、実際にはそれは不自然な見方であって、現実の庭は建物と自然がもっと一体になって絡みあっています。つまり、日本の庭園は自然と文化を融合させて発展してきたのですが、近代以前には、それと同様のことが都市スケールで実現されていたわけです。

現在でもよく見ると、大都市でも松の木が塀から突き出ていたりする家がありますが、あれは、最も日本の都市が成熟した江戸時代の名残りというか、非常に衰えた姿であるといえます。それは最盛期のものではないから、全面的に褒めたたえるほど美しくはないが、残り香ぐらいはあります。そうした日本の伝統的な都市のありようを、今こそ思い出してみるべきではないかと思うのです。

自然と文化の融合という言葉は、あまりこなれていませんが、和辻哲郎さんが[※4]『風土』のなかで語っている風土とは、まさにそういうものです。和辻さんは、人間の文化的なシステムに組み込まれた自然の総体を「風土」と呼んだわけで、ユネスコが文化景観の概念を掲げるはるか以前から、日本にはそういったものの考え方、伝統があったことを見事にとらえていたと思います。オギュスタン・ベルク[※5]という文化地理学の大家が、この「風土」という概念に非常に関心を持って、和辻さんの本をいろいろ研究していますが、彼らフランス人の哲学的伝統からすれば、自然と文化が混合したような日本流の価値観は、哲学的な概念としては非常に認めにくいらしい。だからこそ日本の生んだイデオロギーとして、「風土」という概念に関心を持つのだと彼はいっています。

こうしたことからも、自然と文化を融合させていく考え方は、きわめて日本的なものだったことがわかります。しかし、近代以降、日本人はなぜかそれを忘れ去ってしまった。ですから今日、改めて風景や景観の問題について考えるならば、自然と文化の二元論ではなく、もう一度こうした一元論的なとらえ方を復活させるべきではないかと思うわけです。

**4　和辻哲郎**
哲学者・倫理学者（一八八九―一九六〇年）。西洋の哲学と日本的な思想とを融合した独創的な倫理学を完成した。一九五五年文化勲章受章。主な著書は『古寺巡礼』『風土』など。

**5　オギュスタン・ベルク（Augustin Berque）**
日仏会館フランス学長、宮城大学客員教授、国際日本文化研究センター客員外国人研究員を歴任。日本における住まいの風土性、持続性について研究。主な著書は『空間の日本文化』『日本の風土性』など。

豊かな自然に囲まれた日本の原風景。山から湧き出た水は、水田に恵みをもたらし、その流れは町へと続く。①

③ 細く清らかな水は、網の目のように家々に広がる。

② 町を縫うようにゆったりと流れる水。

## 自然の水を外から内へ取り込む日本人

山から湧き出た水は、町に、庭に、家に、部屋に静かに流れていく。
古来より日本は、自然を手元に引き寄せ、暮らしを育んできた。

**資料③**

④ 遣り水となって庭に引き込まれる。

⑤ つくばいで手を浄め、茶の湯を味わう。

⑥ 花、木、そして水は、洗練した「かたち」として床の間にも。

⑦ さらに掛け軸の中に取り込まれる。

デジタルアーカイブ・ジャパン提供

# 都市の存在理由とは

西洋と日本では、都市と自然の関わり方が異なるというご指摘ですが、こうした違いが出てくる背景には、双方にどのような文化的基盤の相違があるのでしょうか？　また、日本人はなぜ、本来持っていたはずの自然との関わり方を失ってしまったのでしょうか？

## 都市はなぜ存在するのか

戦後、都市の問題に関して我々が考えてきたことは、その時々で住宅問題であったり、防災問題、セキュリティの問題、環境問題、交通問題などさまざまでしたが、これらはいずれも都市の持っている病理的な現象です。こうした病理現象は、その問題がある限り都市は存続できないという意味において、当然解決しなければならない。しかし、それは都市が存在するための必要条件であって、それが整えば都市が成り立つというものではありません。私たちには都市を病理現象の巣窟として見る癖がついており、それだけに目がいきがちですが、もう一つ重要なことは、都市はなぜ存在するのか、都市の「存在理由」を考えてみる必要があるということです。病理現象だけに注目していると、都市の都市たるゆえんというか、都市の魂みたいなものを見逃してしまうのではないかと思います。

私は、都市が存在する理由は、文化現象の面から説明されるべきだと考えます。文化現象としての都市を考えることで、今まで見落としていた課題がいろいろと見えてくるのではないか。都市景観にしても、景観が悪くなったことは確かに問題ですが、病理現象としてのみ考えていたのでは、見えないものがあります。むしろ、文化の生成装置としての都市を考える視点から、課題の本質が見えてくるのではないかと思います。

## 目覚めた個人の社交が育てた西洋の都市

たとえば、江戸のように自然と融合した都市のかたちは、西洋では見られないものです。そのかたちは日本文化の個性ですから、それは非常によいことですが、その背景にはいろいろと考えさせられる問題もあるように思います。和辻さんの『風土』の最後のほうに、日本と西洋の都市の比較論が出てきます。彼によると、西洋の都市に住んでいる人たちは「目覚めた個人」であるという。西洋は個人主義の社会ですから、物事の単位はあくまでも個人であり、家では一人ひとりが部屋ごとに鍵をかけて暮らしています。そして自分の部屋を出ると、家の真ん中に居間、つまりサロン的な空間があって、そこにみんなで集まって団らんするわけです。そして、これとまったく同じ構造が、個々の家と都市全体の間にも見られます。都市の真ん中には広場があり、そこにマーケットや教会があって、彼らはそこでお茶を飲んだりして社交を楽しむわけです。和辻さんは、こうした西洋の都市の成り立ちについて、「目覚めた個人の開かれた社交によって都市が成立している」というようなことを述べています。これは鋭い指摘だと思います。

それに比べて日本はどうか。日本の家は襖一枚で仕切られただけで、誠に隔てなき親しい間柄の寄り集まりです。しかしその一方で、門から一歩出たら野となれ山となれで、ようするにパブリックというものがない。つまり、日本では市民共同体というものが非常に未成熟なのです。西洋の市民共同体は中世千年の歴史を持っている。もっといえばギリシャのポリスまでさかのぼることができるかもしれません。たいへん長い伝統を持った、まさに「目覚めた個人」による共同体が中世以来、連綿と続いて、その上に現代の都市が成立しているのです。

和辻さんは、こうした西洋の事情について面白いエピソードを紹介しています。ドイツのロマンティック街道にローテンブルクという街がありますが、これは非常に古い城壁都市で、今では観光でたいへん人気のあるところです。この街で、かつて宗教戦争のさなか、敵の軍隊に包囲されて市民が籠城した際に、四歳の子どもまでが敵に投げつける石を運んだという話が出てくる。おそらくそれは事実だろうと思います。ヨーロッパの市民共同体は、それぐらい人間の生死をかけた激しい抗争のなかで生まれた社会システムであって、非常に強固な共同体意識に支えられてきた。例のハンザ[※6]同盟の都市も同様で、あの同盟都市では、領主に対抗して自分たちの利益を守りながら、市民共同体として非常に民主的な都市運営を行っていました。国家間の激しい抗争から逃れるために生まれた共同体ですから、非常に団結力が強く、個人が勝手なマネなどできなかったのです。おそらく、それは、タキト[※7]

**城壁都市ローテンブルク**

**6 ハンザ同盟**
ハンザとはドイツ語で団体の意。一三—一六世紀にかけて北ドイツを中心にバルト海沿岸の都市が商業圏の支配、海上交通の安全保障、共同防衛を目的に結成した都市同盟。

**7 タキトゥスの『ゲルマニア』**
古代ローマ帝政時代の歴史家タキトゥスの代表作。ゲルマニア地方の風土や習慣、そこに暮らす人々の性質や伝承などを記述した書物。古ゲルマン研究の重要史料。

ゥスの『ゲルマニア』に出てくるような強い共同体精神が根にあるのでしょう。ひとたび戦に負ければ、一族が根絶やしになるような凄惨な歴史が培った強い絆です。

整然として美しいとよくいわれる西洋の都市は、背景にこのような生死を賭けた市民共同体の伝統を抱えており、彼らは公共の場を非常に重視する価値観に基づいて、街づくりを行ってきました。血肉となったその伝統が、現代の都市にもしっかりと継承されているわけです。

西洋の都市が、強力な市民共同体意識のもとで成り立ってきたのに対し、日本の都市を支えてきた意識、理念は何だったのでしょうか?

## 「イエ」の集積でできた日本の都市

日本は幸か不幸か、西洋に比べると比較的平和な時代が長かったし、戦争をするといってもそれは侍がやるので、農民や町人にはあまり関係がなかった。そういう国では、当然ながら市民共同体の意識は育ちませんでした。もちろん堺や博多などの港町、あるいは宗教的な絆を持つ寺内町や、中世以来の京都の町衆などにはそれに近い団結が見られますが、結局、封建社会のなかでは大きく成長しなかったという歴史があって、西洋と比較するとその差は歴然としています。

では、日本では何を基盤にして都市が成り立ってきたかというと、それは市民という自立した個人によって構成される共同体ではなく、家を単位とした共同体であったといえます。その家はカタカナで「イエ」と書くのがいいと思いますが、今の社会でいえば、個人のイエだけではなく、会社も、官庁も一種のイエ共同体といっていい。ＪＲと東京メトロは別のイエだし、国交省と農林省も別のイエなのです。また、国交省のなかでも、河川局と道路局は別のイエであって、ユニバースが違うわけです。そういうイエ共同体の意識が非常に強固であることが日本の特徴であり、昔風の農村のイエ共同体はなくなったが、その代わりに今は会社共同体、職場共同体などが厳然として存在し、その垣根を超えて物事を動かすことが非常に難しくなっているのです。

たとえば、東京の地下鉄を見ても、都営地下鉄と東京メトロは今でも接続が非常に悪いし、運賃体系も別になっています。市民の側から見たらとても許されることではないと思いますが、いまだにそうなっています。先ほどお話しした自然保護行政と国土交通行政の問題にしても、両者はまったく権限を異にしていて、犬猿の仲とまではいわないが、ほとんど接点がありません。そのため、街のなかまで潮の香りが漂ってくるような港町の風情を生かした街を、都市計画のなかで計画しようとしても、港は港湾法[※8]、港に続く陸のほうは都市計画法[※9]で別の所管ですから、港町というトータルな概念は扱えないのです。

日本の街が雑然として、ごちゃごちゃな印象を与えるのは、敷地ごとにイエの容れ物としての建築が独立しており、建築どうしの調和、建築と道路の一体性が欠けていることに由来します。つまり、看板が好き勝手に立てられるのもこの延長上にあるわけです。一方、建築とインフラが融合した美しい西欧的な都市とはまさに、和辻さんのいう「風土的な存

**8 港湾法**
環境の保全に配慮しつつ、港湾の秩序ある整備や運営、航路の開発と保全を目的とした法律。（昭和二五年法律第二一八号）

**9 都市計画法**
都市計画の内容とその決定手続きなど都市計画の実施をはかるための法律。二〇〇一年の改正では、地方公共団体が条例を制定して地域ごとに都市計画の運用ができるようになった。（昭和四三年法律第一〇〇号）

在」だといえます。それと同じように、日本の都市の混乱も、零落したとはいえ風土の姿ですから、一筋縄では解決のしようがなく、根本にそうした共同体意識の違いがあることを、まず理解しておく必要があります。話はそれからです。

## 余韻をなくしてしまった日本の都市

ところで、日本の街は、ある意味では非常に個性的なかたちをしていて、そこが面白いという人もいます。また、それは先ほどお話ししたような文化的な深層の相違の結果であって、一種の文化現象だから、いい悪いをいってても仕方がないという意見もあります。それも一理あるのです。確かにごちゃごちゃしているから悪いとは、単純にはいえない。たとえばイスラムの街だって、相当にごちゃごちゃしています。ところが日本の街の場合は、ごちゃごちゃしているだけではなくて、何か大切なものを排除してきたという感じがします。その排除してきたものとは、一種の都市の余韻のようなものです。

余韻とは何かを具体的に示すのは難しいのですが、たとえば奥深い山から里に出るあたりの山村なら、里にいながら山の気配を感じることができます。あるいは陸と海の端にある浜に面した漁村なら、陸にいながら海の余韻を感じられます。余韻とはそういうニュアンスのようなもので、都市でいえば、日本橋の上に高速道路をのっけてしまえば、それは川面という都市の余韻をつぶしたということです。日本の都市は戦後、そういう余韻を捨ててきました。江戸時代の都市は、そんなに整然としていたとは思わないが、ただし余韻嫋々《じょうじょう》たるものがあって、それだけで絵になるものを持っていました。それを捨ててきたこ

余韻を残す日本の町

とが、日本の都市にとっては致命的だったと思います。

余韻に関連して、和辻さんが見逃していることが一つあると思うので、ここで補足しておきます。和辻さんは、塀の外は自分のものではないので、あとは野となれ山となれ、どうでもいいと考える日本人の癖はよくないと書いていますが、実は日本人は、塀とか門といった外構部のデザインが非常にうまかったのです。町家の、向こう側が半分透き通って見えるような仕切りのデザイン、西洋流にいえばファサード、日本流にいうと結界でしょうが、日本のデザインのなかでも非常にユニークなもので、かつ美しかったと思います。これは一つの余韻の演出であって、日本人がずっと家の外は関係ないと考えてきたとする和辻さんの説は、少し乱暴なような気がします。やはり、人と人との間柄、和辻さんの言葉を借りれば、それがまさに倫理なのですが、そうした人と人、あるいは家と家の間柄を視覚的にデザインする知恵を、昔の日本人は確かに持っていたのです。

このように、間柄という非常に柔らかい接続の原理が、日本の都市のなかで重要な役割を担ってきたということは、きわめて重要だと思います。「間柄」は和辻倫理学の根本命題であり、人間という存在はまわりと切り離して考えられない、必ず親子だとか、男と女とか、そうした関係性によって人間の存在は決まると彼はいっています。これは西欧近代の自我には欠落したものです。

当然、家と家にも間柄があって、昔の日本人は、そういう隣人との間柄にも十分に配慮してきました。それがいつの間にか、よその家のことは知らないとなって、その配慮をほとんどしなくなった。それと同時に都市のありようも大きく変貌していったのです。

日本のファサード

ですから、ここで我々は、西欧社会が共同体という絆を失わずに近代的な自我に目覚めたことを思い出すべきでしょう。そして、我々もまた、間柄という意識を保ちながら近代の自我を育てたいのです。

戦前まではかなりあったと思われる余韻を、日本の都市が急速に失ったのは、都市から水辺が消えていった一九六〇年頃からではないでしょうか。いわゆる所得倍増政策※10が導入されたのが一九六〇年一二月。これが一つの象徴的な区切りで、都市から急速に水辺がなくなっていった時期とぴったり重なっています。東京オリンピックが一九六四年ですから、高速道路の建設が始まったのは、おそらくその四、五年前でしょう。そのときにはもう、考え方としては、水辺は埋められる運命でした。この頃から日本の自然も、都市景観も急速に変わった、突然変わってしまったという印象です。（資料④）

**10　所得倍増政策**　一九六〇年、池田勇人内閣の下で策定された長期経済計画。一九六一年から一〇年間で実質国民所得を倍増するというもの。実際には、日本経済は予想をはるかに上回るペースで成長し、七年後に倍増を達成した。

首都高速都心環状線の建設のために埋め立てられた築地川。　撮影：富岡畦草

共同通信社提供

朝のラッシュの東京・銀座

共同通信社提供

ロカビリーブームに沸く有楽町・日劇

## 1960年前後を境に急速に変化する日本の都市景観

オリンピック開催に向けて沸き立つ日本。高速道路、新幹線、地下鉄など交通網が次々と整備されて経済発展を支えていった。その一方で、川や運河は埋め立てられ、大規模な都市開発により風景は一変する。人々の暮らしもこの頃を境に急速に変化していった。

### 資料④

# 自然を生かした都市への回帰

余韻を失ってしまった日本の都市を、もう一度自然の組み込まれた潤いのある都市へと再生させる方法はあるのでしょうか？　都市デザインの今後の方向性について、ご意見をお聞かせいただけますか？

**都市への長期的な財の蓄積を**

まず問題を提起したいのは、日本の都市を変えるといっても、五〇年はかかるということです。日本の都市が変わった一九六〇年から、すでに四七年経っているのですから、五〇年といってもアッという間です。少なくとも五〇年ぐらい先を見越して、しつこく一つの街をつくっていくという積み重ねの態度がないと、次の五〇年を無為に過ごすだけになると思います。日本の経済力からいっても、今が最後のチャンスだと思いますが、それだけの忍耐力を我々が持ちうるか。今のままだと金の切れ目が縁の切れ目となり、誰も振り向かない都市として、零落するのではないかと危惧しています。

日本は戦後、莫大な資金を都市に注ぎ込んできました。挙げ句の果てにできあがったものはといえば、ほとんど耐久消費財をつくってきたようなものです。テレビや電気冷蔵庫と同じで、都市も使い捨て感覚でつくられたために、お金ばかりかけても、ほとんど文化的な蓄積がなされなかったのです。日本の都市の建築物は今、だいたい三〇年で建て替わっています。高速道路が五〇年で終わりですから、もうすぐ建て替えが必要になります。このように何でもすぐにゴミ溜めに捨てるようなことを繰り返していたのでは、文化の蓄積などできるわけがない。それは国民の福祉の観点から見ても、きわめて遺憾なことだと思います。

こうした問題については、経済効率ばかり考えた結果だとよくいわれますが、本当はそれは不正確ないい方で、経済でもキャッシュフローのことだけを考えてきたといえます。土地への財の蓄積は、重要な経済行動ですが、そのことを戦後の日本人はあまり考えてこなかった。昔の日本人は都市でも、田舎でも非常に長期的な視野で、土地に財を蓄積するという発想を持っていました。その最たるものが森林で、彼らは山に投資する際に、今は儲からないが、孫の代ぐらいに木が育つことを見越して長期的なヘッジをかけてきたわけです。長期的視野に立った山への投資は、株や土地への投資とはわけが違います。国家経済の観点から見ると、土地自体は増えも減りもしませんから、土地取引では新たな所得が生じない、つまり、国民所得統計には入りません。それでも彼らが山に投資してきたのは、土地への財の蓄積の重要さを十分に認識していたからでしょう。

同様のことが都市にもいえます。※11 サステイナブルな都市というものを考えずに、キャッ

**11 サステイナブル (sustainable)**
持続可能なこと。地球環境や社会生活への負荷をなるべく少なくし、次世代に存続させていける社会を築くことが求められている。

シュフローでばかり考えるから、都市への財の蓄積ができなかったのです。今、都市部の土地の所有者は、そこに住んでいない人が多い。これは都市への財の蓄積など二の次で、その土地からどうやって収益を上げるかということにしか、誰も関心を払わなくなっているということです。また、建売住宅にしても、最近は建物自体の寿命というより、二〇年もたつと愛着が薄れ、住む気がしなくなって建て替えるケースが多いといいます。ようするに、今の日本の都市はなるべく早くスクラップ&ビルドをしない限り、成長できない経済パターンに陥っているのです。これでは美しい都市といっても幻です。

スクラップ&ビルドを繰り返す都市

都市に財を蓄積するというとき、そこに景観の問題はどのように関わるのでしょうか?
また、自然と調和した都市とは、具体的にどのようにすれば実現できるのでしょうか?

## 自然を生かす街のデザイン

都市の存在理由とは、一言でいうと文化の創造と発信です。そして、その文化を実在感をもって体感できるのが都市の風景、景観であり、その意味で都市景観の充実は、都市の文化創造に直結する重要なテーマだといえます。もちろん、風景や景観は国により、あるいは都市によって個性があります。江戸が持っていた非常にしなやかなかたちは、明らかに自然との融合によって成立したもので、これをもっとモデル化していうと、やはり微地形に織り込まれた川や運河、水がポイントであったといえます。東京に限らず、都市の場合、大河川よりも毛細血管のように広がる小川や、堀川、用水などの細い水脈を最大限に生かしていくことが、これからの都市再生の焦点になるのではないかと思います。

現在、日本橋の再生計画が議論されていますが、あれもかつてあった水辺を、今後の街づくりにどう生かすかが重要です。東京の都市構造の変化は前述のとおり、一九六〇年前後から突然起こったものですから、日本橋の上に架かった高速道路をなくすといっても、実はそんなに昔に戻すわけではない。せいぜい四〇―五〇年前に戻すという話ですが、実際にそこまでやれば、東京に限らず日本の都市は相当に違ってくると思います。

また、日本はモンスーン地帯ですから、緑も圧倒的、爆発的に豊かです。そして山。江戸でもわずかな地形の起伏を山に見立てて景観をつくってきたわけで、上野だって、「上野のお山」と呼ばれていますが、標高は七、八mしかないのです。水の流れと、植生と、地形は、どこの街に行っても同じものは一つもありません。東京には東京の、大阪には大阪の自然があるとは、ようするにそういうことで、自然とは一言でいうと、地形と植生と水のことなのです。ですから、これから潤いのある都市へと再生させたいというなら、山の気配と水脈、すなわち山気水脈を骨格として方向を定めれば、都市はおのずと個性的になるのではないかと思います。

これと関連して、もう一つ付け加えておきたいのは神社仏閣の緑の活用です。神社仏閣の緑は、日本の都市の緑地体系のなかで、歴史的にきわめて重要な役割を担ってきました。しかし、戦後になって、公的資金で支えられない仕組みになり、都市計画上の緑地からもほぼ外されてしまったことから、その後は維持管理が難しくなり、駐車場になったり、幼

神社仏閣の緑

稚園になってしまっているところが多いのです。これは非常にもったいない話です。山と水が綾をなすところに日本の都市の特徴、面白さがあり、その面白さが都市のなかでいちばん残されている場所が神社仏閣なのですから、今後は何か行政上の工夫をして、都市景観の一部として維持管理していくべきだと思います。日本のすべての神社仏閣には本宮本山の深い山の痕跡が刻まれているのです。

少し具体的な事例も紹介いただければと思います。中村さんは長年、広島市の都市再生に関与されてきましたが、そのいきさつについてお話しいただけますか?

## 山紫水明の都、広島の再生

それでは広島市を例に引いて、水辺をテーマにした都市再生の可能性についてお話ししましょう。(資料⑤)私は一九七六年以降、国の河川管理事務所の依頼で、広島市の中心部を流れる太田川の景観デザインの仕事に関わってきました。広島市はご存知のとおり、太田川のデルタの上にできた城下町として発達し、三方を山に囲まれた非常に美しい街です。江戸時代の詩人、※12頼山陽《らいさんよう》は広島に育った人で、京都に出て鴨川の辺りに住んだときに「山紫水明」という言葉をつくったのですが、実は彼の故郷の広島が、まさにその言葉どおりの街だったわけで、広島をそうした山紫水明の都として再生させたいというのが、当時からの私の願いでした。

**12　頼山陽**
江戸後期の儒学者・歴史家・漢詩人(一七八〇―一八三二年)。朱子学者春水の子。一八歳のとき江戸に出て尾藤二州に師事するも一年で帰郷。後に京都に出て「山紫水明処」を開き、多くの文人墨客との交流を通じて多くの詩文や書を遺した。主な著書は『日本外史』『山陽詩鈔』など。

基町環境護岸

広島市都市活性局提供

玉石を積み、柔らかい曲線を描いた護岸。緩やかに整えられた堤防は、のんびりと川面を眺めながらくつろげる空間となっている。2003年度、土木学会デザイン賞特別賞を受賞。

広島市都市活性局提供

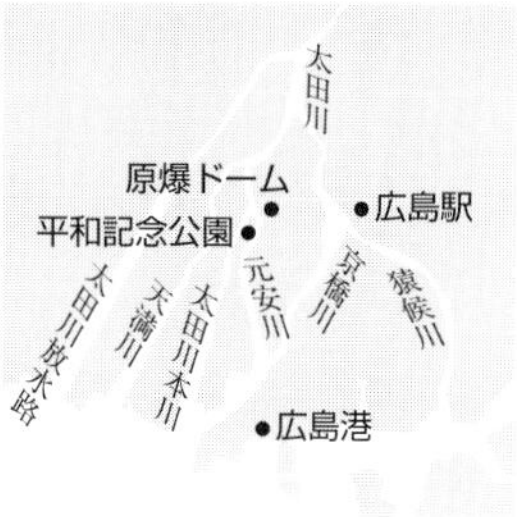


2005年10月、京橋川西側の河岸緑地にオープンした水辺のカフェ。公共空間である川岸緑地で営業活動を行うことは規制されているが、国の特例措置適用区域の指定を受け、営業活動 を行うことができるようになった。河岸緑地での独立型常設店舗による営業は全国初。

8月6日には平和への願いを込めて「灯籠流し」が行われる。

広島市都市活性局提供

## 水辺の再生—広島市・太田川

中国山地の冠山《かんむりやま》を源とし、広島湾に注ぐ長さ103㎞の太田川。デルタ地帯として、長年、水害や洪水で悩まされてきたこの土地を、広島市は、たんに護岸するだけではなく、環境資源と積極的にとらえ、山紫水明の都として魅力あふれる空間に再生した。

**資料⑤**

しかし、あの当時は、河川敷にはまだ原爆被災者の方々のバラックの住まいがあって、緑地もわずかしかなく、非常に荒れ果てていました。市民がほとんど水辺に近づけない状態でしたが、私が思い描いたプランは、まさにその水辺を生き生きと再生させることにありました。市民が自由に歩いたり、家族で団欒できるような空間を川辺に取り戻したい、しかもそれを、河川敷のなかだけをきれいにするのではなく、周囲の街と一体化させて設計したいというのが、私が思い描いたプランの骨格だったわけです。

しかし、これはかなりの難題でした。この実現のためには河川関係だけでなく、都市計画関係との連携が不可欠ですが、先ほどいったような行政の「イエ」体質のなかでは、そう簡単に物事は動きませんでした。それでも、連携の重要性を粘り強く主張していくなかで、徐々にそうした方向へと舵が切られていったわけです。

そして、一九五五年には、都心に丹下健三[※13]さんの設計で平和記念資料館が建てられました。これはご存知のとおり、資料館の中心からまっすぐに伸びる軸線の正面に、原爆ドームがくるように設計されています。そしてドームと平和記念資料館との中間に太田川があるのですが、その軸線と川が交わるところに階段広場、テラスをつくり、軸線に組み込まれるように整備しました。原爆忌の八月六日の夜、あそこで灯籠流しをしますが、このとき、あの辺り一帯が都市の中心広場となり、川と都市とが一つの空間となるストーリーが生まれました。こうして河川敷のデザインが、都市デザインに織り込まれたことで、あの周辺は広島再生のシンボルとなりえたと思います。

私は川辺の細かなデザインの問題よりも、このように都市の空間構造に川をいかに組み

**13　丹下健三**
建築家（一九一三―二〇〇五年）。ル・コルビュジェのソビエトパレス計画に影響を受け、建築家を志す。一九四六―一九七四年まで教鞭をとっていた東京大学の丹下研究室からは磯崎新、黒川紀章など世界的に活躍する多くの建築家が巣立った。一九八〇年文化勲章受章。代表作は、広島平和記念資料館、東京都庁舎など。

込むかという問題のほうが、よほど重要だと考えています。実際、それがある程度できたことで、近年は川岸に計画される建物はみな、顔を川に向けて建てられるようになっています。また、最近、川に面した場所にオープンカフェが建ちましたが、あれは市民の側から提案されたものです。河川敷を占有してカフェテラスをおくには、さまざまなバリアがありますが、そこを行政と市民が一体となってクリアし、新たな仕組みを考えてできたもので、初期のカフェテラスはＮＰＯの市民団体がつくり、そこを民間のコーヒー店に貸し出すというかたちで運営されていましたが、最近は、水道、電気などのインフラは広島市が整備し、建物は民間投資で運営されています。ようするに、それぞれが「イエ」のバリアを超えて、知恵を出し合って街づくりを担おうという意識が育ってきたわけで、こうした意識がさらに広がれば、今後いろいろな可能性が見えてくるのではないかと思います。

今、川を水上交通に使うという考え方が復活しつつあって、水上バスとＮＰＯによる水上タクシーの運行が始まっていますが、こうした例も、河川のアメニティ設計から見えてきた新たな可能性の一つです。今はまだ、観光用の限定的な利用に限られていますが、私はもう少し本格的な水上交通の復権もあり得ると考えており、今後の展開にかなり期待を抱いています。

## 広島で共有されてきた想い

もちろん、課題がないわけではありません。たとえば今、平和記念資料館の軸線の焦点にある原爆ドームのすぐ後ろに、商工会議所の新しい高層ビルが建てられたことが問題になっています。さらにまた、この近くで計画されているマンションが建ってしまうと、世界遺産に指定されたドームのシルエットが崩れてしまいます。広島市は川に沿って部分的に地区計画を策定していますが、ドームの後背地域は地区計画の対象外ですから、現状の法律では建築物の高さや形状を規制できないのです。しかし、ほっておくと世界遺産が取り消されかねないので、広島市としても、なんらかの手立てを講じざるを得ないと思います。

これまでネックになっていたもう一つの問題は、太田川は一級河川で、国の管理区域ですから、川に隣接する市が管理する中央公園とは、一つの緑地として扱えなかったことです。川と公園は道路で分断されていますが、これを一体として設計できれば素晴らしいものになると、私は三〇年前から主張してきました。それが縦割り行政のなかで阻まれてきたわけですが、ようやく三年前から市と国が話し合うテーブルができて、川と公園を一体化して扱う道筋が見えてきました。あの周辺を一つの風景としてプランニングできれば、いろいろと思い切ったことができますから、これはかなり画期的なことだと思います。

このようにいろいろと問題はありますが、広島市は今、総じていい方向に向かいつつあることは確かです。広島市の取り組みがこうして成功した背景には、いくつか別の要因もあります。その一つは、一九九〇年に市が中心になって、国と県と共同で策定した「水の都整備構想」[※14]というマスタープランの存在です。このオーソライズされた枠組みに従って、少しずつ街を整備してきたことが大きい。このプランには水上バスや、オープン・カフェテラスの構想も記されており、ようするに行政や市民の間で、水の都としての展開イメージが共有されていたわけです。

**14　水の都整備構想**
一九九〇年に建設省（現国土交通省）、広島県、広島市の三者が協力して策定。広島市・太田川の水辺の空間を魅力的にデザインし、市民生活のなかで活用していくことを目的に六つのテーマで整備内容をまとめたもの。六つのテーマは「水辺をつなぐ」「水辺で遊ぶ」「水辺に文化を」「水辺に住み・働く」「水辺をつくる」「水辺を美しく」。

もう一つは、広島市の河川整備の歴史です。広島市では戦前、太田川の洪水対策として、デルタの西側に放水路建設の計画がつくられ、戦後に完成しました。この放水路が存在したから、私が提案したような河川敷の緑地化が可能になったわけで、今でも大きな洪水が想定されていれば、おそらくできなかったと思います。また、戦後まもなく、一九四六年に定めた都市計画に、河川の両側をすべて緑化するという構想を入れていたことも効いています。結局はこの法的な裏付けがあったからこそ、今のような計画が可能になったわけです。

そして、もう一つ付け加えておきたいのは、広島市民の川に対する伝統的な意識です。戦前の太田川には、河川緑地がありませんでしたが、市民は伝統的に、財産ができたら川筋に家を建て、川風に吹かれながら食事をする、川辺で山を眺めるといった風流な暮らしを営むことを理想としてきました。川辺に風流な場所をつくる、川を通じて生活を楽しむという精神が市民に息づいていたからこそ、川と都市を一体化させた計画が受け入れられたわけで、そのための合意形成の下地は、かなり古い時代から存在していたのです。

最後に交通景観の問題についてうかがいます。これから潤いのある交通社会を築いていくというとき、今日のお話の文脈のなかでは、どのような配慮が必要になるのでしょうか?

## 半公半私の空間の制度化

交通景観ということでまず申し上げておきたいのは、国や都市の姿は、交通路から眺めた風景の印象で定まるということです。日本の国土イメージにしても、古来より、時代ごとの幹線路からの眺めによって印象づけられてきました。現代でいえば、高速道路や新幹線、ジェット旅客機からの眺めが日本を象徴する風景になっています。今後はそうしたことも踏まえて、国土や交通インフラの整備をしていく必要があると思いますが、同様のことが都市にもいえます。街づくりとは、たんに道路を敷いたり、ビルを建てるだけの作業ではありません。多くの人の風景体験をまとめ上げ、自分たちの街のイメージを練り上げていく作業が必要であり、それがまさに先ほどお話しした、都市への長期的な財の蓄積にもつながるのです。それこそ、都市に魂を入れる作業なのです。

そういう視点で見ていくと、都市の骨格である街路のデザインなど、まだまだ工夫の余地があると思います。私がまず指摘したいのは、日本の街路は、公的な空間と私的な空間の境界がうまくデザインできていないということです。先ほどの結界の話でいえば、京都の町家などが典型ですが、昔は軒が連なっていて、軒の下に必ず二mぐらいの空間がありました。建築では、これを通り庇といいますが、その通りに面した庇の下には椅子が並べてあったりして、半公半私の空間が非常にうまく織り込まれていました。

今の日本の街路の最大の欠点は、こうした半公半私の空間を認める制度なり、それを許す慣習なりが失われていることです。また、昔はよく軒先に縁台があって、そこで涼んだり、将棋を指したりしたものですが、そういう空間が多く集まっていたのが路地裏で、路地はまさに半公半私の典型でした。今、その路地を守ろうという動きが広がっていますが、

**半公半私の通り庇**

[※15]建築基準法の接道義務を徹底したら、今の路地は全部なくなります。最近ようやく、そうした空間も都市の大事な要素であると認める気運が出てきたので、今後はそれをきちんと制度化していく必要があると思います。

さらに、交通景観でいえば、看板や電柱の問題もあります。これは時間がかかるが、話としてはわりと簡単で、取ってしまえばいいだけのことです。撤去できない合理的な理由はありません。縦割りを超えた決断ができるかどうかです。それから、これだけ緑豊かな国ですから、もう少し街路樹を大きくしてもいいと思います。電線にひっかかるとか、信号機が見えないといった交通安全上の問題はあるが、これも官庁の「イエ」体質の問題のほうが根深いのです。交通安全に関わることは警察庁の所管ですが、警察は安全のことしか考えていませんから、信号や道路標示がどうしても猥雑に設置されてしまい、おのずと景観に支障をきたしてしまうのです。

## 行政が分断した交通と商業

もう一つの問題は、都市交通そのものの見直しです。日本の都市交通でいちばん問題なのは、どこの都市もクルマで完全に占領されてしまっていることです。モータリゼーションの進展によって衰退してしまった都心に、再び人々が集えるように、魅力的な歩行空間をもう一度取り戻す必要があります。そのためには、都心へのクルマの流入を制限すべきですが、交通工学ではこれを「通過交通排除地区」と呼んでいます。実際には、都心にリング状の環状道路をつくり、そのなかにクルマが入れないようにする方法が一般的で、外

**15 建築基準法の接道義務** 建築基準法により都市計画区域内において建築される建物の敷地は、原則として幅四m以上の道路に二m以上接していなければならないとするもの。この条件を満たしていない土地に建築物は建てられない。

側にパーキングをつくってクルマはそこに駐車してもらい、都心へはトランジットモールを設けるか、公共交通で動いてもらう。ようするにクルマは制限するが、都心へのアクセスはいろいろな方法で代替するという考え方です。

この考え方が実際に応用された例は、私の知る限りでは、一九六〇年代の前半に、コペンハーゲンのストロイエ通りで始まったものが最初だと思います。（資料⑥）それがたいへん成功して、たちまち世界中に広がった。今ではミュンヘンやイギリスのヨーク、フランスのブザンソンを始めとして、ヨーロッパのほとんどの都市でこの制度が導入されています。日本人の専門家も大勢見学に行って、みんな感心して帰ってきますが、しかし日本では、部分的に歩行者天国のようなかたちで導入されただけで、本格的な導入事例はいまだにありません。

結局、日本で定着しなかった理由は、「通過交通排除地区」という名前が物語っているように、この試みを交通政策の観点からしか、とらえてこなかったからです。確かに交通問題には違いないが、街にヒューマンスケールの公共空間を取り戻そうというとき、それを交通の問題としてしか考

**通過交通を排除したコペンハーゲン・ストロイエ通り**

デンマーク・コペンハーゲン中心部の市庁舎前からのびるストロイエ通り。約2kmにわたる通りは、世界最長の歩行者天国といわれている。デパートや店が建ち並び、休日には大道芸人も登場。ショッピングを楽しむ人々や観光客で終日にぎわう。

資料⑥

えないのは、はなはだ不自然な話です。そこには都心部の商店街の活性化や新しい業態の創造、つまり、商業的なアメニティをデザインするという発想が入ってこないといけない。交通と商業は切り離せないとは、ようするにそういうことで、これらを一つの複合戦略としてとらえることが不可欠なのです。

ところが、日本の場合は、交通は国土交通省の所管で、商業は経済産業省の所管です。ここでもまた「イエ」の原理が働いて、交通なら交通だけ、商業は商業だけで施策が進められるから、おかしなことになる。都心は衰退して困っているのに、経産省は郊外に大型ショッピングセンターを建てることを奨励する、といったチグハグなことが生じ、しかもその結果生じた問題に対して、一つも手を打てない行政的体質になっているのです。

交通の問題と、商業の問題を一緒に考えるとはどういうことか、もう少し具体的に説明しますと、たとえば東京は、これだけの大都市で、都市型観光としては日本最大の地だといわれています。それにもかかわらず、東京には手頃な値段で泊まれるホテルが非常に少ない。ホテルニューオータニとか、帝国ホテルのようは大ホテルはいくつもあるのに、その下の手頃なホテルはほとんどなくて、これは欧米の都市に比べると奇妙なことです。ホテルには普通、一階に広場のような空間があって、それが街のサロン的役割を果たすのですが、東京にはそうしたホテルはほとんど見あたらず、青山のような国際的なファッションタウンでさえ、ホテルらしいホテルは青山一丁目のプレジデントホテルぐらいです。

また、最近はちょっと落ち着ける喫茶店なども減っています。多少は残っていても、かつては一階に多かったのが、今は二階や地下街に追いやられている。ましてやオープンカ

東京・青山通り

フェのように、半分は広場、半分はサロンでお茶も飲めるような空間は、この三〇年で急速に姿を消してしまいました。このように人々が集う空間が少ないことが、東京の街を非常につまらなくしている原因の一つで、これは都心の持っている商業的なアメニティが、非常に衰えていることの表れだと思います。

一般に、都市のにぎわいには、三つのディメンションがあるといわれます。第一は、モノを売ったり買ったりするバザー、またはマーケット的なもの。第二は、ホテル的な性格。そして第三は、劇場性です。これらを踏まえた都市デザインを考えないと、商業的なアメニティの復権はあり得ないし、そこに至るまでの交通を商業と組み合わせて考えないと、潤いのある公共空間などできるわけがないのです。

繰り返しになりますが、都市の存在理由とは、文化の創造と発信にほかなりません。情報と文化による価値の創造こそ、最も重視されるべきポスト工業化時代の今、風景は都市サービス産業の最大の基盤といってよいかと思います。病んでしまった日本の都市を再生するには、さまざまな街づくりの主体を機能的にアセンブルして、長期的、複合的な戦略に基づき、取り組んでいく以外にないと思います。二一世紀の公共事業の成否はこの複合戦略にかかっています。

に重要で、その結果として経済効果も生まれてくると考えている。

また、風景街道でいろいろな資源をリストアップしていくと、道の駅が必ず出てくるので、それらを新しく再編し、このプロジェクトに取り入れていきたい。道の駅は地元の物産を販売しているが、生産者のサインを入れている。○○さんの棚田のコメなどが人気になり、新しいブランドになっている。顔が見える商取引から交流が生まれるわけだが、今後はそうしたことを取り込んで、風景街道を「交通」と「地域文化」のあり方を考える新しい土俵に育てていきたい。道路は地域文化の編集装置といえる。

ただし、これを実行するとなると、ディテールが問題となる。駐車場、歩行者専用道路、電柱の撤去、看板規制、文化的町並みの保存といったことをどうするのか。風景街道という新しい土俵ができれば、こうしたディテールを研究する新しいモチベーションにもなる。まずはよい街道のモデルをつくり、それを他の地域に波及させていく。かなり模範的な事例が出てきているので、そうしたところが引っ張っていき、ムラはあるが、きめ細かく取り組んで、全体のレベルを底上げてしていくかたちになればと思っている。

（中村良夫）

渓斎英泉作『岐阻道中・熊谷宿八丁堤ノ景』東京国立博物館蔵

Columun

# 道路は地域文化の編集装置

長野県の小布施町などには、小さな路地を入っていくと、個人の庭がオープンガーデンになっているところがある。こうした発想は、今、国土交通省の審議会で取り組んでいる風景街道プロジェクトに通じるものがある。風景街道の考え方は、観光客との交流を前提とした地方の町づくりだが、それは一昔前のような団体客を想定したものではなく、個人の旅行者や、家族や知人同士で来る旅行客を想定し、新しい町のあり方を考えるものだ。これから多くの観光客を集めるためには、きめ細かく一軒一軒の家のたたずまいを整え、町全体の魅力を醸し出していくことが必要で、この取り組みはまさに、そうした社会変化に対応する試みといえる。

また、そうした観光客の目が、町の景観を改善する新しいモチベーションとなる。町のリニューアルには、そこに住んでいない人の批判的な目が必要で、他者の目はマイナスに働く場合もあるが、地元の人が気づかないものを気づかせ、クリエイティブな活動を生むきっかけにもなる。さらに、一つの道路(街道)を通じて複数の町が連携し、市民同士が交流すれば、そこから新しいコミュニティが形成される可能性もある。

今、地方都市は元気がなくなり、疲弊しているが、自治体を横断した新しいコミュニティができると、新しいアイデアも生まれてくる。実際、伝統的な食材を生かした新しい食文化、郷土史の発掘、街並みのつくり方などで、かなり面白いアイデアが出始めている。たとえば、長野県の伊那市では、伊那谷の高遠のソバの食べ方があり、トンネルができて木曽福島とつながると、そこに別のソバ文化があるということで、交流が始まった。また、伊那には昔から、アワやヒエ、キビなどの雑穀文化があったが、それを復活させて観光客を意識した新しい雑穀料理をつくろうとしている。

日本の幹線路は、昔からの東海道や中山道、甲州街道といった街道をモデルにつくられたが、今の高速道路は、古代の官道のルートに近い。江戸時代の街道沿いには今、大勢の人が住んでおり、新しい道路がつくりにくいが、古代の官道は、今では寂れて、人があまり住んでいないので、道路をつくりやすいこともある。たとえば古代の東山道は、今の中山道に近いが、これは中央道沿いに信州を通って、軽井沢から群馬に入り、そこから関東に入らずに東北へ抜けるルートだった。新しい高速道路のルートがまさにそうなっている。

● ● ●

このプロジェクトは、具体的にはコミュニティの再建と、新しい観光行動の創成など国土文化の再興を目指して、来年には制度提案をしていく。たんに観光による経済的活性のためではなく、新しい文化活動が生まれるといった、文化的な効果がはるか

# 第二章 美しい国土と交通

**中村英夫**

武蔵工業大学学長　IATSS評議員

東京大学工学部卒業。東京大学工学部教授、国土審議会委員、都市計画審議会委員などを歴任。専門分野は土木計画学。主な著書は『都市交通と環境』『東京のインフラストラクチャー』など。

---

中村氏は、わが国の国土計画、交通計画の分野で長年にわたり指導的な役割を担ってこられた。内閣総理大臣の諮問により設立された「日本橋川に空を取り戻す会（日本橋みち会議）」のメンバーとして、日本橋川の上空に架かる首都高の移設問題に関わるなど、国土や都市の景観改善に深い知識と見識をお持ちである。土木工学の知見と長年のご経験をもとに、また、国内や海外で進行中の景観改善活動の話題にも触れながら、わが国の国土や都市が抱える景観上の課題と、今後求められる方向性について幅広く論じていただいた。

# 美しい国土の再生へ

中村さんは国土計画の分野で、長年にわたり指導的な役割を担ってこられましたが、そのなかで早い時期から、国土や都市の景観改善の重要性を訴えてこられました。そもそも中村さんが、景観問題に関心を持たれたきっかけは何だったのでしょうか? また、この問題を今までの国土計画のなかで、どのように位置づけられてこられたのでしょうか?

## 景観に鈍感な日本人

私は長年、国土計画に関わる仕事をしてきましたが、もともと私が国土計画というものに関心を持つようになったきっかけも、実は景観の問題と深く関わっています。四〇年ほど前に、私は測量の勉強で初めてドイツに行きましたが、そのときにドイツの国土が非常に美しいことに感銘を受けました。それ以来、日本の自然は本来きわめて美しいのに、どうして街や沿道の景観はあんなに醜いのか、日本人はあまりにも自然を粗末に扱っているのではないか、という問題意識を持つようになったのです。

現在、最高裁判事をされている藤田宙靖《ときやす》[※1]さんも『ドイツと日本の国土計画体系』という本を書かれ、その中で同じような問題提起をされていましたから、そうした想いは私だけでなく、外国に詳しい一部の人には共有されていたと思います。そうしたこともあって、私は五全総[※2]の「21世紀の国土のグランドデザイン」以降、美しい国土の実現ということにこだわり、一貫してこの問題の重要性を訴えてきたわけです。

もともと日本の自然景観は、世界的に見てもたいへん美しいものだと思います。よくエーゲ海がきれいだといわれますが、確かに青い空と海を背景に、白い家が点在する風景は美しいには違いないが、周囲の山は、はげ山ばかりだし、晴れ間の少ない冬に行ったら灰色の世界です。それに比べれば、きれいな海に緑の島々が浮かぶ瀬戸内海のほうが、はるかに美しい。そこに架かる三本の本四架橋[※3]だってそれなりに美しいデザインで、世界に誇れる構造物だと思います。

しかし、日本は自然の美しさでは、ヨーロッパの国々に決してひけをとらないが、その美しさを無神経な広告や建物、構造物で台無しにして、そのことにあまりにも無頓着できました。（資料①）日本人は自分の家のなかは、床の間を飾り、部屋を丹念に掃除してきれいに保ちますが、家の外のこと、公共空間のことにはいたって無関心、無神経なのです。その結果、日本は今や、ヨーロッパの社会と比べて経済力でも、安全面でも勝っていると思えるのに、こと景観の問題になると、街の潤いや存在感、重みといったことも含めた美しさ、いわゆる品格という点で、あきらかに見劣りのする国になってしまっているのです。

なぜ、今の日本人は、ヨーロッパ人と比べて景観に対するメンタリティが未熟なのか。

**1　藤田宙靖**
行政法学者。東北大学名誉教授。東北大学法学部教授、同法学部長、行政改革閣議委員を経て二〇〇二年より最高裁判所判事。主な著書は『西ドイツの土地法と日本の土地法』など。

**2　第五次全国総合開発計画（五全総）**
「21世紀の国土のグランドデザイン」。二〇一〇－二〇一五年までの国土づくりの指針となる計画。一極一軸型から多軸型の国土構造の転換や、「多自然居住地域の創造」、「地域連携軸の展開」などが織り込まれた。

**3　本四架橋（本州四国連絡橋）**
本州と四国を結ぶ連絡橋および道路。一九八八年に全線開通した児島－坂出ルート（瀬戸大橋）をはじめとして、神戸－鳴門間（明石海峡大橋）、尾道－今治間（しまなみ街道）の三ルートからなる。瀬戸大橋は世界初の道路・鉄道併用橋（当時）、明石海峡大橋は世界一のつり橋。

歩行者の障害となっている駅前の放置自転車

看板が覆い尽くす駅舎

乱雑な街並み

## 無神経な景観

2004年、建築、土木、都市計画、地方自治体など景観に関わる専門家12名が集まり「美しい景観を創る会」（代表：伊藤滋氏）を結成した。その活動の一つとして全国の悪い景観100景を選び、ホームページで公表することで、美しい景観づくりへの意識向上を呼びかけている。

### 資料①

上智大学のあるドイツ文学の先生だと思いますが、ドイツ人は美しいものに対しては、そんなに繊細ではないが、醜いものには非常にデリケートである。それに対し、日本人は美しいものには繊細だが、醜いものにはきわめて鈍感である、という言い方をされていたのを思い出します。確かに日本人にはそういう一面があります。桂離宮や金閣寺の庭のような美の世界はつくれるのに、あるいは工業製品だって、世界に誇れるしゃれたデザインのものがつくれるのに、都市や沿道の景観があれだけ惨憺たる状況になっていても、まったく意に介さないのです。我々は長い歴史のなかで、世界に誇れる美意識や感性を育ててきたはずですが、それがこと景観の問題になると、その美意識や感性をまったく発揮できていないのです。

また、最近の議論によれば、日本では戦後、公共の概念が崩壊してしまったことを指摘する人もいます。確かに、日本では戦後、農地改革などによって私有概念が肥大化し、自分の土地に何を建てても自由だといった風潮が広がったことは事実です。「自分の土地に看板を立てて、何が悪いのか」という理屈がまかり通るようになり、たとえそれが、先人から受け継いだ美しい景色を台無しにするものであっても、「景観をきれいにして食べていけるのか」という理屈を、誰も覆すことができません。しかも、橋や道路をつくれば感謝されますが、街の景観を乱す看板を一つ外したところで、誰も感謝してはくれません。たとえば国道16号線の保土ヶ谷バイパスでは、数年前に私なりに問題提起をして、国道事務所がたいへん苦労してくれて、林立する醜い看板をなんとか外してもらいました。しかし、ドライバーや住民はそれを喜ぶわけでもなく、あまり関心も示さないのです。

醜い看板を外した国道16号線保土ヶ谷バイパス

それに比べて、ヨーロッパでは景観に関しても公共の概念がしっかりと社会に根づいているように思えます。たとえばドイツでは、自治体の都市計画上の権限が強く、出窓一つつくるにも許可がいるといわれています。イギリスではそうした明確な法的規制はありませんが、市民の間で街を美しくしようという公共心が共有されており、地域にそぐわないものは議論され、つくらせないというコンセンサスがあります。こうした国々に比べ、日本では何を建てても自由だという風潮がまかり通っており、法律もそれを大半認めているため、街を美しくするというモチベーションが非常に働きにくいのです。

こうした傾向は、都市計画や建築に関わる制度面にも、いろいろと波及しています。近年、規制緩和ということがよくいわれますが、都市計画や建築に関わる規制が緩和一辺倒になってしまうと、さまざまな混乱をきたすことは目に見えています。にもかかわらず、日本では規制緩和がよいとなると、すべての規制を緩和しようという話になる。その結果、規制を外して民間の活力が強まるのはよいが、一方で公共性を大切にする精神が後退し、街の景観に統一性を持たせたり、乱立する看板を制限したりすることがますます困難になっているのです。

## 国土計画での問題提起

我々が国土計画のなかで、こうした問題を初めて取り上げたのは、第五次全国総合開発計画の審議で、「美しい国土」という概念を提起した頃からです。今では「美しい国づくり」という言葉は、一つの流行語になっていますが、これは安倍総理が初めて使われた言葉ではなくて、公的には五全総の「21世紀の国土のグランドデザイン」のなかで導入されたものです。それ以前の国土計画には、こうした景観への言及はほとんどありませんでしたが、五全総から伊藤滋先生[※4]、川勝平太先生[※5]などとともに、私も主体的に関わることになりましたので、これを機に、「美しい国土」というコンセプトを盛り込んだわけです。

もっとも、こうした考え方を国土計画に盛り込んだところで、すぐに何かが変わるわけではありません。国土審議会[※6]でも、当初は景観問題への関心が低く、なかなか理解を得られない面がありました。そのため、実利的には、観光客が増えることなどを挙げるわけですが、もちろん、それだけが景観改善の目的ではありません。国土を美しくするとは、同時に国民の誇り、プライドを育てることであり、我々はそうした気持ちをこめて「美しい国土」という言葉を使い、広く呼びかけたわけです。

国土計画というものは、それ自体には大きな規制力はありませんが、何かを決定すればそれが一つの支えとなって、国全体で進んでいくべき方向性を示すことができます。実際、この考え方が広く理解されるには時間がかかりましたが、その後、国土交通省の担当者が我々の考え方をフォローしてくれて、現在の景観法[※7]をつくる道筋がつけられたわけです。

この法律は、自治体が定める条例に罰則も付けられるところまで踏み込んだ法律ですから、過去にそうした規制がなかったことを思えば、それなりに画期的だったと思います。自治体はこの法律により、景観に配慮した街づくりや、地域づくりを進めようと思えば、かなり実効性のある条例を定められるようになったわけです。たとえば長野県の開田村（現木曽町）ではこの法律を受けて、屋外の看板を禁止した罰則付きの条例をつくりました。

**4　伊藤滋**
早稲田大学特命教授、慶應義塾大学大学院客員教授。専門は国土および都市計画、都市防災。主な著書は『東京のグランドデザイン』『東京育ちの東京論』など。

**5　川勝平太**
国際日本文化研究センター教授。専門は比較経済史。主な著書は『海洋連邦論』『文明の海洋史観』など。

**6　国土審議会**
国土交通大臣の諮問に応じて、国土の利用、開発、保全に関する基本的な政策について調査・審議する機関。

**7　景観法**
P5参照。

このほか東京都でも、国会議事堂や神宮外苑の絵画館のあたりを重要な都市景観としてとらえ、独自の景観規制をかけるなど、いろいろと具体的な動きが出てきました。（資料②）

こうした動きがようやく出てきた背景には、日本人の社会環境に対する欲求が、戦後六〇年たって大きくシフトしたことがあると思います。心理学者のマズロー[※8]が提唱した人間の欲求の五段階説では、最初は食欲、生殖などの生理的欲求から始まって、最後に自己実現の欲求までいくわけですが、私は、人々が社会環境に対して抱く欲求についても、これとほぼ同じことがいえるのではないかと思っています。ようするに、人間は社会に対しても、最初は経済的価値に重きをおきますが、それに安全への欲求が続き、さらに、快適性、健全性を求めるようになる。そして最後に、いわゆる品格、誇り、美しさへの欲求が出てくると思うわけです。

日本人の社会的な欲求は、戦後六〇年たって、今まさにこの品格や、誇りを求める段階に入ってきたといえます。最近、『国家の品格』[※9]という本がよく売れたのも、おそらくそのあたりの意識変化の現れなのでしょう。最近は環境問題なども、健康被害とか、大気汚染といったレベルから一段高まって、文化の問題、我々の心のありようの問題としてとらえられるようになってきています。こうした傾向が、景観の分野にもようやく波及し始めたといえるのではないでしょうか。

とはいえ、すべての日本人の意識が、一朝一夕に変わるはずもありませんから、実際にはまだまだこれからです。よくバスでヨーロッパを旅行すると、日本人は異口同音に、「景色がきれいだ、日本と違う」といいます。「どこが違うのでしょう」と聞くと、「家が少ない

**8 アブラハム・マズロー（Abraham Harold Maslow）**
アメリカの心理学者（一九〇八－一九七〇）。それまでの行動主義、精神分析を批判し、人間の可能性、創造性、成長、価値、自己実現などに焦点をあてた人間性心理学を主唱した。人間の欲求の階層を唱えた。彼の示した人間の欲求とは、生理的欲求、安全の欲求、親和の欲求、自我の欲求、自己実現の欲求の五つがピラミッドのようになっており、下の欲求が満たされると、一段上の欲求を志すというもの。

**9 『国家の品格』**
藤原正彦著。世界で唯一の「情緒と形の文明」の国である日本に必要なのは論理よりも情緒、英語よりも国語、民主主義よりも武士道精神であり、それらによって「国家の品格」を取り戻すことだと説く。

資料②

# 独自の景観規制

## 景観行政の先がけ、長野県開田村

長野県南西部木曽郡に位置する開田村（現木曽町）では、1972年に開田高原開発基本条例を制定するなど、早くから独自の景観行政を展開してきた。その後、景観法の施行により、野外の看板を禁止した罰則付きの条例を導入。行政と住民が一体となって美しい景観づくりを進めている。

屋根の色を景色にあわせて茶系色に塗り替えした場合、坪当たり100円の助成を行なっている。

村内全域で商業看板や屋外広告物をすべて禁止。必要な案内板などには色や材質などに配慮し、自然となじむように整備している。

## 京都市が景観規制を強化

京都市議会は2007年2月、京都らしい景観を守るために建築物の高さやデザイン、屋外広告の規制を強化する「眺望景観創生条例」の導入を可決。この条例には、建物の和風デザインや緑化の基準強化なども含まれ、今後は市をあげて景観改善に取り組むことになる。

共同通信社提供

ことかな」との答えが返ってきたりしますが、「看板が立っていないでしょう」と答えると、ようやく「そうか」と納得される。そして日本に戻ってくると、「日本の街はなんて醜いのだろう」と、皆さん嘆かれますが、またしばらくすると、あの猥雑な風景に慣れてしまうのです。

景観を改善しろといっても、いきなり全部きれいにすることなどできませんから、まずは至るところにわが物顔に出ている、醜悪な看板に注意することから始めるといいと思います。景観の問題などは、規制を強化するだけではだめで、国民が納得して、その気にならないと物事は進みません。幸い、国民の側に、そうした意識変化の兆しが出てきたのですから、これからはそれを国民運動に発展させていけるかどうかが鍵を握ります。それが実現されて、国民一人ひとりが国の景観や、自分の街の景観に誇りを持ちたいと願うようになれば、日本の風景は相当に変わっていくのではないでしょうか。

国土計画は、二〇〇五年の国土総合開発法の改正に伴い、国土形成計画という名称に改められました。この計画のもとでは、どのような国づくりが進められるのでしょうか？

## ジャパン・ブランドの国土形成へ

今回の国土形成計画は、従来の開発だけでなく、保全と利用を入れた三本柱で考えられています。（資料③）保全と利用については、国だけではできませんから、地方が主体的に

資料③

## 新しい国土形成計画

2005年、国土形成計画法の施行により、国土計画はこれまでの量的拡大をはかる「開発」から「質的」向上を目指す成熟型の計画へと転換した。

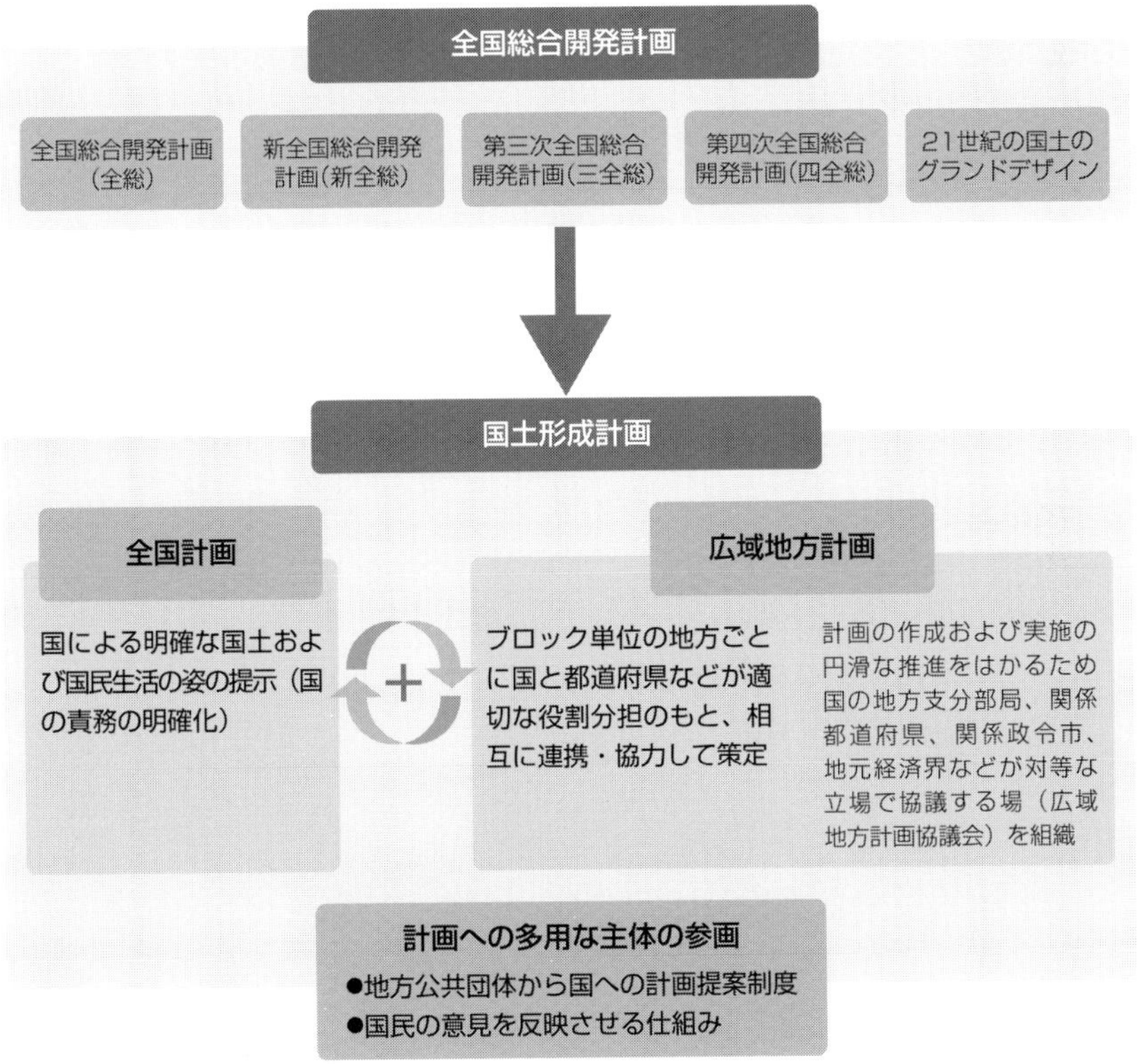
全国総合開発計画
全国総合開発計画（全総）
新全国総合開発計画（新全総）
第三次全国総合開発計画（三全総）
第四次全国総合開発計画（四全総）
21世紀の国土のグランドデザイン
国土形成計画
全国計画
国による明確な国土および国民生活の姿の提示（国の責務の明確化）
広域地方計画
ブロック単位の地方ごとに国と都道府県などが適切な役割分担のもと、相互に連携・協力して策定
計画の作成および実施の円滑な推進をはかるため国の地方支分部局、関係都道府県、関係政令市、地元経済界などが対等な立場で協議する場（広域地方計画協議会）を組織
計画への多用な主体の参画
●地方公共団体から国への計画提案制度
●国民の意見を反映させる仕組み

考えて取り組んでもらうために、広域地方圏という考え方を導入しています。その際、「国－広域地方圏－自治体」は上下関係ではなく、分権的な水平関係と、対流原理のなかでお互いに連携してもらう。また地方のなかでも、広域地方圏と自治体が同じように対流し合うという考え方を基本としており、今後はこうした国と地方の双方向的な連携により、国土整備を進めることになります。

これまで五次にわたって進められてきた全国総合開発計画（全総）は、基本的には、土地利用も含めたハード整備に主眼をおいた計画であったといえます。一方、今回の国土形成計画は、そうした全国的な基盤整備の基本コースは、ほぼ終了したという認識のもとでつくられています。従来のように道路が足りない、水が足りない、電力が足りない、だから開発が必要だというときには、なすべきことは一目瞭然ですから、そんなに頭を悩ませることなく実行できた面があります。しかし、いつまでもそうした不足を満たすだけの施策に終始していては、進歩がないわけで、国づくりもこれからはスキーや、英語の学習と同じで、基本コースが終わったのなら、次はアドバンスコースに進もうというわけです。

では、国づくりにおけるアドバンスコースとは何かというと、それは一言でいえば、質の追求ということに尽きます。ようするに、いつでも水が飲めるようにするレベルから、同じ水でも、もっとおいしい水を飲みたいというニーズに応えようというわけで、今後はそうした質的向上に主眼をおいて計画を立案し、国づくりを進めることになります。

日本の工業製品、たとえば、ホンダやソニー、キヤノンは安いから売れるのではなくて、性能がよく、信頼性が高く、そしてデザインもよいから、世界市場であんなに売れるわけです。利用者のニーズのレベルが高まれば、それに対応できた商品しか売れなくなるのは当然ですが、国土計画についても、これと同じことがいえるのではないかと思います。日本では近年、社会環境に対する国民の要求レベルが上がってきたことは、先ほどお話ししました。そうであれば、その要求にあった国づくりを進める必要があるのは当然で、たとえば道路整備にしても、アメリカや中国と道路の延長距離を競おうとしても進歩がないし、勝ち目のないことはわかっています。そこで、これからは道路をたくさんつくることで競うのではなく、質の高さで競おうというのが、国土形成計画の考え方です。それはたとえば、信頼性と美しさ、サービスの質の高さで勝負するということであり、そういう方向に舵を切ることで、より質の高い国づくり、もっといえば、他国にはマネのできない「ジャパン・ブランド」の国づくりをしていこうというのが、この計画のいちばんの狙いであるといえます。

また、そうしたジャパン・ブランドは、一つの基準に従ってつくり上げるのではなく、それぞれが地域の特徴を生かし、なるべく多様な価値観でもって発展させていく必要があります。これまでは、ジャパン・ブランドが東京を基準に考えられてきたため、全国どこでもリトル東京のような街づくりが進められ、地域の没個性化を促してしまった面があります。今後はその反省に立ち、各地域が自分たちの自然資源や文化資源を大切にし、それをどうやって有機的に結びつけ、美しく再生させていくかを追求すべきです。そうした方向を支えていくことも、これからの国土計画が果たすべき重要な役割ではないかと思っています。

# 交通景観のあるべき姿

高速道路や国道など、いわゆる交通インフラに関わる景観に焦点を当てると、どのようなことがいえるでしょうか？　また、国道沿いの景観などが戦後、これだけ醜悪になってしまった背景には、どのような問題があったのでしょうか？

## 画一的に進められた交通基盤整備

交通景観には、大雑把にいうと二つの視点があります。一つは交通する側、すなわちドライバーの側から見た景観です。交通には仕事で運転する交通もあれば、観光旅行のようにそれ自体が楽しみでもあるような交通もありますが、いずれにしても、誰もが快適にドライブできる環境であってほしいわけです。ところが日本では、沿道に野立ての看板が林立し、美しい景色を台無しにしています。車窓から遠くに緑豊かな美しい山が見えても、手前の畑には巨大な看板が立っていたりするわけです。最近は韓国や台湾などへ行っても、日本の影響なのかわかりませんが、同様の傾向が見られます。しかし、先進国といわれる

野立てに乱立する看板

国、ヨーロッパの国々では皆無で、ありえない光景です。

また、日本の郊外のロードサイドの風景も、きわめて劣悪です。とくに規制緩和の影響もあり、大規模なショッピングモールなどが展開されて都市郊外のロードサイドの画一化が進み、没個性的な街並みが延々と続く状況になっています。その一方では、中心市街地の空洞化が進み、今では全国どこの都市に行っても、旧市街で見掛けるにぎわった店といえばパチンコ屋と、ラーメン屋だけというような壊滅的状況です。こうした都心部の空洞化の問題は、今の日本が抱える最も深刻な問題だと思います。

二つめは、交通施設自体の美観上の問題です。日本人はこれについても、あまりにも無神経のままできたのではないかと思います。たとえばヨーロッパの国々では、昔から鉄道の美観論争があります。市内電車にしても、あの架線が見苦しいといって走らせなかった都市も、ヨーロッパにはいくつかあります。鉄道も美観を損なうとされ、パリでは、オペラ座の前で電車を走らせようとした高架鉄道の構想が、景観上の問題で地下鉄に切り替えられたりしています。そのときにはパリの建築家協会の大反対を受けて、駅の入り口のデザインも大幅に変更されたといいます。

それに比べ、日本では戦後、新幹線と高架道路が全国標準で画一的に、無神経につくられてきました。新幹線はスケールがそれほど大きくはないので、まだ受け入れられるところがありますが、都市高速道路などは、周囲の構造物に比べてスケールがはるかに大きいため、受け入れがたいものになっています。大きいというのは、まわりとの相対比較であって、ようするに富士山の前に新幹線の高架橋が入っても、それほど新幹線が巨大とは思わないが、銀座に高速道路が走ると、これはたいへん目障りなわけです。そういう目障りなものを、我々は都市のなかに次々とつくってしまったのです。

ただ、これがまったく無神経に都市景観を無視してつくられたのかというと、必ずしもそうとばかりはいえない面があります。東京の高速道路といえば、日本橋の上に架けたことで悪名高いのですが、一九六〇年代に東京オリンピックに間に合わせるために、時間もない、資金もないなかで、使える空間はどこかといろいろ検討して、川の上、運河の上、道路の上となったわけです。ですから、隅田川の堤の上とか、公園の上などにも走らせているし、大震災のあとに後藤新平[※10]が計画したことで有名な昭和通りや、国道246号線など、東京では非常に重要な幹線道路の上も手っ取り早く使っています。これは仕方なしにつくった面もありますが、当初の関係者がまったく無批判につくったわけでもない。たとえば同じ時期に、三宅坂にも高速道路を通していますが、あれは皇居のお堀の上ではなく、地下に当時、世界一の規模といわれるインターチェンジをつくって通したのです。

しかし、その後は大阪でも、名古屋でも、福岡でも、同じような仕様で都市高速道路を次々に整備してしまった。そして、さらに悪いことには、交通量がどんどん増えるのに対応して、初めの二車線を三車線に拡大し、構造物もさらに背が高くなるということで、スケールがますます巨大化し、人間の感覚から外れていく一方になったのです。

## ジャパン・ブランドの高速道路とは何か

一方、都市間の高速道路についてもいろいろと問題があります。こちらのほうも、より

**10 後藤新平**
南満州鉄道初代総裁。満州経営全般に大きな業績を残した。関東大震災直後の山本権兵衛内閣で内務大臣となり、震災復興計画を立案。区画整理、公園・幹線道路の整備など東京の都市基盤整備に尽力した。

高速に走れるもの、安全に走行できるもの、災害に強いもの、という要求とともに構造物が大きくなり、ついには第二東名高速道路のようなものまで出現しました。こうして構造物が巨大化する一方で、景観との調和のほうは二の次、三の次になっていったわけです。

ドイツでは戦後、新たにアウトバーン※11をつくるときに、地形や景観との調和に非常に気を遣いました。そのあたりのいきさつは、当時の高速道路の担当局長をしていたH・ローレンツの著書『道路の線形と環境設計』に詳しく書かれています。（資料④）日本の高速道路でも、初期の名神、東名などはまだ土地との調和にたいへん気をつかったのですが、その後は長いトンネルを抜いたり、長い橋を架ける技術が進歩し、また、資金も多くなったこともあり、だんだんと現場の設計が自然の造形と乖離して、まわりと不釣合いな巨大構造物がつくられるようになりました。このような設計が標準化して全国に波及し、車線数も増え、スケールも大きくなる。さらには、技術革新で材料の強度が高まり、素材の選択肢が増えて設計の自由度が向上したこともあって、デザインがきわめてアクロバティックなものになり、ますますまわりの景観と釣り合わなくなっていったように思われます。

このように、現在の高速道路に関してはいろいろと問題がありますが、今回の国土形成計画では、高速道路距離の延長にはあまり大きな意味を持たせていないことは、先ほどお話ししたとおりです。中国は三万km余りの高速道路網をまたたく間に整備しました。日本は七〇〇〇kmをつくるのに数十年もかけていますが、それはともかく、これからは延長距離を競う時代ではなく、量よりも質、ジャパン・ブランドの高速道路を整備することが重要であり、そういう方向へと国づくりの舵を切ろうというのです。

**東名高速道路**

デジタルアーカイブ・ジャパン提供

**11　アウトバーン（Autobahn）**
ドイツとオーストリアにまたがる全長約一二〇〇〇kmの自動車専用の高速道路ネットワーク。一九三三年、第二次世界大戦に備えてヒトラーが建設に着手した。速度制限がない無料の道路として知られていたが、近年は速度を制限する区間も設けられている。

## 資料④

# ローレンツによる高速道路の環境デザイン

ドイツの技術者H. ローレンツによる高速道路の環境設計。のどかな田園風景のなかに、自動車道路の堅い線が風景になじむようにしなやかな曲線でデザインされている。

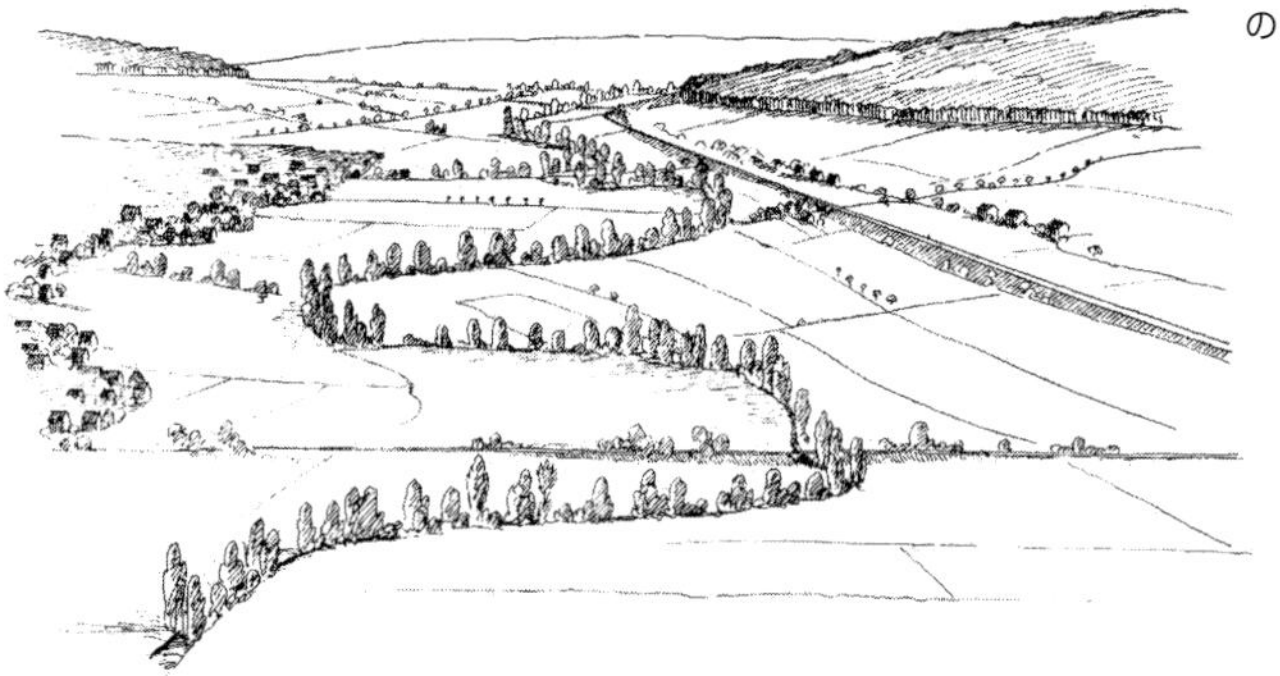

のどかな田園風景

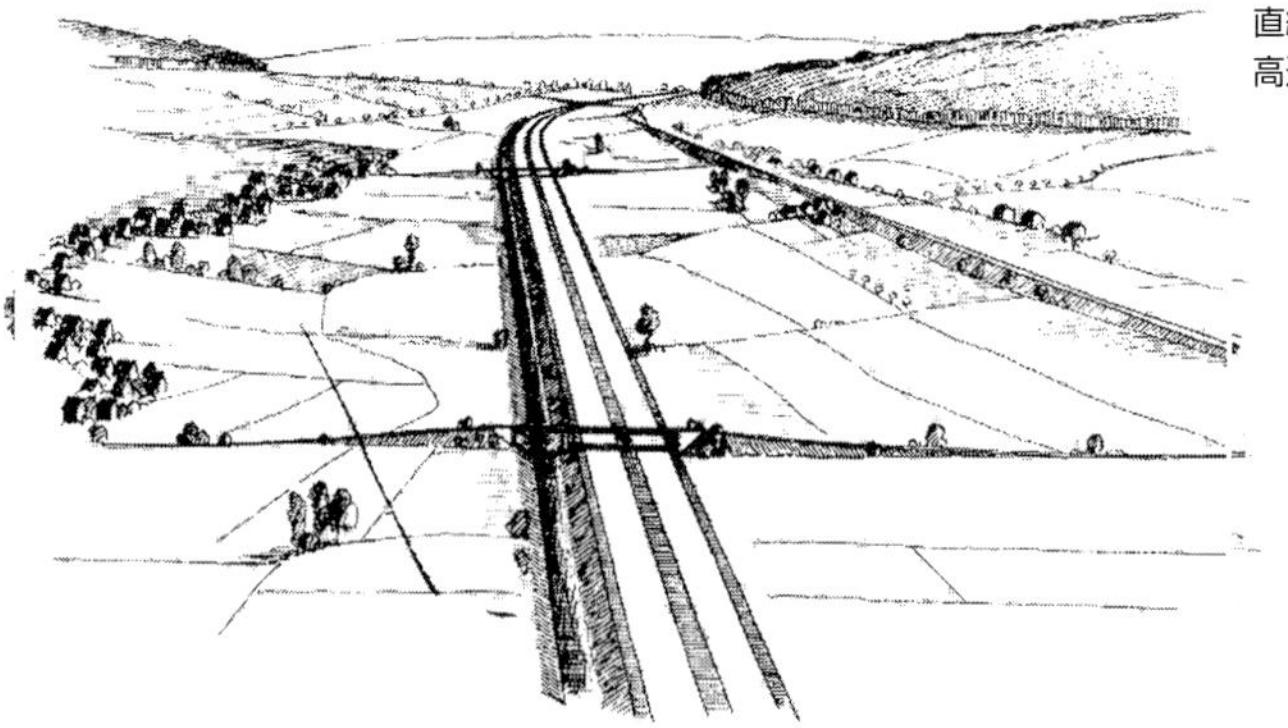

直線的な
高速道路のデザイン

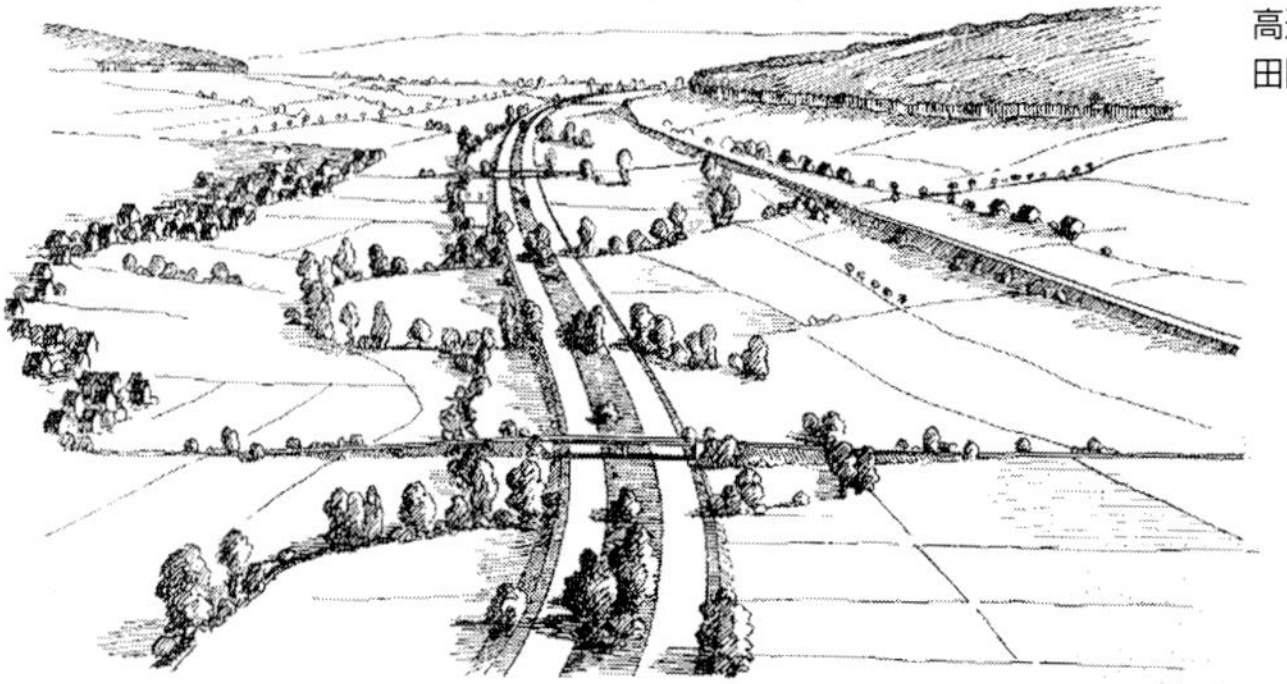

高速道路を曲線に、
田園風景になじませた

H.ローレンツ著『道路の線形と環境設計』（鹿島出版会）より

では、高速道路の質を高めるとは、具体的にどういうことかというと、それはたとえば、日本の港のことを思い浮かべてもらうとわかりやすいと思います。日本の港は、釜山や上海などのアジアの港に比べ、スケールは数分の一の規模しかありません。しかし、規模は小さくても、荷物が紛失しない、壊れない、効率がいいといった信頼性、安全性の面では、ほかのアジアの港よりも高い評価を受けています。高速道路についても、たとえば中央分離帯の植栽が庭園のようにつくられているとか、周囲の素晴らしい景色と一体となった整備がなされているといった美しさがあり、また、ナビゲーションのための情報受発信設備やＥＴＣのような装置がなされ、効率性、信頼性、安全性の面で世界最高の道路を整備していく。こうした質の高さは道路に限らず、これからは国を支えるすべてのインフラについて、実現していくべきだと思います。

もう一つ、これは国土計画の話ではありませんが、道路に関して最近、期待の持てる取り組みが始まっています。北海道を皮切りに全国に広がりつつある「シーニック・バイウェイ」[※12]という運動がありますが、これは沿道、地域をシニックなものにして、そうした道路を武器にして、観光振興も兼ねた地域づくりをしようという運動です。すでにいくつかの地域では、住民参加型でそうした道路づくりを進めていますが、私がここで強調したいのは、この種の運動は行政だけでできるものではなく、住民を巻き込むことがきわめて重要だということです。最近よく引用する言葉で、「私のおうちは、みんなの景色」という標語があります。これは一人ひとりの市民が、自分たちの家も、地域のなかの景色の一部であるという自覚を持とうという意味です。シーニック・バイウェイの取り組みなどは、そ

**12 シーニック・バイウェイ（Scenic Byway）**
アメリカ発祥の新しい観光政策。シーニック・バイウェイは「景色の良い」を意味する「シーニック」と「わき道、寄り道」を意味する「バイウェイ」を組み合わせた言葉。地域と行政、ＮＰＯなどが一体となり、地域の沿道、自然環境の保全に取り組み、地域の魅力を「みち」でつなぎながら、美しく、個性豊かな地域づくりを目指すもの。日本型のシーニック・バイウェイの理念・仕組み・制度を検討するために、二〇〇五年「日本風景街道（シーニック・バイウェイ・ジャパン）戦略会議」が設置された。

うした住民の意識改革を促す絶好の機会であり、今後はこうした運動が全国に波及し、それぞれの地域で定着していくことを期待しています。

# 日本橋再生を、二一世紀のモデル事業に

日本橋地区の再生プロジェクトについても、少しお話をうかがえればと思います。あのプロジェクトはまさに、都市再生と交通景観の問題が絡み合った、今回のテーマに直結する事例だと思いますが、一連の議論のなかで、最も重視された点は何だったのでしょうか?

**世界に誇れる街づくりを**

日本橋再生プロジェクトの発端となったのは、当時の扇千景国交相の呼びかけで、二〇〇一年四月に始まった「東京都心における首都高速道路のあり方検討委員会」での議論です。このときには私が座長を務め、一年にわたり議論しましたが、これをもとに、日本橋地区の高速道路移転に関わる具体的な可能性を検討する場が必要となり、二〇〇三年四

月、新たに「日本橋みち景観懇談会」が設けられました。ここで議論した内容を、伊藤滋先生が当時の小泉首相に伝えたところ、小泉首相は「ぜひ、やろう」と賛同されました。そこで二〇〇五年の二月、伊藤先生を委員長に、私と、日本経団連の奥田碩前会長、作家の三浦朱門さんとで「日本橋川に空を取り戻す会（日本橋みち会議）」を設置し、そこで検討した結果を二〇〇六年九月、当時の小泉首相に報告したのです。

日本橋みち会議では、発足以来、いろいろなことを実施しましたが、そのなかの一つに「日本橋、街づくりアイデアコンペ」というものがあります。このコンペには全国から約三〇〇件の応募があり、そのなかで最優秀に選ばれたのは、日本橋川に豊かなオープンスペースをつくろうという案でした。日本橋周辺の地区整備計画のイメージは、この案のように街と川、道を一体的に整備することで、あの地域に美しく、文化的で、にぎわいのある都市空間を創出することをいちばんの狙いとしています。

私は、経済的な豊かさを実現したわが国の都市に、今いちばん求められているのはそうした街づくりであり、この努力なくしては、東京といえども世界都市の地位を確立できないと考えています。日本橋は、五街道の起点がおかれた江戸文化発祥の地です。また、地元では三〇年以上前から、日本橋保存会が橋洗いを始めるなど、地域の人々が街の保存や、再生に熱心に取り組んできた経緯もあります。地域の文化と伝統を数百年にわたって継承し、守っているこの街こそ、二一世紀のジャパン・ブランドの都市づくりの先駆的な例を示す場所として、最もふさわしいのではないか。我々はそういう認識のもとでこのプロジェクトに取り組み、実現可能な具体的な方策を検討したわけです。

日本橋川に空を取り戻す会の提言を当時の扇千景国土交通省大臣に提出

## 首都高速をどこに移設するか

　このプロジェクトの鍵を握るのは、いうまでもなく日本橋地区の高速道路の移設です。今はご存知のとおり、日本橋川の上に高速道路が架けられていますが、我々はその移設の可能性について交通シミュレーションを行い、考えられるいくつかの選択肢を検討しました。以下、その選択肢について簡単に紹介しておきます。（資料⑤）

　一つは、高速道路を日本橋から撤去してしまい、首都高速ネットワークは維持しないという案です。これには首都高速を単純に撤去する案と、撤去後の街路を拡幅する案があります。こうした撤去案には、ソウルの事例がありますが、その清渓川《チョンゲチョン》の撤去事例は、該当する高速道路が幹線から市庁につながる枝線だったから可能だったともいえます。（資料⑥）しかし、日本橋川に架かる首都高速は、新宿の方向から千葉方面をつなぐ大幹線の一部ですから、これを撤去したら東京の交通は成り立たなくなります。現在進めている都内の中央環状線が完成しても、シミュレーションをすると街路の信号交差点で大渋滞が起こり、高速の出口からクルマが降りてこられなくなり、それが高速道路全体に波及して東京の交通が大混乱するという結果になりました。したがって、撤去案のほうは現実的ではないというのが我々の認識です。

　二つめの選択肢は、首都高速ネットワークは維持するが、景観を阻害している日本橋上空からは移設するという案です。これは現在の高速道路がなくせないなら、その位置を移すしかないという考え方です。それでも朝のラッシュ時には多少の渋滞は避けられませんが、まあ許せる範囲ではないかということです。

この選択肢には、日本橋川の河岸を高架で通す案と、地下に移設する案があり、我々がいちばん推奨しているのは、地下への移設案です。高架案は、地下案よりはずっと安くできますが、地上に高速道路が残りますから、景観改善の効果が小さいだけでなく、都市の抜本的な再生にはつながらないため、都市再開発へのモチベーションが持ちにくいという大きな欠点があります。それに比べ、地下案だとコストはかかるものの、街・川・道が一体となった地域づくりが可能になります。経済的、社会的に種々の波及効果も期待できることから、我々としてはこの地下案のほうを、最も有力な案として推奨しました。

これは具体的には、江戸橋と竹橋のジャンクションは高架のままで、その間の約二kmの区間を地下化するというものです。地下のどこを通すかについては、野村證券や三菱倉庫、東京証券取引所などの歴史的建造物が並ぶ南側を通すことには問題が多すぎます。もう一つは、反対の北側を通す案で、これは箱崎から来ると日本橋の手前の、かつて魚河岸があったあたりを通るもので、現在でいえば三越、日銀の側を通すことになります。

さらに、大手町地区では川の南側を通し、日本橋地区では北側を通す案もあります。この案では、大手町地区では、現在行っている再開発事業と連携することで、移設空間の確保が見込まれます。また、日本橋付近の北側は歴史的建造物に支障を与えず、かつ江戸橋ＪＣＴへの接続が可能である、などのメリットがあり、我々はこの案が本命ではないかと考えています。

ただし、地下への移設案で問題なのは、この下に地下鉄が七本も走っていることです。

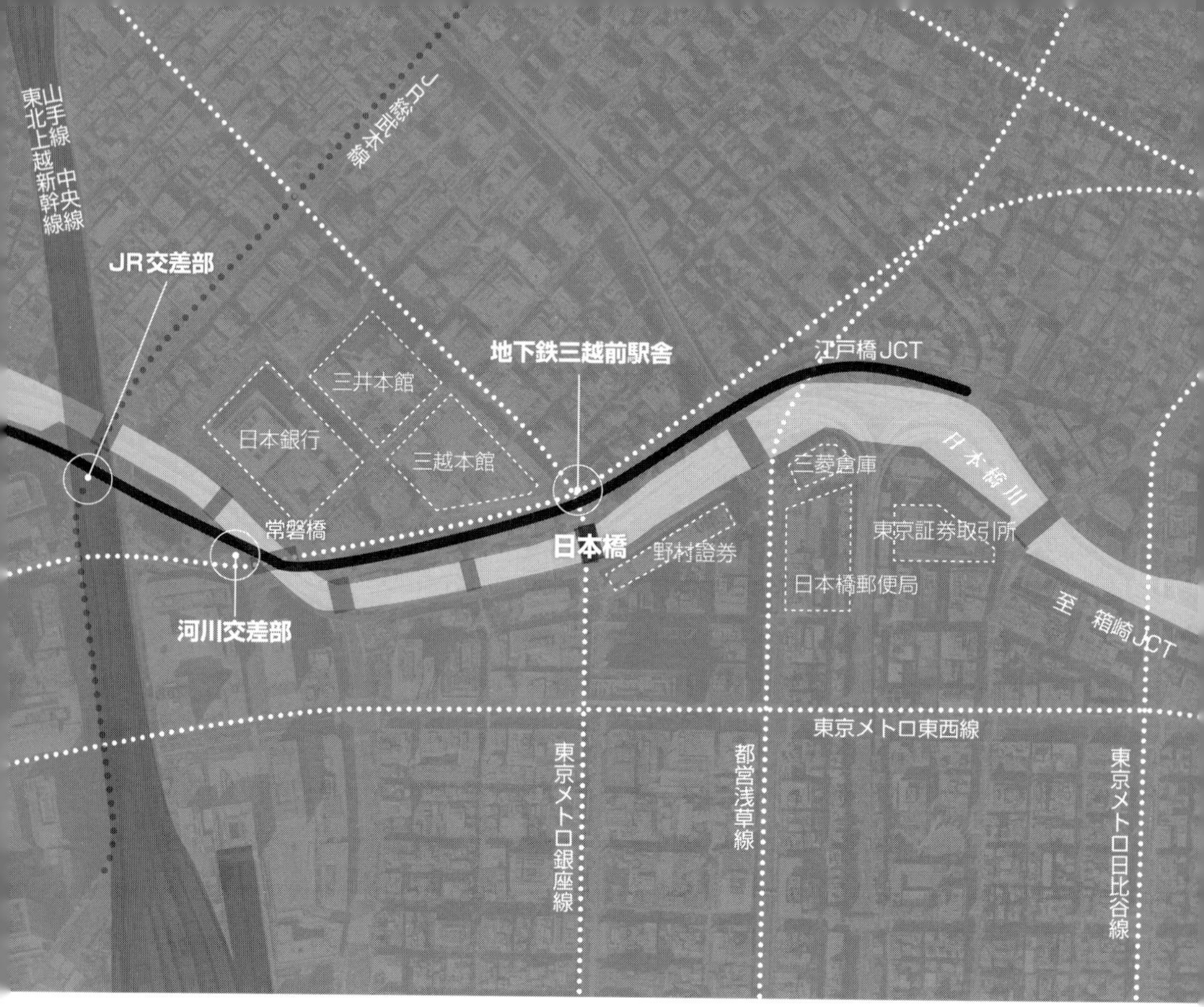


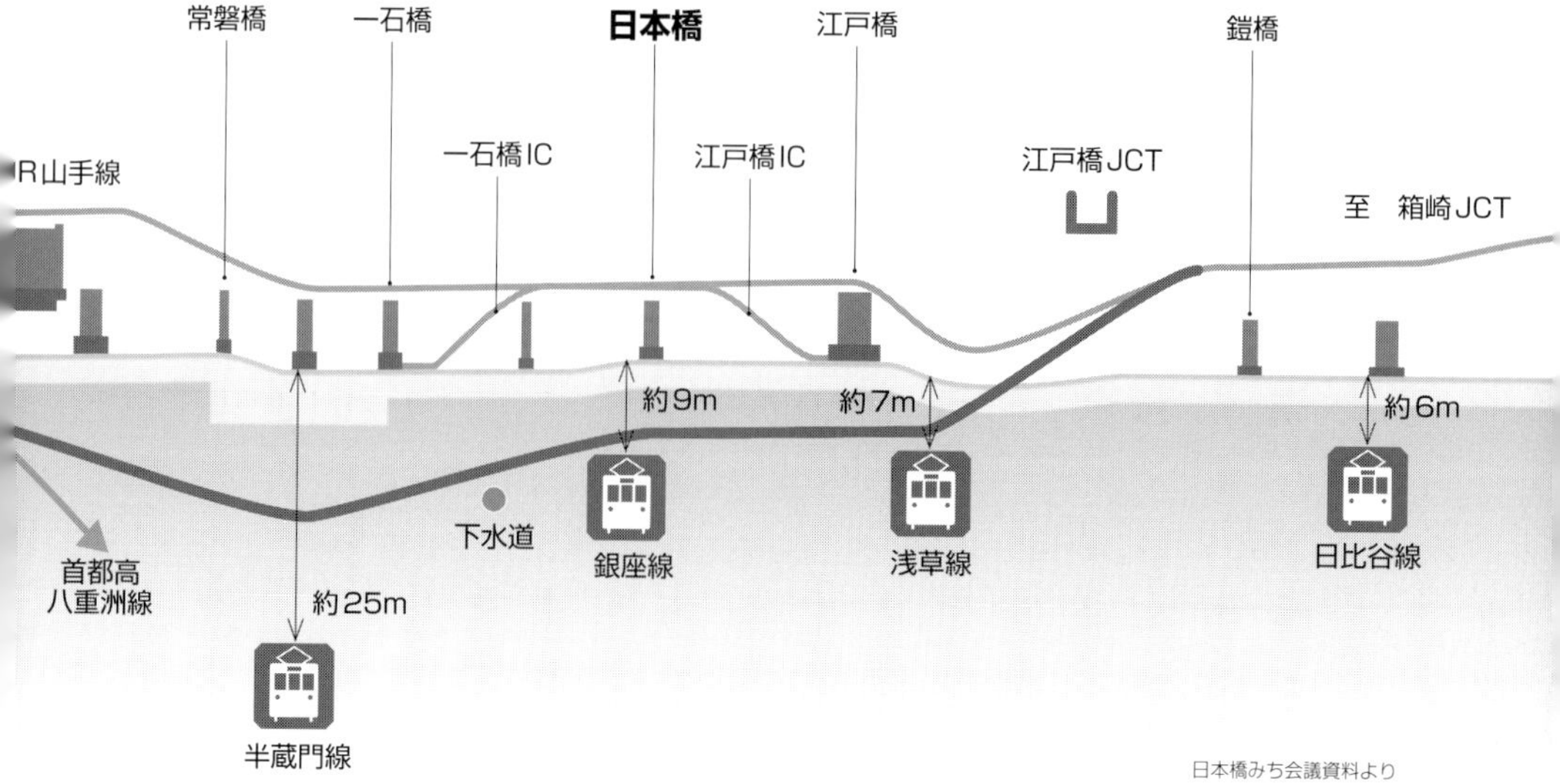


日本橋みち会議資料より

## 日本橋地区の首都高速移設の推奨ルート

周辺再開発事業や歴史的建造物などを考慮し、江戸橋ジャンクションから日本橋川の左岸を通り、日本橋―常磐橋付近の川を横断して、竹橋ジャンクション右岸を通る地下ルートが推奨されている。また、この区間は地下鉄やJRが多く交差するところではあるが、深い地下に潜らせると勾配が8%以上となり交通の安全性の確保が難しいため、浅い地下に移設する案が有力となっている。

資料⑤

推奨ルート平面図

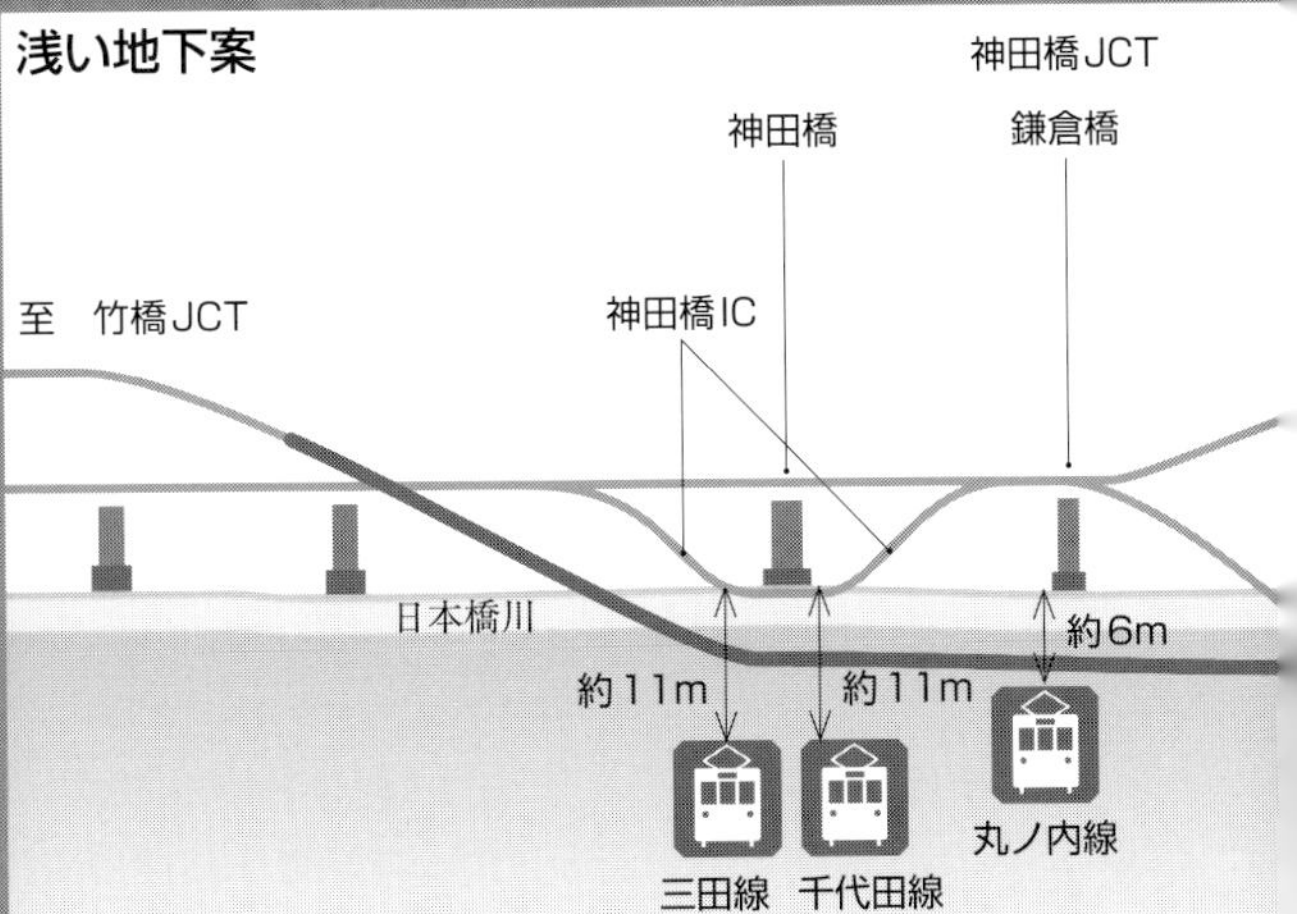

## 資料⑥

# 海外の都市再生事業

### ソウルの清渓川復元事業

ソウル市長の「川の復元」公約に基づき、環状道路から市庁舎に向かう高速道路の支線部分約5.8kmを撤去。清渓川を都市型の自然河川として蘇らせた。高架道路の撤去による交通問題の解決策として、交通体系を公共交通主体に転換する方針を立案。バスの交通システムも全面的に改編した。

ソウル市HP、ソウル環境情報サイト「ソウルナビ」資料より

### デュッセルドルフの都市再生事業

国道の地下化によりライン川沿いを長さ約2km、幅は最大約40mの散策路として整備。隣接する旧市街を歩行者専用道路化、中心部への貨物車進入規制、景観規制、高層建築の立地規制を行い、美しい景観の維持とにぎわいを創出した。

ドイツ連邦共和国交通省資料より

七本の地下鉄すべての下をくぐろうとすると、一〇％ぐらいの急な勾配を一気に下らなければなりません。これだと一台のクルマが運転操作を誤っても、大惨事になりかねませんから、それは交通の円滑性と安全性の確保の上から絶対避ける必要があります。そのため、地下の浅いところを通すしかないのですが、浅い地下を通すには、地表面と地下鉄のトンネルの間を縫って、深度の浅い場所で工事をする必要があり、工事の難易度は増します。しかし、交通の安全性と円滑さを確保するためには、これがいちばんよいということで、今はこの浅い地下案のほうを中心に検討が進められています。

**日本橋プロジェクトの意義**

以上が、高速道路の移設方法として考えられる選択肢ですが、もちろん、日本橋の上から道路をなくして地下化することだけに莫大な費用をかけるわけにはいきません。それだけではなく、同時に日本橋川の河岸地区を総合的に再開発していく。そうして快適で、豊かで、品格のある街づくりのモデルケースとなって、全国に波及させていくことが最大の狙いです。

日本橋川地区の街づくりの観点からいえば、川沿いにはゆったりと歩ける、緑豊かなプロムナードを設け、舟運も新しいかたちで復活させたいと考えています。また、若者が行き交うファッショナブルな商業地区を生み出す一方で、河岸蔵の街並みや、魚河岸周辺のにぎわい、路地裏空間など、日本橋川の歴史的な景観や文化の復元も試みます。こうして川辺の空間を最大限に生かし、新しい時代感覚と、伝統文化を融合したような街づくりを行いたいと考えているわけです。

ただし、都心部にこれだけの土地を確保しようと思えば、それなりの費用がかかります。そこでこのプロジェクトでは、容積移転という方法を用いたいと考えています。（資料⑦）これは、日本橋川から少し離れたところ、たとえば東京駅の八重洲口周辺くらいまでの地区の再開発も一体化させて考え、それらの地区は思い切って高層化する。そこから日本橋川に向かって段階的に低層化し、低層化で余った容積を離れた地区の高層ビルのほうに移すという考え方です。このように容積移転と、隣接ブロックの再開発を組み合わせて進めることで、用地関連の費用を減らし、川沿いにゆったりとした空間を生み出そうというわけです。

日本橋周辺のこうした再生事業を、すなわち地域の街づくりを先行させ、それを受けて首都高速道路の移設を促すかたちで、民間主導の事業として展開したいものと考えています。それでもかなりの国費を注ぎ込むことになりますから、このプロジェクトの意義を、国民によく理解してもらわないといけない。地方にはまだ、高速道路をもっとつくれという声が強いなかで、なぜ、相対的に豊かな東京の日本橋再生に税金を入れるのか、という問いにも答えなければなりません。

この地は、日本の中心だからこそ美しく、活力のある、そして品格のある街づくりを各地に先行して行い、そこから日本全体に、これからの都市再生の姿と方法を波及させていく、ということに尽きます。都市の魅力が国の力を示す時代となった今、国民が誇りを感じ、外国人からも憧れと敬意を持って見られるような街づくりを推進することが、これからま

**資料⑦**

## 整備の基本的な方針

日本橋川沿いの土地を容積移転や、隣接ブロックの再開発により低層・低容積化し、そこに首都高速道路の導入空間を確保する。そして、隣接ブロックと川沿いが連携し、多様な商業・業務・文化機能を複合的に集積させることで、日本橋周辺にゆったりとした魅力的な都市空間を創出する。

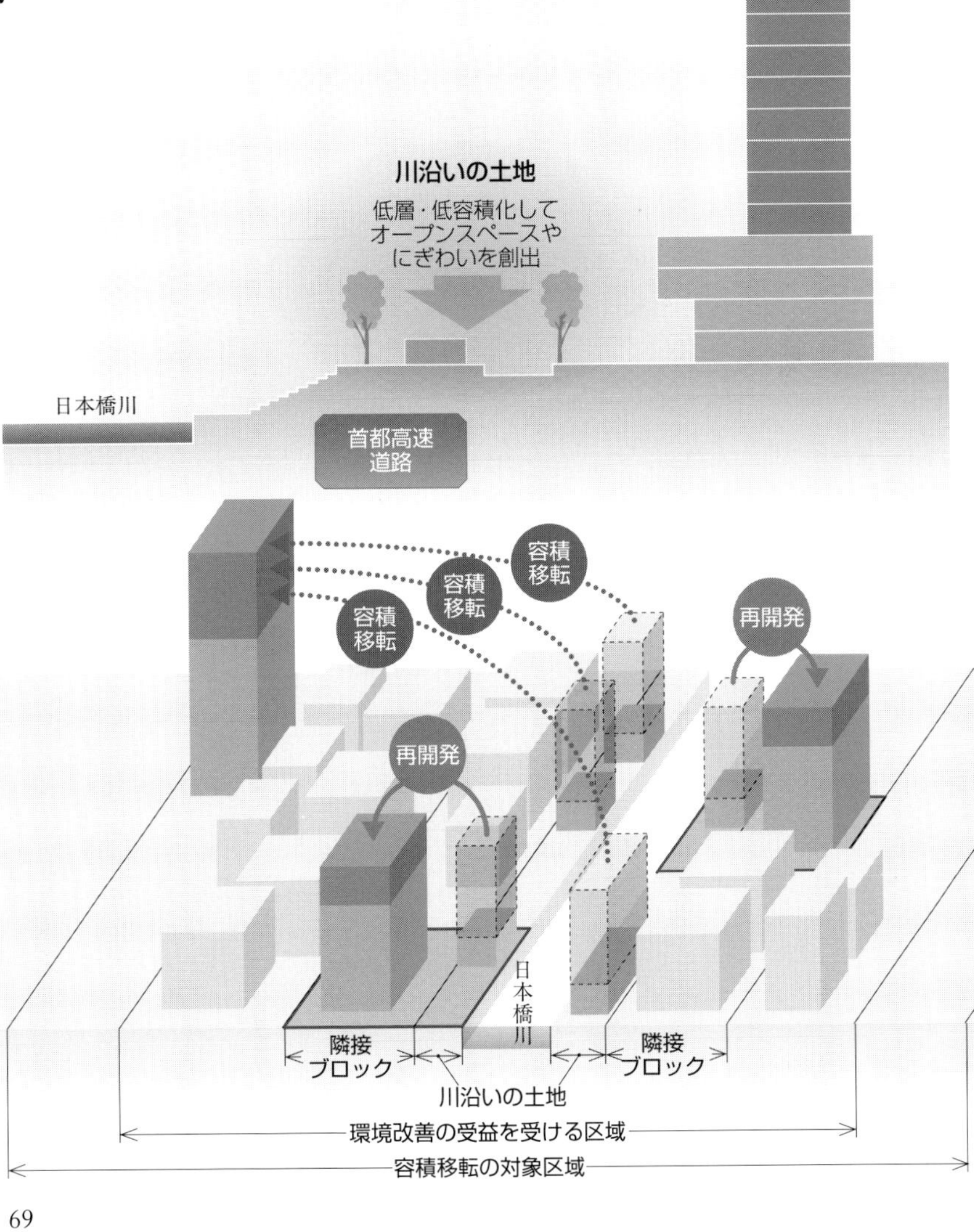

すます求められます。また、我々が示した案は、わが国の経済力と技術力をもってすれば、十分に実現可能なものだとも考えています。日本の都心の象徴ともいえる日本橋地区の再生が、全国の都市再生への起爆剤となることを願っており、その実現に向けて我々はできる限りのことをしなければならないと考えています。

豊かになった日本。しかし、その多くの都市は貧相である。美しくなく、魅力を欠いた都心はにぎわいに乏しい。日本橋は江戸時代から長らく東京の、そして日本の中心であり、そこに美しい橋と活気のある都心活動があった。しかし、急いで建設された日本橋上空の高速道路と雑然とした建物群は、この地域の魅力を乏しいものにしてしまった。今、この地区に求められるのは、美しさと文化、にぎわいと潤いの回復であり、日本の首都の中心としての品格ある街づくりである。

我々がここに示す案は、わが国の経済と技術の能力をもってしては十分実行可能なものである。日本の都心の象徴ともいえる日本橋地区の美しさと魅力の創出は、この地区にとどまらず、未来へ向けて日本各地の都市再生への強い気運を促すに違いない。わが国の都市を自分たちも誇りとし、また外国人も魅力を覚え、憧憬をもって見るものとするため、ここに提案する事業の早急な実施を強く期待するものである。

日本橋みち会議　提言（2006 年 9 月）より

# 第三章
# 二一世紀の建築と都市景観

**隈　研吾**

建築家　慶應義塾大学教授

東京大学工学部卒業。コロンビア大学建築・都市計画学科客員研究員を経て、1990年に隈研吾建築都市設計事務所を設立。主な著書は『新・建築入門』『負ける建築』など。

---

隈氏は、第一線で活躍する日本を代表する建築家であるとともに、大学でも教鞭をとるなど、学際的な活動にも従事されている。竹や石、土といった自然素材を生かした建築を提案するなど、常に時代の先をゆく先駆的な活動を続けてこられた。近年は20世紀型の「勝つ建築」から、さまざまな外力を柔軟に受け入れる「負ける建築」への転換を提言されている。建築家の立場から、交通社会を取りまく都市景観や、道路・橋などの交通インフラのデザインに自在に切り込み、それぞれの課題を指摘いただくとともに、今後目指すべき方向性についてご意見をうかがった。

# 今、求められる都市のデザインとは

二一世紀を迎え、すでに六年経ちました。発展、開発ばかりがスローガンであった二〇世紀の弊害もあり、今世紀には都市や建築のデザインが目指すべき方向性を、新たに設定し直す必要があると思います。今日はそうした問題について、建築家のお立場から自在に切り込んでいただければと思います。

## 二〇世紀型のロジックからの脱却

最初に、建築デザインが抱える現在の課題についてお話ししたいと思います。一つは今、建築の単位というものをどう考えるかということが、改めて問われているような気がしています。二〇世紀には、基本的に道路で囲まれた一つのまとまりである「街区」という枠があって、それが建築のための敷地の一つの単位となっていました。そして、あとはその単位で決められたボリュームのなかでデザインをするというのが、二〇世紀の基本的な考え方だったわけです。しかし、最近になって、この単位に縛られている限り、そんなに新しい都市像は出てこないのではないかと誰もが気付き始めています。

二〇世紀型の単位のなかで建築という行為を行うと、結局は「お化粧」の勝負になってきます。中国の上海などはまさにその典型で、一つの単位のなかで可能な限りの超高層建築物を建て、お化粧、あるいはその頭に乗っかる帽子で勝負しようというような話になっています。しかし、これでは部分と全体の位置付けがなされず、個々の建築物と都市全体をつなぐ回路がきわめて不完全であるといわざるを得ません。結局このなかに縛られている限りは、建築デザイナーが何をやっても、総体としての都市に悪影響を与えるばかりになる。ようするにそれは「勝つ建築」であって、建築が自分を目立たせたい、勝ちたいという欲望を剥きだしにするだけの世界になり、やればやるほど都市全体としてはひどい状態になってしまうのです。このように、都市建築のあり方が全体に上海型に向いているのではないかという懸念があって、これをどうにかしないと都市景観などというものは考えようがないし、直しようもないという気がしています。

では、建築の単位を今後はどのように考えればよいのか。一つは、個々の街区をいくつかに統合していく「スーパーブロック型」という考え方があります。たとえば六本木ヒルズのような、数十ヘクタールという単位を新しいスーパーブロック、街区の上位概念として位置付け、そのまとまりのなかで居住空間、オフィス空間、交通、自然などを、ぜんぶ新たに定義し直すという考え方です。ただその結果が、六本木ヒルズのようなスタイルでいいかというと、これはまた別の問題です。なぜなら、六本木ヒルズや、今のニューヨークやロンドンで展開されているスーパーブロック型の都市再開発は、超高層と広場を組み合

超高層ビルが立ち並ぶ上海

わせたロックフェラー[※1]センター型、すなわち二〇世紀型の考え方の延長にすぎないからです。これは、実際には二〇世紀の前半に出てきた考え方で、超高層ビルの下に広場のようなものをつくれば、建物が高くても多少は人間的な環境になるだろうという程度のものでした。現在のスーパーブロック型は、そのロジックを踏襲して単位をひとまわり大きくしたにすぎず、そういうかたちでの単位の見直しは、私はもう行き詰まりにきているのではないかと思います。

　では、ほかにどのような方向性が考えられるのか。今、いろいろな試みが世界中で行われていますが、たとえばシアトルにあるシアトル中央図書館などは、敷地自体はそんなに広くはありませんが、そのなかに交通機能や広場的なもの、つまり、コミュニケーションのできるパブリック空間をそっくり取り込むということをやっている。これは建物の外がパブリック空間で、なかはプライベート空間という、これまでの内と外の関係性を壊して、溶かし込んでいく試みといえます。（資料①）

　こうしたパブリックとプライベートの関係性を問い直す建築物のヒントになったのは、実は空港です。一つには、空港が従来の建築物のスケールを飛び越えたということがあります。それに伴い、今までの建築概念におけるパブリック空間とプライベート空間の配分をも飛び越えたわけです。これはそもそも鉄道駅で始まった動きですが、駅のほうは一九世紀型の鉄道という輸送機関に縛られたために、いまひとつ飛躍しきれないところがあった。飛行機という巨大輸送機関を前提にした空港が、それを一気に飛び越えてしまったわけです。

**1　ロックフェラーセンター**
アメリカ・ニューヨーク州ニューヨーク市の中心五番街、八八〇〇〇㎡の敷地に広がる超高層ビルを含む複数のビルからなる複合商業施設。世界恐慌時に、ジョン・ロックフェラー二世により建設された。四つの大きなビルが四方に建ち、中心のプラザは冬にはアイススケートリンクとして使用され、一二月には世界最大級のクリスマスツリーが飾られる。

資料①

## 都市空間をまるごと内包―シアトル中央図書館

2004年、オランダの建築家レム・コールハースによりリニューアルされた。全長4.8㎞におよぶ書架は、ひと続きのスロープで結ばれる。ガラスで覆われた壁から光がふりそそぐ館内は、建物の外にいるかと思わせる開放感を与えてくれる。

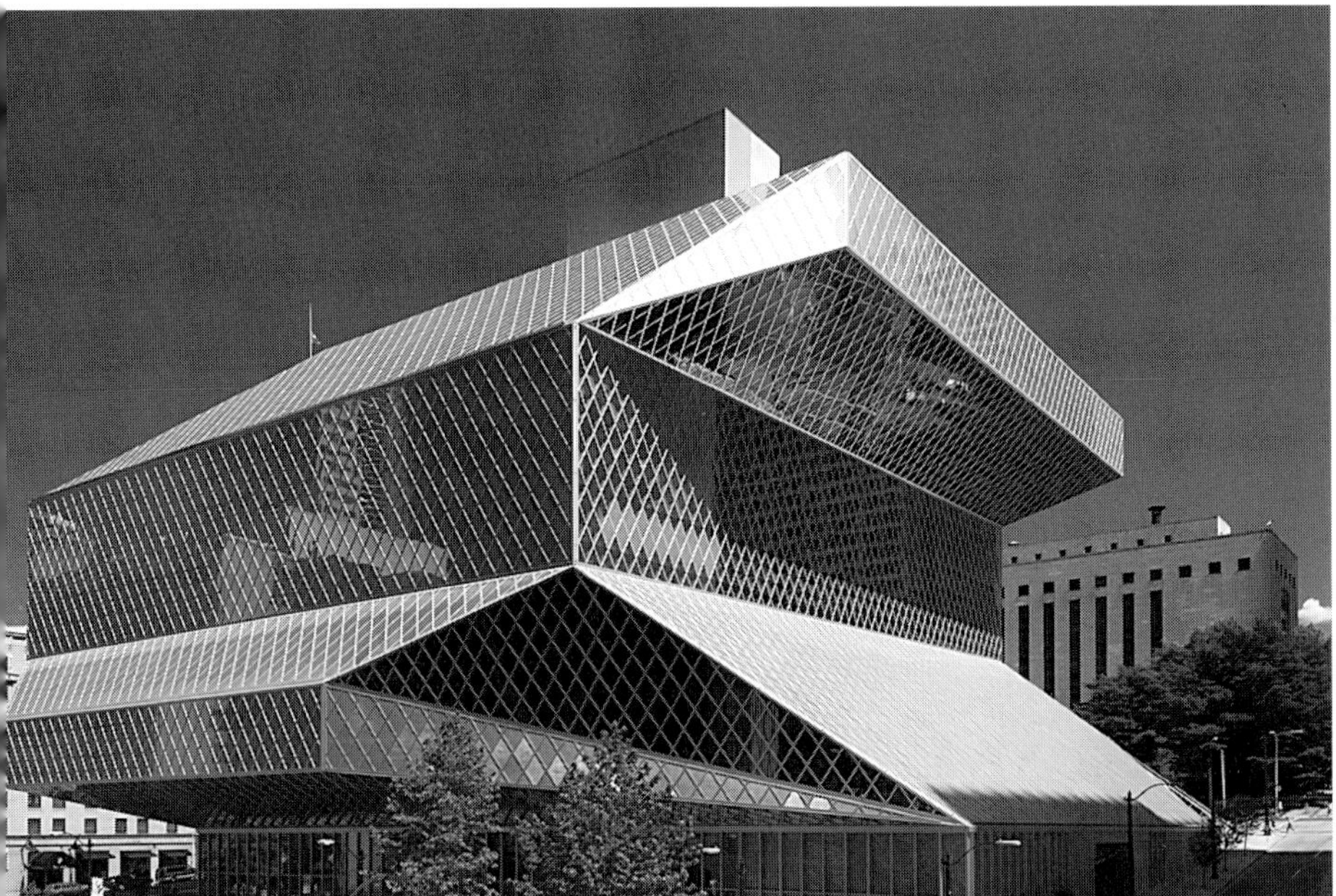

Photos courtesy of The Seattle Public Library

なかでも造形的にエポックメイキングだったのは、アメリカのダレス空港[※2]です。これは建物のなかにスロープを置いたりして、人間の動線空間を造形的にきれいに処理したことで話題になりました。パブリックとプライベートの再配分という点で秀逸だったのは、フランスのシャルル・ド・ゴール空港[※3]です。一九六〇年代の建築ですが、円形の建物のなかに大きなエスカレーターがあって、当時としてはかなり斬新なレイアウトだったと思います。このように、空港を一つのモデルケースとして発展した大型建築、それはすなわち、パブリックとプライベートの空間を混在させた建築ということですが、それがこれから、二〇世紀型の建築概念を超えていく一つの可能性を提示しているように思います。

## 二一世紀の路地空間とは

また、その方向での大型建築が、逆にヒューマンスケールの空間を取り戻すきっかけになるという見方もあります。空港の、いわゆるモールのなかにストリートを取り戻すような試みが、その一つの例といえます。大きな枠のなかに、小さい単位のヒューマンな空間をいっぱい取り込んでいく。それは二〇世紀型の広場とタワーに代わる、現代的な路地空間の復権という意味において、可能性を感じさせる方向性だと思います。そしてもう一つ重要なのは、ストリートや路地的な空間をリアリティのあるかたちで復活させるためには、それを現実的に成り立たせる経済的な仕組みを用意する必要があるということです。

一つは、枠組みを変えることで巨大な開発の一部として、そういう路地空間を取り込むという道があります。二〇世紀においては、いわゆるディズニー・シーのようなテーマパ

**2 ダレス空港**
アメリカ・バージニア州にある国際空港。一九六二年一一月開港。年間利用客は二七〇〇万人。建築はエーロ・サーリネンによるもの。一九六六年アメリカ建築家協会「First Honor Award」を受賞。

**3 シャルル・ド・ゴール空港**
フランス・パリから約二三㎞のロワシーにある国際空港。一九七四年開港。ポール・アンドリューによる円形建築が話題を呼んだ。年間利用客は四六〇〇万人。一九九八年に拡張された第二ターミナルビルには、TGVの駅が直結。また、二〇〇四年に屋根崩壊事故が起こり、一部は仮施設での供用が行われている。

ークによって、それが実現されてきました。あの発想を大型開発のなかに取り入れ、超高層建築や、大型の中層建築と複合させるかたちで実現できないか。しかもテーマパークのように閉じた世界ではなく、都市に開かれた空間として実現できないかということです。

上海の新天地などは、古い建物を保存したふうに見せていますが、実は保存した部分はごく一部で、ほとんどが新築です。（資料②）そういう意味では、あれは一種のテーマパークと呼べるものですが、周囲の超高層建築と一体化して開発したことで、都市とリンクした空間としてかなりリアリティを持っています。単にノスタルジックな空間をつくったという以上に、都市に開かれた、すなわち都市経済に立脚した新タイプのテーマパークをつくったという意味において、それなりに評価できる試みだと思います。現に今、新天地は世界中の都市の商業開発のモデルになっているというぐらい大ヒット作になり、二〇世紀型の論理で突き進む上海のなかでも、あそこだけはちょっと面白い展開になっていると思います。

では、新天地とテーマパークでは何が違うのか。二〇世紀型のテーマパークの欠点は、一つは閉じていたということ。もう一つは、「ないものねだり」をしていたということがあります。長崎のハウステンボスのように、ヨーロッパの街並みが欲しいからオランダ村をつくるといった具合に、閉じた空間のなかに御伽噺のような世界を押し込めてしまった。そこが、テーマパーク的とはいっても、都市機能のなかにきちんと位置づけられている新天地とは決定的に違うところです。

これからの都市開発は、このように自分の場所性というものを、もう一度都市のなかで

再発見していくような、そういう自分返りのような方向性に向かうのではないかと思います。逆にいえば、我々が自分たちのルーツから遠ざかってしまい、自分たちのルーツ自体がエキゾチックに見え始めたということかもしれませんが、いずれにせよ、今後の都市開発はそういう方向に向かうのではないかと私は見ています。

都市のデザインを考えるとき、インフラ・土木の問題が出てくると思います。とくにクルマに関わる交通インフラの存在は大きいと思いますが、そもそも交通インフラと建築物とは、どのような関わりを持っているのでしょうか?

## クルマに縛られる建築デザイン

実は都市の建築物においては、クルマの存在がものすごく大きな影響力を持っています。今、オフィスビルの柱と柱の間隔が何で決まっているかというと、クルマのサイズで決まっているのです。ビルには地下駐車場[※4]が必ずつきますから、クルマ二台分のスペースを取るか、三台分かとい

**資料②**

### 21世紀の路地空間—新天地

中国・上海に1930年代に建てられた旧フランス租界の「石庫門」住宅街の保護のために、新たに「新天地」として改造された商業娯楽施設。ノスタルジックな一角に土産店、各国料理レストラン、バー、映画館、ブティックなどが建ち並ぶ最先端の人気スポットである。

うところで柱の間隔が決まってしまう。クルマはそのぐらい拘束力があります。

都市において、建築とインフラがはっきりと区別されるようになったのは、二〇世紀に入ってからのことです。二〇世紀に出てきた道路に囲まれた「街区」というとらえ方の下で、道路などのインフラと、それに囲まれた街区内に建てる建築物とは別ものだと考えるようになった。同様に、橋や鉄道、堤防など、今日では土木の範疇に入る構造物と、いわゆる建築物とは別に扱われるようになったわけです。

そのいちばんの要因は、やはりクルマの存在だったと思います。クルマという危険な物体が都市のなかに入ってきたことで、道路は安全を保つために、建物と分けて考えないといけないことになった。それはまさに、二〇世紀の自動車文明に対応したルールだったわけです。現在、クルマと都市は完全にリンクしていますが、都市空間で使われるクルマが二〇世紀型の速度や、用途で想定されているとすると、それを前提にしている限りは建築もなかなか変われない。車寄せにしても、パーキングにしても、どうしても今みたいな形態になってしまわざるを得ないところがあります。そこをブレークスルーするには、何か新しいかたちでの都市型モビリティの出現を待つしかないでしょう。ようするにクルマの寸法が変われば、建築物の寸法体系も変わってくるわけです。

ですから、クルマをもう一度定義し直して、これからの都市形態にあったコンパクトな乗物が出てきたりすると、都市における交通のあり方、交通と建築の関わり方も大きく変わっていく可能性があります。人とクルマは、速度にしろ、強度にしろ、ものすごく大きなギャップがあります。そのギャップをもう少し埋める乗物があってもいいと思いますが、

**4　地下駐車場…**建築物の柱の間隔は駐車の幅二・五m×クルマ三台＋柱の幅一m＝八・五mで決められており、クルマのサイズに拠るところが大きい。

今はまだ出てきていません。建築家が一緒にコラボレートする機会でもあれば、建築家は問題の設定をかなり広げて考えられる面がありますから、面白いかもしれない。しかし今のところは、なかなかなかそういう横断的な議論の場がないのが実情です。

もう一つ、建築とクルマで考えられるのはエネルギーの共有化です。これはすでに取り組みが始まっていますが、クルマを一つのエネルギー装置と見なせば、それを住宅のエネルギー源としても使えるはずです。たとえば、クルマの動力源から生み出されるエネルギーを使って、住宅の空調や照明をまかなうこともできる。一方、建築物のほうでも、太陽光発電などを取り入れてエネルギー生産ができるようになっていますから、お互いに余ったエネルギーをやり取りすることも可能です。こうしてクルマと建物でエネルギーの互換性が持てるようになると、いろいろな可能性が見えてくるのではないかと思います。

また、エネルギーの互換性ができてくると、今度はクルマそのものが居住空間の役割も果たすといったように、建物とクルマで機能の互換性を持たせようという話も出てくるかもしれない。そうなるとクルマのコンセプトもがらりと変わるし、建築デザインの世界もかなり変わっていく可能性があります。実は建築とクルマで互換性を持たせるという考え方は、そんなに新しいものではありません。一九三〇年代に、バックミンスター・フラー[※5]という建築構造デザイナーが、まさにそうしたことを主張したのですが、残念ながら彼のあとは、誰もそのようなことに取り組んでこなかった。それがここにきて、かなり現実性を帯びてきたわけで、そうなると住宅のデザインなどは、これから相当に面白いことができるような気がします。

**5 リチャード・バックミンスター・フラー (Richard Buckminster Fuller)**
アメリカの発明家、建築家（一八九五ー一九八三年）。独自の数学、物理学を応用し「ダイマクッション・カー」など次々と発明。最小で最大の効果をあげる「ジオテックドーム」は現在のドームの基本構造となっている。また、地球を一つの宇宙船にたとえた「宇宙船地球号」の概念を提唱。人類の共存、持続可能な社会を探り続けた。

## 土木と建築は融合できるか

土木と建築の関わりについては、近年、両者をもう少し融合すべきだということが盛んにいわれ出しています。土木的なものにもデザインを取り入れないといけないと、誰もがいうわけですが、ただこれがお化粧の話になると、きわめてつまらない話に終わってしまいます。今までの土木は無骨だったから、橋を多少きれいにしましょうというような話だと、それはちょっとした心掛けで変わることであって、都市の全体像に対する影響力は持ちません。むしろ、橋をどこに架けるかとか、その橋に建築物を組み込めないかといった初期設定での建築と土木の融合がないと、本質的な改革にはならないと思います。そうやって土木と建築を深いところで融合したときに、果たしてどんな可能性が出てくるか。そうしたことが今、かなりリアリティを持って問われ始めているのだと思います。

たとえば、イタリアのベネチアを見ると、ベネチアにおけるインフラと建築の関係は二〇世紀型の切断されたものではなく、もっと分かちがたく結び付いています。（資料③）そういう意味では、ベネチアには土木と建築の本当の意味での融合があったといえます。しかし、今あれを実現しようと思えば、デザイナーのレベルでどうこうできる問題ではなくて、もう少し大きく行政や政治を動かすといったことが必要になる。また、仮にそうした話が出てきても、それは都市スケールでいうと、都市全体をベネチアにするのではなく、ある大きなユニットのなかにベネチア的な世界をつくるという考え方だと思います。もちろん、そのユニットが閉じてしまえば、テーマパークになってしまいます。しかしそれが都市に開かれていて、その開かれた空間同士が別の交通機関で結ばれていく。そういうレベルのデザインができれば、それが本当の意味での土木と交通の融合ではないかと思います。

実際にベネチアに住んでみて実感したのは、交通手段が違うということは、人間のライフスタイルの根幹に関わるということです。どの交通手段を持つかということは、都市の強烈なアイデンティティになるし、その交通手段がそこで暮らす人たちのライフスタイル全般を支配することになる。たとえば、今ある通勤というスタイルは、郊外電車という交通メディアによって成り立っているところがあって、それが二〇世紀の価値観やライフスタイルを規定してきました。そのなかでは、都心は基本的に男が働く空間であり、逆に郊外のほうは、女のためのフェミニンで装飾的な空間として理解されてきたわけです。

しかし、二一世紀には、それは一つのオプションではあるけれども、もっと多様な交通メディアが都市の骨格を担うべきだと思います。日本であれば、かつて大阪や東京がそうであったように、水上交通をもう一度見直して、現代

**資料③**

## 交通手段が都市のアイデンティティを決める—ベネチア

イタリア北東部の都市。海運のベネチア共和国の都として栄え、現在も「水の都」として、多くの観光客が訪れる。車の通行は禁じられているため、交通手段は徒歩、あるいは無数に流れる運河を行きかう船となる。観光用のゴンドラが特に有名。1987年に世界遺産に登録された。

的にデザインし直すのも一つの手でしょう。ほかにも、バスのような公共交通を徹底的に使いこなす都市があってもいいし、あるいは路面電車を日本的に洗練させて、都市のシンボルとして走らせるという選択肢があってもいい。ようするに、すべての交通機能をがらりと変えるのは難しいですから、何かシンボリックなものを一つ導入して、それを都市のアイデンティティとして育てていけばいいのです。一律にこの交通ということではなく、多様な選択肢のなかから自分たちにあった交通メディアを選び、それを骨格にすえて都市のありようを考える。そうするとそれが街の風景も変えていくし、建築の方向性もおのずと定義し直すようになると思います。

今のお話で、都市における交通メディアの選択が、いかに重要であるかがよくわかりました。そのほか都市建築に関わって、何か付け加えていただくことはないでしょうか?

## 「都心 対 郊外」の超克

都市の問題に関わってもう一つお話ししておきたいのは、都市と住区間の分節の問題です。日本では、都市は住むところではなく、働きに出るところとされています。この「都心 対 郊外」という分節の仕方については、二〇世紀初頭にアメリカがそういうプロトタイプをつくりました。都心は働く場所であって、いい環境は期待できない。いい環境は郊外で提供されるものであり、無限に広がる郊外のなかに住宅を増やしていくという都市デザインを、彼らは行った。そして、その都市間を結ぶものがクルマという交通メディアだったわけです。

こうした都市デザインは今、破綻しつつあります。まず、郊外という場所が、人間にとってそれほど幸福な場所ではなくなってきました。近年、郊外はそれぞれの家族が地縁、血縁から切断された場所になり、郊外型の犯罪の多発や、女性の不安定な心理といったようなことが指摘され、子どもや女性には非常に住みにくい環境になっています。こうした反省から、最近はアメリカでも、都心型居住と労働が一体となったヨーロッパ型のコンパクトシティに切り替えられないか、それは経済的に可能かといったようなことが、かなり本気で追求され始めているという実態があります。

こうした問題を考えるときまず浮かんでくるのが、日本では現行の建築基準法が、そうした方向の都市デザインに対応していないということです。今の法律は、住居専用地域、商業地域、工業地域、準工業地域というように、用途地域によって都市を区分する理論でできているため、職住混在型の都心デザインにはほとんど対応できないのです。

また、旧住宅・都市整備公団、今のUR都市機構がやってきた問題もあります。この機構は、これまで基本的に郊外型住宅の建設を目的として運営されてきたため、混在型の居住スペースをつくる発想がまったくなかった。私は、UR都市機構と一緒に、東京の東雲にある住宅団地の建築を設計した一人ですが、あれはあの機構として初めて、都心型のソーホー(SOHO)団地をつくったといわれています。(資料④) ソーホーとは、小さい事務所にも使える住宅型のオフィスのことですが、すでに民間では一般化しています。しかし、公団の団地では、そういう事務所や塾などは住民に迷惑をかけるということで、これまでは基本的に排除されてきました。それをＵＲ都市機構が住宅以外の用途も初めて許可したところ、賃貸の応募倍率が二二〇倍というものすごいヒット作になったわけです。

これをきっかけに、公的機関に求められるのはそういう方向で、それを建築デザインがフォローすべきではないかといわれ出した。これは悪くない方向であり、混在型都心住居の可能性がこれで一つ見えてきたように思います。しかし、全体としては、制度においても開発主体においても、二〇世紀型の発想がまだ厳然として残っていて、結局はそうしたさまざまなバリアが、都市におけるパブリックとプライベートの融合を非常に難しくしています。そのハードルをクリアするためには、結局はそれぞれの立場の人たちが、それぞれに意識改革を進めていく以外にないのではないかと思います。

もちろん、そのなかには建築デザイナーの意識改革も含まれます。建築デザイナーという存在は、これまでは「住宅作家」と「大組織のビル屋さん」とに分かれていて、その職能も、郊外型と都心型で別々に確立されてきました。それを連結する発想がなかったし、そういうニーズも社会になかったわけですが、今後はこの二つを連結できるデザイナーを養成していく必要があります。逆に、そういう受け皿となる人材がどんどん育ってくれれば、都市デザインもこれからかなり変わっていく可能性があります。

撮影：新建築写真部

隈氏は 3 街区を担当。連続したバルコニーと片廊下により、開放的な空間をつくりだした。

資料④

## 東雲キャナルコートCODAN3街区

1999年から2005年にかけてUR都市機構と民間の東京建物が共同で開発した6街区からなる都市型住居。開発に際しては、6組の建築家チーム、ランドスケープ、照明、サインのデザイナーといった各分野の専門家が集結し、街全体をトータルにデザイン。公団としては初めてSOHOを認め、今までの団地のイメージを変えるものとなった。

# 建築が都市に与えるインパクト

街区を超えたある種の大きなストラクチャーが、そのなかにヒューマニスティックな空間を再現するきっかけになるというお話ですが、そもそも建築物というものは、都市やそこに暮らす人々に対して、どれだけの影響力を持つ存在なのでしょうか？

## 巨大建築が都市に与えるインパクト

建築物が都市に与えるインパクトとして無視できないのは、やはり環境負荷だと思います。ところが、大きな建築物がどれだけ環境にインパクトを与えるかについては、今までほとんど検証がなされてこなかった。建築家のル・コルビュジエ[※6]が『輝く都市』で展開した議論などは、きわめて荒っぽいもので、超高層ビルを建てて下を多少緑化すれば、環境に対して優しいという程度のものでした。建築に関わる二〇世紀における環境の議論は、結局はその程度のものだったわけです。

六本木ヒルズなどは、いまだにそういう考え方で、それでいいのではないかというレベ

**6　ル・コルビュジエ（Le Corbusier）**
フランスを主な活躍の場としたスイスの建築家（一八八七―一九六五年）。近代建築の四大巨匠の一人。一九二五年のパリ万国博覧会で、アール・デコ様式の展示館が並ぶなかに、装飾を排したモダニズム建築のエスプリ・ヌーヴォー館を建設した。「住宅は住むための機械」だと説き、強化コンクリートの高層ビルの建つ都市が合理的だと主張した。代表作にサヴォア邸など。

ルだと思います。しかし、実際にはあの超高層建築物によって、東京湾の風が東京上空に入ってこなくなり、気温を上げたという話があるわけですが、そういうインパクトの総体についての検証はほとんどなされていないのです。結局、今後は超高層の建築と、縦横の比率が等しいような大型の中層建築とで、同じボリュームのときにどちらが都市へのインパクトが少ないか、といった比較になっていくと思います。それは太陽光、つまり日影規制であったり、風の問題、地下水の問題などいろいろありますが、そうした超高層型、中層型を含めてどのオプションがいちばん適正かという検証になると思います。

その点で今、大型の中層建築のデザインをリードしているのは、シアトルの中央図書館を手掛けたレム・コールハース[※7]です。彼が提案しているのは、基本的には中層の、敷地面積が非常に広い空間ですが、それは彼がオランダ人だから出してきたというところがあります。彼を筆頭とするオランダ人建築家たちは、面積が大きな巨大構造物をつくることにはまるで抵抗がない。それはオランダ人気質というか、国土をあれだけ大規模に埋立ててしまう国民性からもうかがえることです。

レム・コールハースが提案した中層の巨大建築で最初に有名になったのは、フランスのリールに建てたコングレスポ[※8]という大展示場です。それはいかに横の寸法が今までの建築から逸脱したものかということが、大型旅客機などとスケール比較してみるとよくわかる。そういう中層の巨大建築物は、オランダを中心とする若い建築家が奇想天外なものをいろいろと描いていて、新しいオプションとして提案しています。

もう一つ、建築が与えるインパクトということでいえば、建築の内側、つまり室内環境、

**7　レム・コールハース (Rem Koolhaas)**
オランダ出身の建築家（一九四四年—）。ジャーナリストなどとして活躍した後、英国建築協会付属建築専門大学に学び、建築家の道へ。一九七五年に、自身の建築事務所OMAを設立。日本の福岡市にあるネクサスワールドなどを手掛けた。著作物も有名。主な著作に『錯乱のニューヨーク』など。

**8　コングレスポ**
リールはイギリス、ベルギー、フランスを結ぶTGVの拠点として、再開発され、その全体計画を、レム・コールハースが担当した。コールハースが設計したコングレスポは大展示場や、宿泊施設を備えた巨大建築物（一九九四年）。

そこで暮らす人々への影響というものもあります。建築という器の拘束力はかなり強くて、器を与えられると、それを受容した人間は感覚を変えられていくところがある。その器に影響されて人間の感覚がどんどん変わっていき、やがて別の思考や、生活習慣を持つようになっていくわけです。小さな器にもそういう力はありますが、建築という大きな器で、空間全体を新しいパラダイムで塗り替えたりすると、それは相当の影響力を発揮します。

たとえば、これまでの住空間というものは、都心型と郊外型にきっちり分けて考えられてきた。それに伴ってインテリアのデザインなども、二つの方向性で提案されてきました。ビニールクロスにしろ、照明器具にしろ、郊外型のインテリアはある意味で、都心型のオフィス用インテリアの対極をやろうとしてきたわけで、それは照明でも家具でも、すべてにわたって違うテイストとして提示されてきました。

しかし、先ほどお話ししたとおり、現在は「都心 対 郊外」という図式は崩れつつあり、混在型に向かおうとしています。では、そのなかで混在型のライフスタイルは何かといったときに、今後はそれにあった家具なり、照明なり、小物などの提案が、また新たに必要になるわけです。そういう大きなパラダイムの変化みたいなものが、それぞれのデザイナーに内在化されていって、やがては建築物という器だけでなく、その器に盛り付けられる生活にも影響を与えていく。そういう意味でいうと、建築というのはたんなる器の提案ではなくて、もっと大きな意味でのある種の生活提案のような機能も担っていると思います。

**建築が持つ芸術性のようなものが、都市の文化的側面にインパクトを与えるということもあると思います。スペインのガウディの建築などはその代表でしょうが、こうした建築の芸術性ということについては、どのようにお考えですか?**

## 「場所性」へのこだわり

建築物の芸術性といっても、表面が奇妙なかたちをしているから新しい建築だというようなレベルの話では、あまり意味がありません。そういうお化粧はいわば遊びみたいなもので、それはただの街の話題でしかなくて、世の中全体を大きく変えていく力にはなりません。実はガウディ[※9]にしても、ああいうことをやりながら、もっと大きな都市計画的なことを考えていたわけで、建築の芸術性といっても、やはりある程度大きな単位で考えないと、威力を発揮できないのではないかと思います。

実際のところ、今はいわゆる芸術的な建築か、機能的な建築かといったような問いは、あまり意味をなさなくなっています。最近の建築家の関心は、先ほどのレム・コールハースのように、建築の単位に踏み込んでその境をどう越えていくかというところにあって、従来建築の単位の超越がないまま、新しい造形の可能性を議論しても意味をなさなくなってきています。ですから、建築の芸術性というようなことも、今後はそうした単位のイノベーションのなかで模索されていくことになると思います。

建築へのニーズというのは、基本的には施主との会話のなかで、彼らが何を求めているかを理解することによって発見されていきます。そうした会話を通じて、施主が、あるい

**9　アントニ・ガウディ・イ・コルネ(Antonio Gaudi i Cornet)**
スペイン出身の建築家(一八五二―一九二六年)。独特の曲線と曲面を多用して、幻想的な作品を残す。一八八二年に着工したサグラダファミリア(聖家族)聖堂は、現在も建築を続けている。二〇〇五年、サグラダファミリアを含むガウディの作品群は世界遺産に登録された。代表作にグエル公園、カサ・ミラ、カサ・バトリョなど。

は今の社会が、何を求めているかを敏感に感じ取る必要があって、私自身、そうした体験を通じて自分の作風がどんどん変わってきたところがあります。しかし、自分のなかではわりと一貫していて、私はずっと「場所性」というものにこだわってきたつもりです。たとえば、東京の環状8号線沿いにマツダのM2ビルをつくったときは、あの通り沿いのガチャガチャした空間に見合った、一種のカオス的な世界を表現したかった。（資料⑤）それをあの当時のボキャブラリーでつくると、ああいうかたちになったわけで、今と作風が違うとよくいわれますが、自分のなかではわりと一貫しているわけです。

場所性にこだわるということは、別の言い方をすると、場所に対して受動性を持つということです。そこに建ったことも気付かないくらい、まわりの環境にすんなりと溶け込む受動性。私が最近よくいう「負ける建築」とは、ようするにそういうことです。（資料⑥）それに対して、これまでの建築はずっと「勝つ建築」だったと思います。その建築ができてしまうことで、まわりの環境を変えてしまったり、周囲のものに対して支配的であったわけで、結局は建築が

## 資料⑤

## M2ビル

1991年、隈研吾設計により、EUNOS(マツダ)のショールームとして、東京・世田谷区環状8号線沿いに建設された。さまざまな建築様式が織り込まれたこの建物は、見る人に強烈なインパクトを与える。現在は葬儀場として使用されている。

自分を目立たせることにしのぎを削ってきたにすぎません。そうではなくて、まわりの環境に対してあくまでも受動的な、自己主張のないデザインを考える。それが場所性にこだわるということであり、私が一貫して目指してきた方向性なのです。

そうした考え方の延長線上で、今のように自然素材にこだわるようになったのは、バブル経済以後のことです。バブルが終わって世の中が不景気になり、東京の仕事が急に減った時期がありました。自分の設計する場所が東京になくなったこともあって、地方のプロジェクトをいろいろと手掛け始めたのですが、そのとき、地方では何ができるだろうかと考えて、その土地ごとの環境に溶け込める建築の可能性を模索するようになりました。

では、地方の風景を決定づけているものは何かというと、それはやはり自然です。そうすると、その自然と整合する建築とは何かと考えたとき、コンクリートという素材にこだわっている限りは、全然だめだということが実感としてわかってきたのです。

先輩の黒川紀章[※10]さんなどは、自然というものは曲線だから、コンクリートでも曲線的なものをつくれば風景に溶け込むというようなことを主張された。それで地方の大きな文化会館などに、山並みになった屋根をつけたりしたわけですが、私はコンクリートや鉄、ガラスだけにボキャブラリーを限定している限り、本当に自然に溶け込めるものはできないのではないかと考えています。つまり、かたちだけをいくら操作しても意味がなくて、素材をどうするかが決め手になる。それで私は、コンリートから卒業しようと思ったわけです。すると、たとえば木なら木、石なら石で建築物をつくろうとすると、今までの建築教育で教わった知識では追いつかないことがわかってきた。これはようするに、日本の大学

**10　黒川紀章**
名古屋市出身の建築家（一九三四年—）。東京大学大学院にて丹下健三に学ぶ。一九六〇年、建築の理論運動メタボリズムを結成。「共生、新陳代謝（メタボリズム）、情報、循環、中間領域、非線形、生態系」などのコンセプトを提唱。代表作に中銀カプセルタワービル、国立民族学博物館など。二〇〇六年に文化功労者に。

館内から北上川を望む

この下に構造物があることを忘れてしまう

## 自然に溶け込む—北上川・運河交流館

宮城県・石巻市の北上川下流に建つ北上川・運河交流館-水の洞窟。（設計:隈研吾 1999年）
建物全体が土手のなかに埋もれるように建築されており、北上川の豊かな自然と見事に一体化している。

がこれまで教えてきた建築は、コンクリートと鉄とガラスでつくる建築でしかなかったということです。

確かに、授業では最初に木造建築の図面をコピーしろといわれて、住宅の図面をコピーさせられたりしますが、ただ写しているだけで、このジョイントがなぜここでこうなるかというような理屈は教わらない。ですから今、木造の図面をきちんと描ける学生は、日本の建築学科にはほとんどいないというのが実態なわけです。それで私は、これはまったく新しい未知の領域に踏み込んで勉強をし直さないといけないと思い始めた。それで地方の木造建築を手掛けたりしながら、自然素材を使った建築の可能性をいろいろ考えるようになったわけです。

## 日本の伝統建築の可能性

隈さんが天然素材にこだわりを持つようになった経緯が、今のお話でよくわかりました。最近は世界的に、天然素材への関心が高まっていると聞きますが、こうした素材を古くから使ってきた日本の建築文化については、どのようにお考えですか?

## 世界が注目する日本の伝統技術

ヨーロッパの建築というのは、全体に自然を人工化させて永久性を求める方向にあります。木材[※11]を薬品に漬けてなかの細胞まで浸み込ませて、木材でありながら木材でなくしてしまうのはそういう考え方の現われだと思います。しかし、今の建築がその意味で皮肉なのは、コンクリートという素材はそういう意味では永久なもので、無限だと考えてきたけれども、コンクリート建築の平均寿命を測ると、実は二十数年しかない。まったくリサイクルを前提にしないでつくりながら、実際はどんどん寿命が尽きているという、たいへん矛盾したことをやっているわけです。

日本では逆に、朽ちたときにうまいかたちで現れるわび、さびというものに対して価値を見出してきた歴史があって、がっしりしたもの、永遠を求める類のものは美学的に受けつけないところがあります。伊勢神宮の式年遷宮などは、二〇年ごとにすべての建物や鳥居をつくりかえていますが、あれは建物自体に永遠を求めず、大きな自然のサイクルのなかに建物のほうを組み込むわけです。（資料⑦）また、このサイクルは親子の世代交代のサイクルと一致していて、技術の伝承という意味合いも持っているといわれます。そういう世代交代を考えたものはほかにも錦帯橋[※12]などがあります。

ただ、宮大工などの話を聞くと、木を接ぐ技術というのは鎌倉・室町期のあたりがいちばん高度な技術を使っていて、江戸期にはもう退化していたといいます。江戸期には匠明という大工の木割書[※13]ができるのですけども、その木割書はプレハブ的な発想に基づいて考

**11　木材を薬品に漬けて…**
防腐、防虫のために、薬品に浸ける処理を行うこと。また、塗料を塗ることで防水、抗菌作用なども期待できる。近年は人体への影響を考慮した薬品や、燻煙加工、自然塗料なども広がってきている。

**12　錦帯橋**
山口県最大の河川である錦川に架けられた木造橋。日本三名橋、日本三奇橋に数えられている。一六七三年に、洪水に耐えられるよう、中国杭州の西湖にある「錦帯橋」をモデルに五連のアーチ橋として完成した。腐朽による傷みのため、二〇〇一—二〇〇三年度にかけて「平成の架替」事業が行われた。

資料⑦

## 伊勢神宮式年遷宮

20年ごとに、御正殿をはじめ、すべての建物を建て替え、殿内の御装束、神宝を新調し、御神体を新宮へ遷す行事で、1300年にわたって続けられている。８年前から準備が進められ、30以上の諸祭を経て行われる。20年という期間の明確な記述はないものの、「唯一神明造」と呼ばれる弥生時代まで遡る建築様式の技術の伝承には、当時の寿命では20年が適当など諸説ある。次回の第62回神宮式年遷宮は2013年の予定。

神宮司庁提供

えられたもので、中世の木割りのほうがよっぽど洗練されていて、高度だったらしい。江戸期にはすでに堕落が始まっていたと、今の宮大工たちはいっています。

いずれにせよ、もともと日本の建築レベルというのは、かなり高いレベルにあったことは間違いないと思います。二〇世紀初頭、フランク・ロイド・ライト※14が日本建築に非常に影響を受けて、彼のスタイルをつくり、それがヨーロッパに広がって、ミース・ファン・デル・ローエ※15などによってモダニズム建築の元になった。ちょうど印象派が浮世絵から学んだのと同時期に、建築界でも日本ブームが巻き起こったという歴史があるわけです。今、ヨーロッパはちょっと自信喪失気味で、外に何を求めるかというような状況になっていますが、そのなかで百年ぶりぐらいに、日本の建築に関心が集まり始めているのかなという気がしています。

## 天然素材のブレークスルーがもたらすもの

たとえば、かつてあったはずの路地空間を、今の都市に復権させるというとき、木などの自然素材を伝統的に使用してきた日本の建築技術が果たせる役割が、世界的にもかなりあるのではないかと思います。これは先ほどの建築の単位とリンクする話ですが、二〇世紀の建築は大きいものをつくる場合、鉄とコンクリート以外の素材は基本的に考えてこなかった。コンクリートにしても、面をきれいにつくって、そこにガラスをきれいに収めていく。素材としての善し悪しはとりあえず置いておいて、それをどれだけ美しく見せるか、どう同居させるかという話だけで二〇世紀は終始したわけです。しかし今、コンクリート

**13 木割書**
日本の木造建築では、柱間を基準として、各部材の寸法を比例計算で求める木割という寸法体系が用いられた。室町時代から設計の基準を示すものとして木割書が作られたが、代々伝承されるうちに墨守するべきとされ、新しい創意工夫の必要性を低下させた。

**14 フランク・ロイド・ライト (Frank Lloyd Wright)**
アメリカの建築家（一八六七―一九五九年）。近代建築の四大巨匠の一人。屋内と屋外を流れるような空間で結ぶ「プレーリースタイル」の住宅で有名に。それまでの装飾過多な建築とは一線を画する大胆な建築はヨーロッパ近代建築に大きな影響を与えた。帝国ホテルなど日本にも作品を残す。代表作にカウフマン邸、グッゲンハイム美術館など。

という素材を外しても、大きな建築物がつくれるのではないかと考えられ始めています。
それは、これまで使えなかった自然素材を二〇世紀型の建築に貼りつける、といったような単純な話ではなく、建築の枠組みと、自然素材の可能性が本当の意味でリンクしたときに何が起こるか。たとえば、自然素材の可能性を最大に引き出すことで、我々がもう二度と回復できないと思っていたヒューマンな路地空間とか、ストリートのようなものを、もう一度回復できるのではないかという期待があります。

今、コンクリートの代替は構造的にも可能になってきていますし、防災・防火面から見ても、木や紙を使っても巨大建築がつくれる技術的なブレークスルーが生まれつつあります。紙については、防災面で、とくに防燃で少し技術的課題が残っていますが、木については、薬剤を染み込ませて完全に[※16]不燃構造にしたり、木の上に薬剤を塗るだけで準耐火、準不燃の認可が下りるようになりました。また、火災のときに表側の二、三cmしか燃えず、それ以上は炭化して木を保護する性質を持たせる[※17]「燃え代設計」なども可能になり、コンクリートの梁の代わりを木の梁ができるようにもなっています。技術的なレベルでは、すでに相当な大型建築物でも木でできるところまできているのです。

また、最近は竹を使った体育館なども出てきています。環境への融合の視点から、私も最近は竹を使う機会がけっこう増えています。竹は主に中国で使っていますが、あの国には竹林みたいなイメージがあるし、昔から彫刻や建築の足場としても使われています。中国では竹という素材が文化的にしっかりと根づいているので、私もあちらで仕事をするときには使いたくなる素材です。二〇〇〇年に行われたドイツの[※18]ハノーバー万博でも、竹を

**15 ルートヴィヒ・ミース・ファン・デル・ローエ(Ludwig Mies van der Rohe)**
ドイツの建築家(一八八六―一九六九)。近代建築の四大巨匠の一人。「Less is More(無駄をそぎ落としたデザインが、より豊かなデザインである)」の名句を残した。一九二九年にバルセロナ万国博覧会で建築されたドイツ館・バルセロナパビリオンは彼の建築の特徴である鉄とガラスで構成されており、同パビリオン用にデザインされたバルセロナ・チェアも有名となった。代表作にファンズワース邸など。

**16 不燃構造に…**
市街地および、その中心部では火災の延焼を防ぐために建物の階数、規模などにより不燃構造が義務化されている。一九九三年の建築基準法の改正で不燃材料で覆った木造を準耐火建築物とする規定が新設された。

使った構造物が展示されましたが、あれは南米コスタリカの竹で、割れない。それで私も最近、あの竹をコスタリカから持ち込んで強度試験をやったりしていますが、建材としてもかなり優秀だなという印象です。

このように今、これまで建築を縛っていた二〇世紀の枠組みを、素材のイノベーションが徐々に壊し始めています。こうした素材の革新で、二〇世紀に失いつつあったヒューマンな建築空間を取り戻すためのボキャブラリーが揃いつつあるのです。その新しいボキャブラリーを活用すれば、二〇世紀型とは異なるまったく新しい建築の可能性が、今後は開けていくと思います。

## 自然素材の「場所性」とは

もちろん、自然素材を利用するという流れの背景には環境問題もあります。たとえば、木を素材として使うことで、森林の大きな循環のなかにもう一度建築を位置付けることができます。しかも、それは$CO_2$の排出を長期的に森林に固定させることにつながりますから、地球温暖化問題の解決要因にもなります。ご存知のとおり、日本の森林は今、木が使われないために森が枯れるという悲惨な状態にありますが、自然素材の利用は、たんに温かみのあるデザイン云々という話を超えた、もっと大きな射程を持った問題解決の糸口になり得るわけです。実際、国産材を使って空港などの大規模建築が可能になってくると、日本の林業の状況も相当に変わっていくのではないかと思います。

また、地方では最近、これまで使っていた新建材を地元の自然素材に切り替えるといっ

**17　燃え代設計**
大きな断面の木材は表面が燃焼しても炭化層をつくり、酸素の供給を断ち、熱を遮る。そのため内部まで燃焼しにくい性質を持つ。この特性を利用して炭化する部分を「燃え代」とし、残りの部分で火災時に建物の倒壊を防ぐ方法。

**18　ハノーバー万博**
二〇〇〇年六－一〇月に開催されたドイツ初の万国博覧会。初の「環境万博」として注目を集めたが、来場者が予定を下回り大幅赤字となった。ゼロエミッション研究構想（ZERI）財団は廃棄物ゼロのコンセプトに基づくパビリオン「竹の建築」を出展。リサイクルのセメント、自然繊維のセメント板、竹、再生銅を使用したユニークな建物はコロンビアの建築家シモン・ペレスが設計。

たことが起こり始めています。（資料⑧）　それについては大賛成なのですが、その際、どこでどういう文化を新たに創出できるかという意識がないと、大きな流れにはなっていかないと思います。とりあえず地元産の杉を使って何かをつくれば、すべてが正当化されるという考え方では不十分で、天然の素材も、その場所に適した、素材の場所性というものを考えるべきなのです。素材の地産地消といっても、デザインと施工的なものと、開発のデベロッパー的なものが高いレベルでリンクしていかないと、大きなムーブメントにはなり得ません。国際的に通用するレベルでの「住文化」の提案みたいなものが、そういう取り組みの流れの一つの目標ではないかと思います。

## 建築のボーダーを引き直す

　ところで、私は日本の伝統建築は、どうも西洋とは違うところにボーダーラインが引かれているような気がしています。とくに庭と建築物については、明らかに西洋とは違うところに線を引いている。その線の引き方は日本人は相当にうまいのではないかと思います。世界が今、日本の伝統建築に対して高い関心を示している理由は、こうした庭園的なものと建築的なもののボーダーの引き方と、先ほどお話しした自然素材に関する知識や技術にあります。それは東洋と西洋ということでもなくて、中国にも同様に木の建築文化がありますが、同じ木を使うにしても、素材に対する感性がまるで違う。ディテールの細やかな処理の仕方や、素材の微妙な選択などは、日本人の知識と技術のほうがかなり普遍性を持っているように思います。

資料⑧

## 地元の自然素材を生かす─安養寺木造阿弥陀如来坐像収蔵施設

2002年、山口県・豊浦町の町おこしの一環として設計された安養寺木造阿弥陀如来坐像収蔵施設(設計:隈研吾)。仏像を閉じた世界に収めるのではなく、正面をガラス張りにすることで、町の人にとってオープンな存在となっている。

豊浦町にある土だけでできた土壁

外壁には安養寺・敷地内の土を使用。
地元の素材を使うことで、その土地の歴史と技術を伝承する。

逆に、そういう意味での大きな国際分業の可能性も、これから出てくるのではないかという気がします。今、有名な建築家の事務所では、だいたいドイツ人と日本人のスタッフの割合が高く、それは細かい図面を引かせると、ドイツ人と日本人が断然精度の高い図面を引けるからです。それに加えて、先ほどの庭園と建築物の線の引き方のような話もあって、これからは日本人の感性や技術へのニーズが、世界的にますます高まっていくのではないか。ようするに、今後は自然素材を使った精度の高い建築物を、日本人が国際分業のなかでぽんと任せられる機会が、かなり増えていくような気がするのです。

私自身の今の関心は、これまで使えなかったような自然素材を建築に持ち込んで、もう少し大きな単位の建築をつくれないかということにあります。自然素材といっても、たんに材料が木になっただけでなく、造園的なものと建築物を融合させられないか。それもただ四角いビルの屋上を緑化するだけでなく、ビル全体が公園であり、建築でもあるような空間、造園と建築の境界をなくしたような空間をつくりたいというのが私の希望です。

第四章

# デザインがもたらす潤いと活力

## 水戸岡鋭治

インダストリアル・デザイナー

岡山県立岡山工業高校デザイン科卒業。サンデザイン、STUDIO SILVIO COPPOLAを経て1972年に(株)ドーンデザイン研究所を設立。JR九州デザイン顧問、両備グループデザイン顧問。主な著書は『ぼくは「つばめ」のデザイナー』『プレゼンタクティクス』など。

---

水戸岡氏は、ＪＲ九州の車両デザイン、鹿児島中央駅の設計デザインなど、鉄道に関わるデザイン分野で固定観念を打ち破る提案を続けてこられた。また、岡山県や小布施町(長野県)の景観改善活動にも関わるなど、地域づくりの現場にも積極的に足を運び、デザイナーの視点から幅広い提言を行っておられる。これまでのマスプロダクツ社会の大きな流れに抗しながら、本当の意味での潤いと活力を社会に取り戻すためには何が必要か、また、そのなかでデザインが果たす役割とは何かといった問題について、九州などの事例を織り交ぜながら語っていただいた。

# 公共を潤すデザインとは

**JR九州で手掛けられた「つばめ」は、これまでの鉄道車両の概念を大きく変えた革新的なデザインだったと思います。この列車は、九州の地でどのようにして生まれ、またそのデザインのなかで、最も注力された点は何だったのでしょうか？**

## グッドデザインは、グッドビジネスになる

紛らわしいのですが、「つばめ」には787系特急と800系新幹線の二つがあります。前者の787系「つばめ」が一九九二年にデビューして国際的な賞[※1]をいただいたり、『DOMUS』など国内外のデザイン誌に取り上げられたりして、JR九州はデザインで勝負する鉄道として有名になりました。当時、JR九州はJR東海、東日本、西日本などと違い、経営状態が非常に厳しく、何か手を打たないといけないという危機感を持っていました。ハードや運営面では、もちろん一所懸命やっていたし、サービスの向上にも努めていた。しかし、経営的にはなかなか好転しなかったため、利用者にもっとわかりやすい形でサー

**1 国際的な賞**
国際鉄道デザインコンテストであるブルネル賞を受賞。

ビスをビジュアル化し、人気を高められないかという考え方が出てきたのです。ようするに、「グッドデザインは、グッドビジネスになる」という発想にたどり着いたわけで、そういう発想が、ＪＲ九州に当初からベースとして存在していたことが、まず重要だったと思います。

ＪＲ九州とのお付き合いは、「ホテル海の中道」[※2]というリゾートホテルのデザインを手掛けたのがご縁です。その沿線である香椎《かしい》線にリゾート列車を走らせたいということで、一九八八年に「アクアエクスプレス」という車両をデザインしました。鉄道車両のデザインは、実はこのときが初めてだったのですが、この車両はリゾートの贅沢を感じさせるホテルラウンジのようだ、ということで話題になった。それが弾みとなり、その後は列車だけでなく、バスや駅舎、釜山《プサン》と福岡を結ぶ「ビートル」という高速船や飲食店舗などのデザインまで手掛けるようになり、二〇〇四年の新幹線「つばめ」へとつながっていったわけです。今思えば、よく未経験者の私にまかせてくれたと感心しますが、当時のＪＲ九州の社長が、決断力というか、思い切りのよさを持った方で、私の起用をポンと決めてくれた。そういう幸運もあってこの仕事が生まれ、それなりに続けてこられたのだと思っています。（資料①）

しかし、私も仕事をする以上は何か思い切ったことをやってみたかった。そのためには相手と対等な立場で、フェアに議論できる場が必要だと思い、最初からそうした環境づくりにはこだわりました。たとえばお金の流れでも、普通はだいたい車両メーカーが入って、そこからデザイン料が支払われるのですが、私は生意気にも、ＪＲ九州から直接払って欲

**2　ホテル海の中道**
福岡県福岡市にある国営公園「海の中道海浜公園」内のホテル。戦前は飛行場として使用されていた広大な敷地の海の中道海浜公園内には、ほかにも動物園や水族館、キャンプ場などがある。

資料①

## 水戸岡デザインによるJR九州の主な列車たち

九州には新幹線「つばめ」以外にも、水戸岡デザインのさまざまな列車が走っている。リゾート列車、阿蘇カルデラ観光列車、アートギャラリー付きの列車など、それぞれが異なる個性を持ち、九州の観光振興に大きな役割を果たしている(口絵参照)。

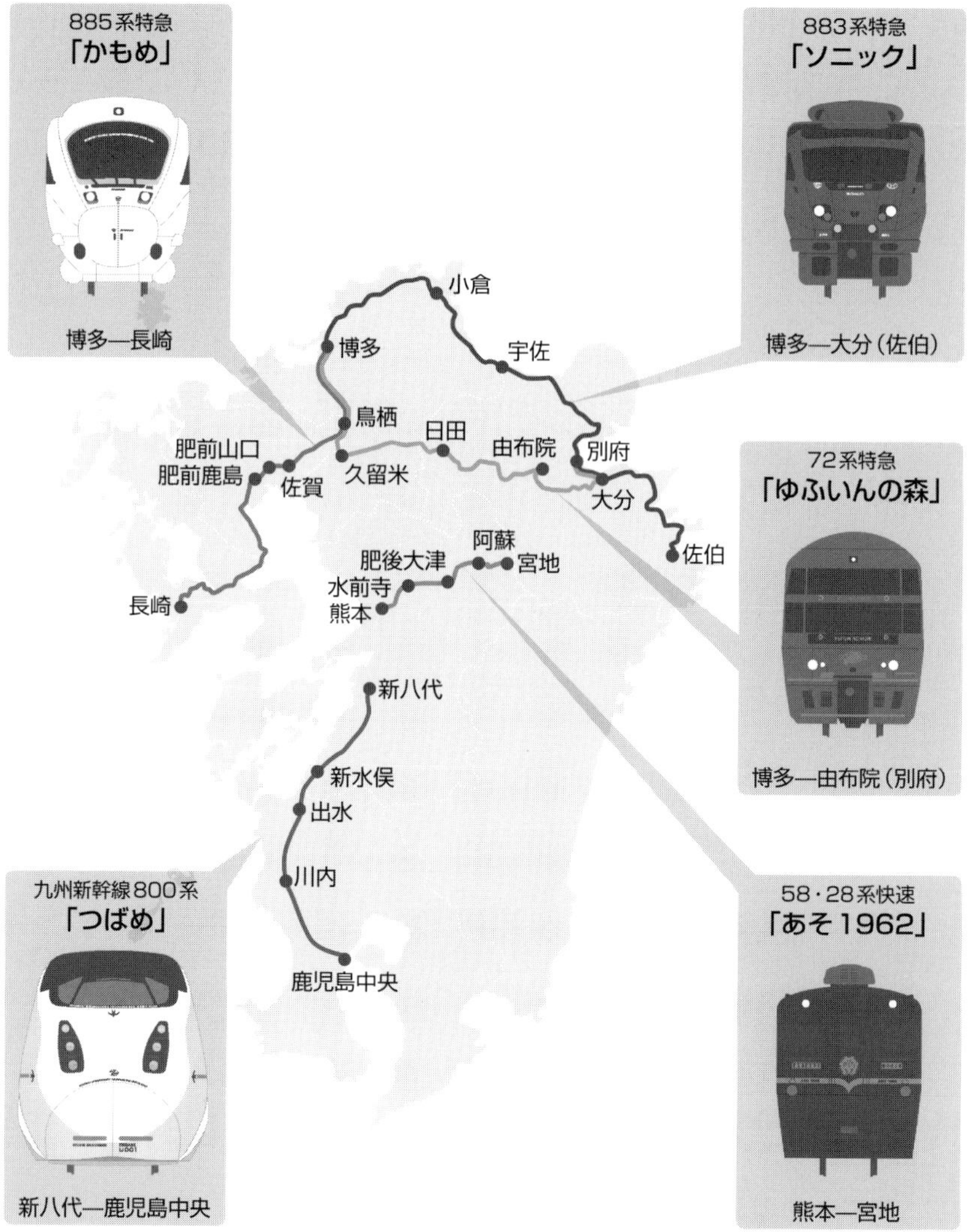

しいとお願いしました。そうすると、手続きも面倒だし、車両メーカーのスタッフを使えなくなるリスクもありましたが、結局それを認めてもらいました。

確かに鉄道車両については、私はほとんど何も知らなかったのですが、デザイナーはハードをいじるわけではない。台車はいじらず、台の上の居住空間だけをいじるわけです。そこでは車両エンジニアリングの知識ではなく、いかに心地よい空間をつくれるかが問われるわけで、その点はJRの方より、私のほうが情熱において多少勝っているし、経験も多いという自負がありました。こんなことをお話しするのも、実は今の社会では、デザイナーが発注側と対等の立場、目線に立って仕事をする機会を生み出しにくいという現実があるからです。しかし、そういう対等な関係を成立させないと、デザインの仕事はなかなかうまく機能しないということを、一言申し上げておきたかったのです。

## 九州のアイデンティティを、どう表現するか

新幹線「つばめ」には九州産の楠や桜などの天然木や、藺草《いぐさ》などを使っており、話題になりました。ちょうど地産地消という言葉が出てきた頃でしたが、今の時代において、交通機関に求めるものは何かと問い詰めていくと、誰が誰のために何をどう使って、何を表現するのか、というアイデンティティの問題にまでいってしまう。それは当然のことだし、私はこの問題を、新しい新幹線のなかにしっかりと組み込みたかった。しかも、どうせなら素材の地産地消だけでなく、人や文化の地産地消も同時に実現したいと思いました。それで地元産の素材にこだわり、地元の技術や文化の取り込みにもこだわって、「つばめ」を

九州という地のアイデンティティを象徴する乗物に仕立てようと試みたわけです。

その際、私の実家は家具製造業でしたから、天然木という素材にずっと慣れ親しんでいた。それで鉄道車両にもぜひ天然木を使ってみたいと思いました。普通は電車に天然の木を多用するなどあり得ないのですが、その常識を破りたかったし、九州ならではの地元産の素材にこだわりたかった。しかし、前例がないだけに、当初はJR九州の了解を得るのに苦労したし、素材の仕入れも苦労の連続でした。ただ私には、何か新しい提案をしたい、「文化の地産地消」を実現したいという思いがあったわけで、それでいろいろと苦労しながらも、なんとか実現にこぎ着けたわけです。

「つばめ」で使った自然素材では、先ほど挙げた楠や桜、藺草が代表的なものです。たとえば楠は、車両の妻壁《つまかべ》に使っています。この木は一五年前に787系の「つばめ」を手掛けたときに、何度か鹿児島に行く機会があり、町中に生い茂っているのを見て以来、ずっと気になっていました。鹿児島の町は楠並木がたくさんあって、とても美しいし、和風でありながら洋風な質感も持っている。さらに殺菌効果もあるので、公共の乗物に使うには最適だと思ったわけです。

桜については、もともとJR九州に「さくら」という車両があり、当初は車両の名前を「さくら」で考えていたくらいなので、地元の桜、できれば山桜を使いたいと思いました。ところが、最近は桜はほとんど伐採されないので、市場に出回らない。まして山桜となると、なおさら貴重品ですから、なかなか目処が立ちませんでした。JR九州の鹿児島出身者の方が、「うちの親戚に材木屋がいるから」というのでお願いして、ようやく手に入れたのですが、これは客室のテーブルや車両の把手に加工し、また倒木を集めて、窓に下ろすブラインドに使っています。

藺草は私の出身地、岡山の特産品でもあり、前から使ってみたいと思っていた素材です。しかも、九州の八代産の藺草は日本で最高級のものですから、これなら地産地消の最良のモデルになります。ただ、藺草は燃える素材なので、加工して許可を取らないといけない。そのためメーカーと試験を重ね、難燃加工を施しました。本当は上からコーティングしてしまうと、本来の香りや吸湿性が落ちるのですが、これは仕方がない。しかし、藺草はもともと薬草なので食べられますし、殺菌、吸湿、消臭効果を持った非常に優れた素材です。

藺草は洗面所の縄のれんとして使いましたが、これは人の視線の仕切りにすると効果的だと考えたからです。布のカーテンだとなかが見えないけれど、これだとなんとなくなかの様子がわかるので、使用中に他人が開けたりすることもない。そういう「半公半私」の感覚が素晴らしいと思ったのです。

新幹線「つばめ」では、このようにいろいろな天然素材を使いましたが、私は何もすべてを和風にしたかったわけではありません。現に新しい素材も使っているし、本当はきわめて硬質で現代的な素材と、やさしい伝統的な自然素材を組み合わせるのが最もモダンで、コンテンポラリーだと考えています。今の最先端の素材技術と、伝統素材をうまくミックスしてアレンジすれば、より安価に、新しい感覚の日本を表現することができる。そこを狙ったわけです。皆さん、あの新幹線を見て「和風ですね」とおっしゃるけれど、私が目指したのは「伝統」と「モダン」が融合した空間づくりであり、乗車してひととき過ごしてみる

「伝統」と「モダン」の融合

と、それがわかっていただけると思います。

## 外装は伝統色を基調に

また、「つばめ」の外装には日本の伝統色を使っています。基本色は、白と赤と黒と金の四色。金は実際に使えないので、山吹色を使っていますが、これらはみな日章旗の色です。日章旗はもともと薩摩藩の船の旗印で、旗の部分は白地に赤、棹には金と黒の隈が付いています。それで九州を走る車両ということもあって、この薩摩の旗の色にこだわったわけです。実際には白を基調色に、屋根の上を赤、窓の下のラインは金色（山吹色）、黒は運転室の窓枠の一部に使っています。

ちなみに、屋根の上の赤は、正確には古代漆色です。普通の赤だと、太陽光線が強く当たると白っぽく見えますが、この色だと、日本の自然のなかでいちばんしっかりとした赤に見える。伝統色とは、このように日本の風土にあった色であり、それで私もこだわったのですが、ほかに機能的なメリットもあります。電車はどうしても架線に錆がついて、雨が降ると錆の茶色が垂れてきますが、あの色だと、それが目立ちにくいということもあるのです。

もう一つ面白いのは、車体の横に書かれた「つばめ」の文字です。あれはJR九州の社長が書かれたもので、知り合いのデザイナーからは、「あの文字は、あまりよくない」といわれましたが、私自身は満足しています。社長はもちろん書家ではないから、百点はつけられないかもしれない。しかしあの文字は、やさしさの感じられる、心のこもった文字だと

車体に書かれた「つばめ」の文字

思います。地産地消ということでいえば、私はこれも立派な地産地消だと考えています。つまり、当事者をいかに本気にさせるか。社長にすれば、自分が命名し、自分の文字で飾られた新幹線が走るのですから、愛着が持てないわけがありません。それでこの新幹線のプロジェクトにも、おのずと情熱を注いでもらえたわけです。何事も当事者が納得しないと、全体への波及効果が望めないわけで、私はそういう状況をつくり出すことも、デザイナーに求められる資質の一つではないかと思っています。

ここまでのお話で、地産地消が水戸岡さんの仕事の核をなすコンセプトであることが、よくわかりました。このほか、デザイナーとして心掛けられた点があればお聞かせください。

## デザイナーの仕事とは

私は、それぞれの時代ごとに求められる用途や、美しさをいかに表現するかがデザイナーの仕事だと考えています。それは自分の持っているものを表現するというより、皆さんが潜在的に求めている美しさや、使い勝手を私なりに探り出し、具体化していく。現実的な素材、色、形に置き換えてモノをつくり上げていくことだと思います。ですから、私はなるべく作家の意識、アートの意識を持たないようにしています。それでは芸術が嫌いかというと、そんなことはない。芸術は大好きだし、美しいものが大好きです。そういう意味では、もしかすると、利用者のことを思ってつくったものが世間の評価を受けて、あるとき、「あれはアートじゃないか」といわれることが、デザイナーにとってはいちばんの理想かもしれません。

しかし、最も重要なことは、使い勝手や機能をどう充実させるかです。美しさ云々の前に、それは当然のこととしてクリアしないといけない。公共の道具というものは、何よりもまず機能や使い勝手が優れていることが重要で、それがあって初めて色や形、美しさ、楽しさ、面白さが求められるのです。そこに何か違和感があれば、道具としてどこか欠陥があるということだし、それはお金を使い過ぎている場合、つまり経済的なバランスを崩している場合にも、そういう違和感が出てきます。そのあたりを勘違いしないことが、デザイナーにとって重要なことだと思います。

たとえば、「つばめ」で私がいちばんこだわったのは、客席の椅子です。（資料②）あれは先ほどお話ししたとおり、天然木を使っていますが、プライウッドと呼ばれる薄い板を一枚一枚重ねたもので、その上に西陣織の布製のクッションを取り付けています。木の椅子は、一見華奢に見えますが、強度テストをすると、鉄やプラスチックと同じくらい強い。座り心地にしても、これまでの素材の椅子に決して劣らないと思います。

また、使い勝手を考えて、従来のものより横幅を広くして、ゆったりとくつろげるようにする、背もたれは、前の人の頭が見えないぐらい高くして、プライベートな空間を感じてもらえるようにするなど、細かい工夫も施しています。こうした点は、実際に体験してもらわないと、なかなか伝わらないのですが、ようするにここでいいたいのは、あの椅子は、たんに木を使って見た目を和風にしたということではなく、何よりも機能、使い勝手

資料②

## 新幹線「つばめ」の室内空間

西陣織をクッションにした椅子。窓に掛けられた山桜のブラインド。客室前後の壁には九州産の楠を使用。室内には日本らしさと、九州らしさが凝縮されている。

柿渋色の壁、古代漆色のドアを抜けるとやわらかな光が包み込むように乗客を迎えてくれる。

ひじかけの幅を十分とり、前に座っている人が見えないハイバックチェアはプライベートな空間を感じさせる。

### ブラインド

桜の倒木でつくれたブラインドが、心地よい木漏れ日を客室内に。

### 木製の手掛かり

木製の椅子は心地よいだけでなく、細部まで機能性を高める工夫が。

### センターテーブル

利用者の使い勝手を考えて、テーブルも幅広く使いやすいものに。

### 床面

白地に格子と点の柄が入った床面は、日本の伝統とモダンが調和。

を考えて天然木という素材を選び、その可能性を追求したということです。

私が手掛ける仕事は、基本的に公共の道具です。公共の道具は子どもからお年寄りまで、あらゆる立場の人に使われますから、すべての人のニーズを満たさないといけない。今、ユニバーサルデザイン※3という考え方が出ていますが、あれは、あまねく人々にとって優しく、使いやすくということです。私はこの「あまねく」という感覚が、非常に大切だと思うのです。この言葉の行きつく先は、個人一人ひとりであって、決して平均的な利用者を想定するわけではない。そういう無個性なものをつくるのではなくて、結局、デザインは人の気持ちに関わる仕事ですから、利用者一人ひとりの気持ちをくみ取るという心掛けが大切なのです。

一方で、公共物のデザインは、その時代の核心をとらえてないといけないということもあります。何か新しい価値、時代の理想の形を表現したものでないと、新しいデザインとは呼べません。デザインというのは環境をつくり出す仕事ですから、まず健康で、安全・安心があって、その上で定められた空間をどう気持ちよく、豊かにするかということが問われます。

では、そういったものはどこから生まれるかというと、それは決してデザイナー個人のセンスとか、好みといったものからではない。もっと大きな、歴史とか文化とか、伝統とか、そういう社会的な価値観のなかから探り出すべきものです。それをしっかりとつかまえて、今の時代に最もふさわしい形に仕立て上げ、ポンと提示する。それがデザイナーの仕事であり、私がいつも目指していることです。

※3 ユニバーサルデザイン P142参照。

## 言葉で伝えることの大切さ

もう一つ、私が大切にしているのは言葉です。デザインをすればするほど、私は言葉が大切だと感じています。仕事で自治体の方とお話しするとき、いつも決まって、「デザインはわからない」といわれます。そんなときは、「皆さんの生活は、すべてにデザインが関わっていますよ。今着ているシャツから何からデザイナーが参加し、それを皆さん、自分で選んでるじゃないですか」とお話ししますが、なかなか理解してもらえません。

これだけ日常的に接しているのに、デザインがわからないという。それはデザインというものを、誰もが認知しようとしていないからだと思います。デザインのことを知って、理解してもらうためには、まず言葉で伝える努力をしないといけない。色も形も素材も、すべて言葉に置き換えて伝える必要があると痛感しています。たとえば、ここを赤にしようといっても、それはどんな赤なのか、一〇段階ぐらいにわけて的確にいえたら素晴らしいことです。また、その色にはどんな意図があり、どんな歴史的背景があるのか、そういう共通理解を広げていくことが、地域デザインの現場では必要になるのです。ようするに、文化や歴史と同じで、デザインにもある種の教養が求められるところがあって、それは色や形や素材だけでなく、言葉でも伝えていくべきなのです。

これが江戸時代なら、そこまでする必要はなかったでしょう。一部の人が活字を理解し、その人たちの間で共通認識を持てば、社会は十分成り立ったでしょうから。しかし、今は違います。自分たちの町をきれいにしたい、よくしたいと思うなら、誰もがデザインのことに興味を持ち、理解するところから始めないといけない。そのためには、我々がまず誰にでも伝わる言葉を探して、多くの人とコミュニケーションをはからないといけない。そうやってお互いが勉強することで、この国のデザインの平均値を底上げしていくことも、我々デザイナーの仕事だと考えています。

# 地域デザインに求められるもの

水戸岡さんは鉄道車両だけでなく、駅舎のデザインや、町の景観プロジェクトなどにも関わっておられます。よく近代化の弊害のようなことがいわれるとき、新幹線の駅前がぜんぶ同じになったなどと指摘されますが、没個性化が進んでしまった地域社会をこれから個性的に再生させていくためには、どんな視点が大切になるでしょうか？

## 駅舎にも天然素材を

駅舎のデザインについては、何でも統一してしまうというのは問題だと思います。もちろん、駅をつくる大きなシステムとしては、それを一つずつ変えると膨大なコストがかかりますから、基盤となるものが一つあってもいい。一つのモジュールのなかで柱の幅が決まり、高さが決まっても、それは構わないと思います。しかし、今までの多くの新幹線の駅のように、色も形も、何もかも統一してしまうのはよくない。町や地域には、それぞれアイデンティティがあり、好みや考え方がありますから、それをうまく表現して個性を打ち出さないと、いつまでたっても金太郎飴の状況を抜け出せなくなります。ただ、そこで重要なのは、それぞれに個性を打ち出すのはいいが、デザインのクオリティ、質については、どこも最低の合格点は取らないといけないということです。（資料③）

耐久消費財である車両と違って、駅舎には百年の計が必要です。駅を一〇〇年もたせるには、構造と素材の選択がいちばん重要になります。しかし今の日本の駅は、目先の流行を追うばかりのデザインもある。十数年後には、手直しが必要になるような素材の悪さです。五〇年、一〇〇年のスパンで考えた場合、やはり天然の素材を使わないともたないのです。ですから私は、駅舎などを手掛ける際には面倒でも木や石やレンガ、タイルなどの天然素材にこだわ

**鹿児島中央駅**

2004年、九州新幹線「つばめ」の開業を機に、「西鹿児島駅」から「鹿児島中央駅」と駅名も改称。
イタリア・ローマの「スペイン広場」にヒントを得てつくられた横幅いっぱいの階段は、旅行者や市民の憩い場所となっている。

**資料③**

る。しかも日本の素材、地域の素材を使うようにしています。

最近のヨーロッパを見ても、けっこう天然素材を使っています。しかも、今までの常識とは違うモダンな使い方をしてきている。そういう話を雑誌で知り、「どこも同じ問題で悩んでいるのだな」と思い、ホッとした記憶があります。日本の場合は今、たとえばレンガの需要がどんどん落ち込んで、潰れていくメーカーが多い。これはやっぱり問題だと思います。いいものは残すべきだし、需要が増えないと職人も減るし、コストも下がりませんから、そういう意味でも現場でもっと素材の見直しをはかり、正のスパイラルをつくっていく必要があります。

## 人、文化の地産地消のサイクルをつくる

そして駅のなかの店舗も、金太郎飴のように全国区の会社ばかりが入るのではなくて、地域の優秀な店が出店できるように仕向けていく。その町で頑張っている店にとって、駅内に出店することがステータスになるような状況をつくれば、駅のムードもずいぶん変わると思います。駅に出店することによって利益が上がれば、町で商売を続けられる。町はもっと元気になっていく。そういう循環をつくることで駅が地域と密着して、地域文化の発信基地のようになるといいと思います。

また、駅に入った会社が地元企業であれば、それは町のことを熟知している人がそこで働くということですから、駅のサービス向上にもつながります。彼らは特産品の説明もできるし、観光客に町のガイドもできる。そうやって人の地産地消を行うことで、しだいに

鹿児島中央駅構内の焼酎バー
地元銘柄を取り揃える

地域のアイデンティティが外部にも伝わるようになります。そうすれば、地域文化のトータルな地産地消を産業的に成り立たせていく仕掛けも、少しずつ見えてくるのではないでしょうか。

しかし、その場合は、地域の人がその地域のことを熟知していることが前提になります。今の地方では、実際には自分の地域の文化や歴史、経済状態を案外知らない人が多い。これから地産地消型の社会を築こうと思うなら、誰もがまず、自分の地域のことを総合的に学び直す必要があります。駅のように町の中心的役割を担うスポットには、そういうきっかけづくりの役割もあるわけで、それはそれで重要なことだと思います。

ただ、そのときに注意しないといけないのは、みんなでいろいろ夢を膨らませるのはいいが、常に足が地に着いてないといけないということです。最近、「オンリーワン」という言葉が地域おこしの場でも流行っていますが、そういう言葉にこだわり過ぎると、すぐに安っぽいトレンドに引っかかってしまいます。その地域の気候風土や、観光資源、文化資源を整理していくと、おのずとこのあたりかなという、その町なりの基準が見えてくるはずです。駅や町づくりは奇をてらってもだめで、誰が見てもそこそこ日常的で、しっくりくるものでないと続きません。そこを勘違いせずに、まずは地域のことを勉強し、自分たちの身の丈にあった方向性を見出すことが大切なのです。そして、あとはそれを継続的に、一貫性のあるデザインに落としていく。そうした地道な取り組みを続けるうちに、やがてそれが、地域の個性に根ざした革新的なものへと成長する。そういう町づくりが理想だと思います。

## デザインを経済に立脚させる

町のデザインについては最近、自治体の首長などに、「デザインというものは、案外重要だな」という意識が芽生えつつあることは確かです。ただ、それが役所の現場にあまねく広がるには、相当に時間がかかると思います。今、岡山県には「夢づくり顧問」という制度があって、スポーツ担当は星野仙一さん、デザインは私というように、七人の顧問が役割分担してアドバイスを行っています。（資料④）それに対して、支払いは発生していません。どうしてそうなるかというと、それは町のデザインというものが、地域経済に立脚していないからです。デザインというものは本来、経済に立脚してこそ威力を発揮するものです。あのレオナルド・ダ・ヴィンチ[※4]だって、領主がいて、教会の戦略のなかで聖書の一場面などを描いて、字が読めない人にもその感動を伝えたわけで、今は芸術といわれていますが、あれは当時、社会的な戦略を持った、最も質の高いコミュニケーションの手段としての絵でもあったのです。

ダ・ヴィンチも、ミケランジェロ[※5]も、そういう意味ではデザイナーです。彼らはみな天才的なデザイナーだったわけです。それは日本でも同じで、かつての芸術家はみな、一種のデザイナーだったといっていい。葛飾北斎の浮世絵も、平賀源内もそうだし、尾形光琳などは、まさにデザイナーの典型でしょう。そういう天才的なデザイナーはみな、それぞれの時代の経済に立脚して、あれだけの仕事を成し遂げてきたのです。（資料⑤）

では、今の日本で、デザインを経済に立脚させていくためには、どうすればいいのか。

**4 レオナルド・ダ・ヴィンチ（Leonardo da Vinci）**
ルネサンス期を代表するイタリアの芸術家（一四五二―一五一九年）。画業だけでなく、彫刻、建築、科学にも通じた万能人であり、彼の残したノートには飛行機のアイデアも含まれていた。代表作に「モナ・リザ」など。

**5 ミケランジェロ（Michelangelo Buonarroti）**
ルネサンス期を代表するイタリアの芸術家（一四七五―一五六四年）。レオナルド・ダ・ヴィンチ、ラファエロと並ぶ盛期ルネサンスの三大巨匠のひとり。晩年は建築家としても活躍。代表作にシスティナ礼拝堂の天井画「最後の審判」など。

## 資料④

### おかやま夢づくり

岡山県では、2004年より有識者から意見や提言などを受け、「快適生活県おかやま」を実現する「新世紀おかやま夢づくりプラン」をスタートした。星野仙一氏、水戸岡氏をはじめ７人の顧問が務めている。

路面電車MOMO

車両と停留所の段差をなくしたノンステップ構造の路面電車。車内には木などの天然素材も。

案内板

炬火台

公衆トイレ

グラウンド全体を通じてユニバーサルな視点が取り入れられ、備前焼やヒノキなど地元の素材もふんだんに盛り込まれた。

岡山県総合グラウンド（桃太郎スタジアム）

資料⑤

## 日本が誇る天才的なデザイナー

葛飾北斎

**葛飾北斎作「富嶽三十六景神奈川沖浪裏」**東京国立博物館蔵

江戸時代に活躍した浮世絵師。読本挿絵、風景版画、花鳥画など生涯で3万点以上の作品を残し、ヨーロッパ印象派画家に大きな影響を与えた。代表作に「富嶽三十六景」「北斎漫画」など。

平賀源内

**平賀源内作「エレキテル」**逓信総合博物館蔵

江戸時代の発明家、本草家。本草学、オランダ語、医学などを学び、日本で初の博覧会となる「東都薬品会」を開催。戯作や西洋画でも才能を発揮。オランダの発電機エレキテルの日本初の復元などで知られる。

**尾形光琳作「風神雷神図屏風」**東京国立博物館蔵

江戸中期の絵師・工芸家。狩野派に学び、後に「琳派」と呼ばれる華麗な作風を確立。代表作に「紅白梅図屏風」「燕子花図屏風」「風神雷神図屏風」など。

尾形光琳

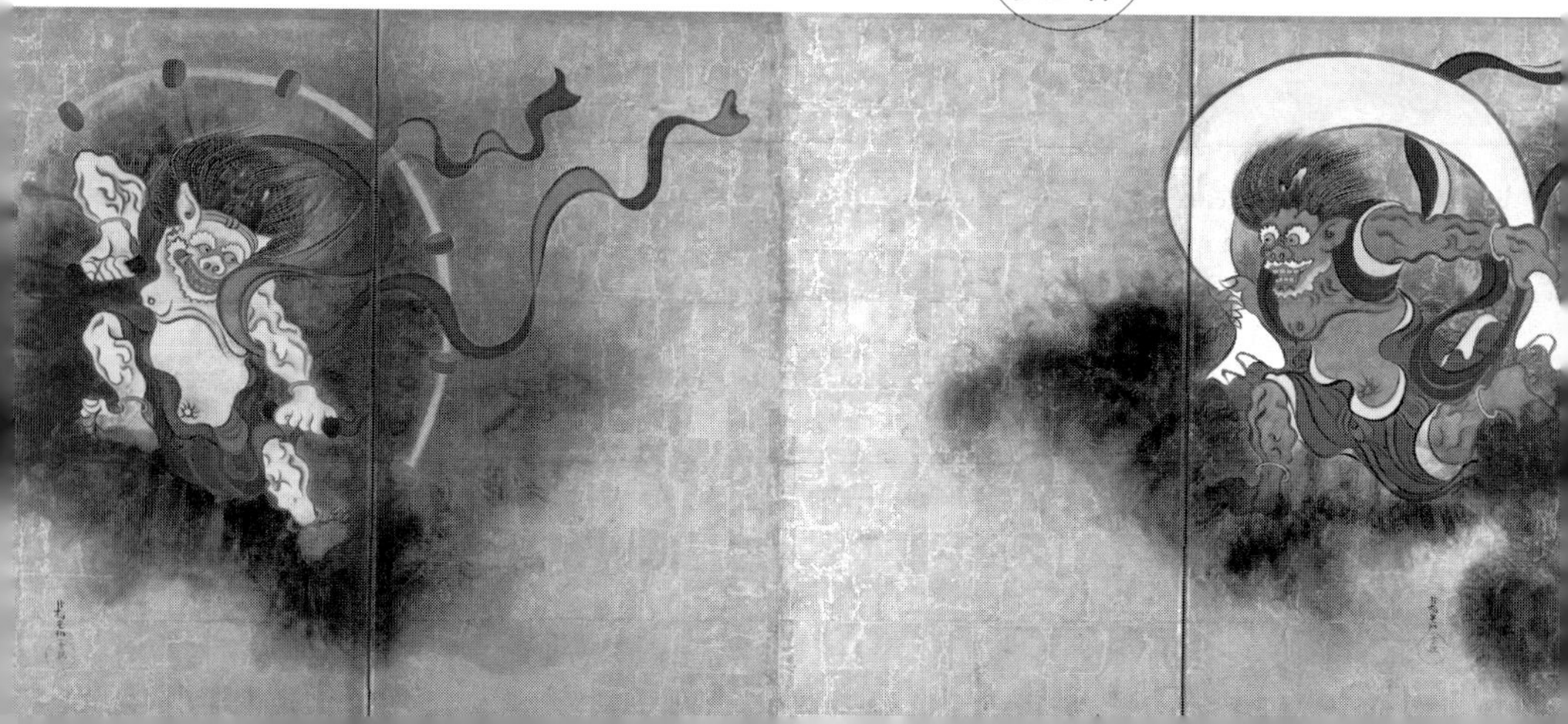

これは難しい問題ですが、私は、デザインをまず学問としてとらえ直し、デザインという一つの軸をつくることから始めるしかないと思っています。そこからデザインというものに枝葉が生まれ、建築学科、工芸学科というように、一つひとつの領域が明解に位置付けられていく。あるいは逆に、それらを統合するトータルデザインの概念が構築されていくわけです。しかし、今の日本にはそういう発想がありません。デザインというものを総合的、学問的に理解する基盤が日本にないことが問題だと思います。ですから、一番いいのは、東京大学にデザイン学部ができることでしょう。そうすれば市民の意識も変わるし、行政の意識もガラッと変わっていくと思います。

町の景観を改善したくても、はじめの一歩をどう踏み出したらよいかがわからず、迷っている自治体もあると思います。何か実践的なアドバイスはないでしょうか?

## 古い町並みを壊さず、整理整頓から

どうすれば町がきれいになるかという質問は、どこの自治体に行っても聞かれます。だいたいそういう会議に出ると、汚い建物はぜんぶ潰して、新しいビルを建てればいいじゃないかという人がいる。しかし、私はそうした意見にはいつも反対します。今の町をきれいにできない人が、汚い建物を潰して新しいビルを建てたからといって、どうせすぐに汚すに違いないと思うからです。では、どうやったら町を美しくできるのか。とりあえず建物や街路を清掃して、ガラスを磨いてみてください。壁や看板を塗り替えて、棚のものを整理整頓してくださ い。そうしたら変わりますよ、と私はいつもいっています。つまり何でも新品と交換するのではなく、「今のままでもよくなる」といいたいのですが、なかなか信用してもらえません。結局、そういう地道な努力は誰もが嫌いなわけで、だからいつになっても町に深みが出ないし、味も、潤いも出ないのだと思います。

汚い壁があったら、とりあえずみんなで行って、ペンキで塗ってみる。これだって景観改善の第一歩です。そんなときは「ぜんぶ、白く塗ってみてください」と、私はいっています。最初は白くしておいて、みんなで検討して考えがまとまったら、また別の色にすればいい。そこは柔軟に考えて、まずは汚いままで放置しないことが重要なのです。汚いものがいっぱいあると、白く塗るとけっこうきれいになります。歌舞伎の世界ではありませんが、白や黒で塗ってしまえば、とりあえずないものとなる。そのぐらいの感覚で気軽に始めればいいのです。その代わり、自治体はペンキ代ぐらい出して、ボランティアに協力する。そういう仕組みを整備して、低予算でいろいろとやってみればいいのです。

もう一つは、法律の問題です。町や都市の整備には、いろいろと法的な縛りがあり、身動きが取れないところがある。その反面、商店の成り立ちを見ても、日本[※6]ぐらい簡単に店を構えて商売ができる国は、先進国にはほとんどないでしょう。たとえばイギリスでは、出店が厳しく制約されており、その権利を買わないと商売はできない。したがって商売が営めるエリアが決まってくるので、やたらと町中に店が増えることもないし、適当に店をつくって、適当に捨てるということも起こらないのです。ところが日本の場合は、店をつ

**6 日本の出店規制**
個人事業の場合、出店に際し、業種によっては法令上の許認可が必要な場合があるが、税務署に開業後一カ月以内に開業届けを提出することで、出店可能となる。

くって失敗したら、そのまま錆びつかせて放置してしまう。これは、日本では家が一軒あれば、誰でも商売を始めてよいルールになっているからです。こうしたことは、やはり法律で縛らないと解決しない問題です。地域デザインの現場では、このほかにも法的な問題で壁に突き当たる場面が多々あります。町の整備には、デザインという表面的な作業では解決できない問題のほうが、実は多いのです。そのあたりは専門家の方も認識しておられると思うので、ぜひ、必要な法整備を急いでいただければと思います。（資料⑥）

**他者が「風」として関わることの効用**

ところで、地域のアイデンティティを生かした町づくりといっても、町はもともとそこにあるわけですから、それは正確には、町のリデザイン、リニューアル作業であるといえます。このリニューアル作業というのは、最も経験とテクニックを必要とするところがあります。何でもそうですが、新品をつくることは簡単でも、あるものをリニューアルして新品に負けないものをつくることは容易ではありません。町のリニューアルにしても、その町の個性を引き出すには何をつくり、何を壊せばよいのか。細かいつくり込みではどの色や素材を選び、どの技術を使うのか。そういったことを予算も、時間もないなかで的確に判断し、目に見える効果を上げていくためには、それ相応の経験と知識が必要になるのです。

そういうとき、他者の視点を取り込むことも、けっこう有効ではないかと思います。実際、そこに住んでいない人のほうが、その地域の個性を正確に見抜ける場合がある。そも

資料⑥

## 和歌山「いちご電車」

赤字が続き廃線を決定していた南海電鉄・貴志川線だが、地域住民の強い存続希望の声に押されて、全国初、公募により事業者を決定。和歌山電鉄が事業を引き継いだ。愛称を「いちご電車」とし、デザインも新たに、再生に向けてスタートをきった。全国の再建を目指すローカル線のモデルケースとしても注目されている。

楢の無垢材をふんだんに使ったサービスカウンター。
日本一心ゆたかなローカル線を目指している。

座席シートにはパッチワークのようにイチゴの柄が並べられている。

和歌山―貴志間の14.3㎞を結ぶ。存続を望む地元住民の声は「いちご電車サポーター」としてまとめられ、2カ月間に686件、10,993,000円の支援金を集めた。

電車の中でイチゴ狩り。貴志川の特産、イチゴを広めようと「いちご電車」の中でイチゴ狩りが行われた。知的障害児施設「こじか園」の子ども16人を招待。おそろいのTシャツ姿でイチゴ狩りを楽しんだ。

そも日本人は、自画自賛を戒める教育を受けていますから、ときには部外者が行って、よいところを褒めたり、悪いところを指摘したりすると効果的なのです。よく風土といいますが、これは「風」と「土」のことで、風はよそ者です。つまり私みたいなよそ者が、瞬間的に風として行って、土に対して何か影響を与え、さっと帰ってくる。そういう他者との交わりがあってもいいのではないかと思います。

ただ、よそ者が長居しすぎると、かえって地域文化を壊してしまうことがあります。風があまりにも吹きすぎると、土が風邪を引いてしまうのです。私は今、長野県の[※7]小布施《おぶせ》町のデザインにも関わっていますが、そういう意味では外の風としてやっている。なかに入り込み過ぎると、いろいろと弊害が出てきますから、そこは気を使ってやっています。

ですから、私はJR九州の仕事でも、東京に事務所をおいたまま仕事を続けています。九州に事務所を持てとよくいわれますが、それはしない。呼ばれれば出向くし、向こうから来てもらうこともありますが、そのほうがお互いにフェアな議論ができるし、風というものは本来、そうあるべきだと考えているわけです。

**7 小布施町**
長野県北東部に位置する町。面積一九・〇七㎢、人口一一四六〇人。葛飾北斎、小林一茶などとゆかりが深く、江戸の情緒を生かした町づくりで話題となる。文化サロン「小布施ッション」、「小布施見に(ミニ)マラソン」には多くの観光客が訪れる。

小布施町役場地域整備グループ提供

# デザインが社会を変える

水戸岡さんのデザインの核になるものが、ここまでのお話でかなり理解できたように思います。最後にもう一歩踏み込んで、デザインが果たす社会的な役割、効用といったことについて、ご意見をうかがえますか？

## いいデザインは、マナーやモラルを育てる

デザインには人を楽しませるとか、癒すとか、いろいろと効用があると思いますが、ここで強調しておきたいのは、デザインはモラルやマナーにも深く関わっているということです。私の経験からいうと、いい素材を選び、いいデザインをすれば、いいマナーが育つと思っています。たとえば鉄道車両の場合、木や革、ガラスなどの素材を使おうとすると、必ず関係者の方から、メンテナンスに手間がかかる、危険だ、割れる、破れるといった声があがります。これはようするに、質のよい素材を使うと「傷つけられる」と考えているわけです。私がＪＲ九州の８１７系という通勤電車に、本革のクッションと木のシートを提

案したときも、車両課の方からそうした理由でひどく心配されました。それでもいろいろと説得して、なんとか採用してもらったのですが、それでどうなったかというと、実際には革を破られたこともなければ、傷つけられたこともないのです。（資料⑦）

同じようなことは、日豊線《にっぽう》の車両をリニューアルしたときにもありました。この線では、旧型の車両が走っていた頃には酔っぱらいが多く、ビールの缶が床にゴロゴロしていたそうです。ところが車両のデザインを一新したとたん、空き缶は転がらなくなり、たちの悪い酔っぱらいもほとんど見かけなくなったのです。

私は、よいデザインとは、ある種の心地いい緊張感を提供するものだと思っています。だからビールの缶を投げ捨てる者もいなくなるし、酒飲みの人たちも、うかつには酔っぱらえなくなるわけです。たぶん、リラックスには二種類あって、いわゆるのんべんだらりとするリラックスと、心地いい緊張感のなかでくつろぐリラックスがある。そして鉄道車両のような公共機関に求められるのは、後者のようなリラックスなのです。ですから私は、電車や駅を手掛

**通勤電車に本革のクッション**

JR九州817系の通勤電車には、本革のクッションが使われている。本物を提供することで車内に、ほどよい緊張感が生まれ、乗客のマナーとモラルを育てている。

**資料⑦**

けるときには、そうしたことをいつも念頭においてやっている。そこに心地いい緊張感があると、自然にそのプレッシャーがグッドマナーにつながると考えるからです。それがひいては、利用者の服装や言葉、鉄道側のサービスにも影響して、よい方向のスパイラルにつながっていくことが理想であり、そうなることを願って、いろいろと工夫をしているわけです。

たとえば、「つばめ」の外装には白を使っていますが、白を基調にすると汚れやすくなり、掃除が大変です。仮に車体をグレーで塗っていたら、掃除の手間は省けたかもしれません。しかし、白なら毎日掃除をする習慣がつきますし、実際、皆さんそうしてくれています。私はそれがサービスの基本だと思うのです。ですから、あれはサービスする側にいい意味での緊張感を生み、能力向上につながったと思っています。

しかし、最近は手間もヒマも愛情もかけずに、つくり手の都合の良し悪しだけで素材を決め、デザインするケースが多すぎるのではないでしょうか。利用者は量産化、均一化に慣らされているから、この程度の素材で文句は出ないだろう、そういう発想がまかり通っているように思います。そのため、町の商店街などを見ても、本物の木やレンガを使っているところはほとんどない。本物を使わないのは、そのほうが傷つけられないと思い込んでいるからです。しかし、利用者というものは、本物に出合えば傷つけたりはしないし、マナーは逆によくなる。またサービスする側も、愛着を持ってメンテナンスするようになるのです。そこを理解してかからないと、本物の素材の幅広い普及は望めないし、社会のモラル、マナーの向上もおぼつかないのではないかと思います。

白い車体「つばめ」

## グッドデザインは、子どもの情操教育につながる

もう一つ、公共空間のデザインの質を高めることは、子どもの情操教育につながるということもあります。美しい風景とか、デザインというものは、人の意識を変える力も持っているといわれます。もしそうであれば、子どもはなるべく幼い頃から、いいものに数多く接したほうがより健やかに、のびのびと育つはずです。それはある意味、当然のことで、幼い頃から見るものが美しく、聴く言葉が美しく、町の街路樹や川辺の水の音が心地よければ、それがおのずから、その子どもの美意識やモラルの規範になっていく。風景やデザインに限らず、これは社会のあらゆることについていえますが、こうしたことをいちいち言葉やセオリーで教えるのではなく、いいものを見て、聴いて、感じとってもらうことが重要なのです。それが情操教育というものであって、だからこそデザインが果たす役割は、非常に大きいと思うわけです。

一般に、子どもが初めてデザインを意識するのは、大人と一緒にバスや電車、駅や公園といった公共空間に触れる頃だと思います。「これが電車」「これが公園」と、子どもたちは色や形、音によってそれらを認知し、人が集まる空間のイメージをつくり上げていきます。そのとき、それが美しいものであれば、後々まで美しいイメージが残りますが、最初に薄汚れた風景を見せてしまうと、それがそのまま記憶されます。これは恐ろしい話です。我々としては、「ぼくの町には、こんなにカッコイイ電車が走っている」「わたしの町の駅は、こんなに素敵なんだ」という感覚を育ててほしいし、情操教育の観点からいっても、それ

はすごく大事なことだと思うのです。

そういうこともあって、私は新しい電車ができると、いつも幼稚園や保育園の子どもたちを招待します。そのたびに、子どもたちの敏感さに今さらながら驚かされます。彼らはまず、安全のことに敏感です。電車に乗った瞬間、みんなパーッと走りだせば、これは車内が安全だという証拠です。子どもはものすごく目が利きますから、尖ったものがあると、急に走り出したりはしないのです。また彼らにとっては、技術的に難しいとか、素材がどうとか、お金がかかっているとかは、いっさい関係ない。乗って楽しいとか、美しいとか、そういう自分だけの興味で物事を判断しますから、我々としてもすごく参考になるのです。

子どもたちが今、そういう理想のデザイン、理想の風景に出合う機会が増えているかというと、なかなかそうはいえないのが実情です。これは、大人がデザインに対して関心が薄いことと、深く関係していると思いますが、これでは貧しい感性の連鎖が、世代を超えてずっと続いていくだけです。戦後六〇年たった今、そろそろこの連鎖を断ち切らないと、日本はなかなか美しい国になれないのではないかと思います。

子どもの情操教育につながるデザイン

**最後に、日本らしいデザインということについてうかがいます。日本の風土にあったデザインとは、本来どのようなものであり、今後はどのように発展すべきだとお考えですか？**

## 「和」の上に「洋」を重ねる

たとえば、千利休[※8]などは、竹やぶから汚れた竹を切ってきて、「これが美だ」といったわけですが、そういった感覚は、非常に日本的なものだと思います。おそらく利休は、美は日常にあるものだし、本当の豊かさは心のなかにある、といいたかったのだと思いますが、そういう知恵なり感性が、やはり日本人の原点だと思います。ようするに、人は何もなくても生きていけるということを伝えられるのが、日本人。モノが溢れていないと生きていけないと思った私たちに、問題があったわけで、モノがなくても豊かになれるという考え方こそ、日本の伝統的な思想なのです。それは茶道の世界だけでなく、日本人の作法、立ち居振る舞いに一貫して流れている価値観であり、まだ我々のどこかに、かろうじて生き続けているものだと思います。

そういう日本人の価値観の根底にあるものは、やはり自然の豊かさです。とくに水。日本の自然をいちばん特徴付けているものは、水の豊かさだと思います。ですから、私は町のデザインを手掛けるとき、水をどうデザインすればよいかを常に考えます。水が山から落ちてきて、それが見事な流れをつくって町を横切る情景に、その町の理想的な姿がある。水脈の特徴を押さえて町のデザインを考え、イメージを膨らませていけば、その町の個性がおのずと浮かび上がってくるように思います。

日本ではもう、欧米の真似をして満足する時代は終わっています。我々には、豊かな自然のなかで育んできた独特の価値観があるのですから、それをあらゆる分野でしっかりと

**8 千利休**
安土桃山時代の茶人(一五二二―一五九一)。侘茶の大成者で、千家の開祖。簡素・清浄な茶道を大成。織田信長・豊臣秀吉に仕えたが、秀吉の怒りを買い、のちに自刃を命じられた。

受け継ぎ、発展させていかないといけません。デザインの世界でも、日本人が何千年の歳月をかけて培ってきた知恵や感性を、どうやって現代的に蘇らせていくかということが、今後のいちばんのテーマになると思います。それは伝統的なものを、そのままの形で再現することではない。素材にしろ、色や形にしろ、何か新たな価値をつけていかないと意味がありません。現代の最先端の技術や知識を駆使して、伝統の上に何か新たな付加価値を重ねて表現してこそ、本当の意味での文化継承となるのです。

私が国内の天然素材や、伝統技法にこだわるのも、結局はそういう理由からです。日本は明治以降、「洋」の上に「和」を重ねる作業を続けてきました。しかし今、そういう時代がようやく終わって、これからは本来の「和」の美意識の上に、「洋」の理想や価値観を取捨選択しながら重ねていく時代だと思います。日本人がジャパン・ブランドを真剣に考え、進化させていく時代がようやく到来したわけで、これからが勝負だと思うし、デザインの世界は今後ますます面白くなると思います。

第五章

# 交通社会を潤すユニバーサルデザイン

## 岩貞るみこ

**モーター・ジャーナリスト**

イタリア在住経験があり、グローバルな生活者の視点で交通社会を分析。ＪＡＦ理事。国土交通省安全基準検討員ほか。主な著書は、人工尾びれをつけたイルカのルポ『もういちど宙(そら)へ』（講談社）。『思いっきり！イタリア遊学』（立風書房）など。


岩貞氏は、モータージャーナリストとして年間100台近いクルマに全国各地、世界各地で試乗。新聞、雑誌、テレビなどで活躍するほか、各種ドライビングスクール講師として安全運転普及活動にも努めておられる。近年は国土交通省の「箱根八里の道しるべ〜小田原・箱根地区道路案内標識マネジメント」メンバーとして、わかりやすい道路案内標識について具体的な方策を検討するなど、交通に関わるデザインの問題にも精通されている。そんな岩貞氏に、すべてのユーザーにわかりやすいユニバーサルデザインの観点から、交通社会のさまざまな課題や可能性について語っていただいた。

# 基本はユニバーサル

岩貞さんは日本のクルマ文化や交通問題について、ジャーナリストの視点からさまざまな問題提起をされています。今日は、これからの交通社会に求められる「デザイン」の問題について、利用者視点というものに一つの軸をおきながら、お話しいただければと思います。

**日本の社会には、利用者視点が欠けている**

交通社会をよくしていくというとき、そこには安全・安心とか、使い勝手、景観など、さまざまな観点からの問いかけが必要になると思います。そうしたことを踏まえ、これからいろいろと交通環境を改善していこうというとき、行政の側に利用者視点を取り込むという発想がないと、絶対によい結果は生まれないと思います。

ところが、今の日本の社会を見ると、何でも行政側の論理と都合だけで物事が進んでしまい、利用者の視点がほとんど考慮されていないのが現実です。道路整備にしても、標識や案内板の付け方にしても、その場しのぎ的というか、今までそうしてきたからとか、他のところは知らないとか、ウチの管轄ではこれがルールだからといった、行政側の都合だけが透けて見えるところがあって、肝心の利用者の立場から見ると「どうしてこんなに不便なんだろう」と、首を傾げたくなることが多すぎるような気がします。

また、一点だけを見つめて、二―三年の短いスパンでのみ物事を見ているので、場所ごとの利用方法の違いや、時間的な状況変化への対応ができていないのも気になります。だからせっかく何かを改善しても、あまりにも視野が狭い対応になってしまい、非常に使いにくいものになってしまうのです。縦割り行政の弊害ということがよくいわれますが、それにしても、といつも思います。もっと全体を大きく俯瞰して、柔軟に物事を判断する仕組みをつくらないと、便利で快適な交通社会というのは、なかなか実現できないのではないでしょうか。

たとえば標識や案内板などは、つくり手の基準だけで考えた自己満足的なものでは意味をなしません。誰が見ても間違いなく使えて、使いやすいものにすることが重要で、私はやはり、基本はユニバーサルデザインだと思っています。ユニバーサルデザインというのは、私の理解のなかでは、どんな立場の人にとっても使いやすく、適切で機能的な美しいデザインという意味です。（資料①）たとえば薬のパッケージにしても、最近は誤飲のないように、文字の大きさや表示場所を熟慮した上で記載されるようになっていますし、片手が使えない人でも開けやすいようにと、容器そのものにいろいろと工夫が施されているものもあります。このような考え方を、公共空間のデザインにもきちんと取り込むべきなのですが、交通施設や標識、案内板などでは、こうしたユニバーサルデザインの視点があまり

## 資料①

### ユニバーサルデザインとは

ユニバーサルデザインの概念は、1980年代、アメリカ・ノースカロライナ州立大学教授のロナルド・メイス（Ronald L. Mace）によって提唱された。障害者・高齢者・健常者の区別なしに、すべての人が使いやすいようにデザインすることを目指し、その原則として左記の7つをあげている。

| ユニバーサルデザイン7つの原則 |
|---|
| 1.誰でも公平に利用できる |
| 2.柔軟に使用できる |
| 3.使い方が簡単にわかる |
| 4.使う人に必要な情報が簡単に理解できる |
| 5.間違えても重大な結果や危険にならない |
| 6.少ない力で効率的に、楽に使える |
| 7.使うときに適当な広さや大きさがある |

### 医薬品のユニバーサルデザイン

くすりの適正使用協議会提供

医薬品の世界では、薬の誤飲や誤使用の防止のため、パッケージや使用方法を示すピクトグラムを充実させる方向で、ユニバーサルデザインの取り組みが進んでいる。

にも欠落しています。消費社会はすでにそういう方向に動き出しているのに、公共サービスだけがそれを無視しているというか、まったく立ち遅れているという現実があるのです。

たとえば、ある自動車専用道では電光掲示板を変更するのにA案とB案がある場合、数名の担当者だけが集まって、二つの案を見比べて決めているのだそうです。これでは利用者の視点が欠落するのも無理はありません。本当なら、高齢ドライバーや初心者ドライバーの意見も聞いて、さまざまな立場の人の使い勝手を検証すべきなのですが、そういうプロセスがまったく踏まれていないのです。だから非常にわかりにくい車線の指示や、混乱を誘うような標識ができあがってしまうのです。

## 小田原の標識改善の取り組み

道路標識の問題について、もう少し具体例をあげて説明したいと思います。日本の道路標識をきちんと整理しようということから、「小田原・箱根地区道路案内標識マネジメント」というものが設けられ、これに私も参加させていただきました。

この取り組みは、国土交通省の「わかりやすい道路案内標識に関する検討会」[※1]でまとめられた提言を受け、国内有数の景勝地であり、海外からも多くの観光客が訪れる小田原を一つのモデルケースに、標識や案内板の問題点を洗い出し、具体的な改善策と、改善のために何が必要になるのかを検討することがその主な目的です。私もこのときに現地を視察したり、さまざまな方と議論する機会があり、そうした経験を通じていろいろと見えてきた問題があります。

**1　わかりやすい道路標識に関する検討会**
二〇〇四年、国土交通省ではすべての道路利用者にとってわかりやすい道路案内標識を実現するために、大学教授、評論家、行政担当者など有識者を集めて検討会を行った。道路標識のあり方として「ユーザー重視で標識を考える」「システム・体系性を充実させる」「標識をマネジメントし、わかりやすい案内を実現する」の三つの理念を掲げ、提言として取りまとめられた。

まず、現地を視察して感じたのは、標識や道路案内の類があまりにも多いということです。いいわけ的にあれもこれもという感じですね。と同時に、実はあるルールに基づき、数が増えてしまっているとも聞いて驚きました。たとえば、市内の国道1号線を走っていると、「東京まで○○km」という看板を多く見かけます。本当に多いんです。観光地にむかう案内が一番欲しいのに、そんなに遠くの場所を何度も知らせる必要はないだろうと思って聞いてみると、県道や市道から国道に出たら、数百m以内に必ずそれを示す標識を設置しなければならない、というルールがあるのだそうです。県道や市道、国道は、それぞれの場所の制約に応じて非常に無秩序に接続されていますから、普通ならそういうルールのもとで機械的に設置すると、現場が混乱するのではないかという疑問が出てきてもいいはずです。しかし、これは定められたルールだからということで、現場の状況や使い勝手を無視して機械的に設置してしまうため、これだけの標識が乱立することになったのです。

また、国交省が付けた交差点の行き先案内の標識とかぶる位置に、警察の駐停車禁止の標識も付けられているため、ドライバーからは交差点名が読み取れなくなってしまっているケースもありました。結局、それぞれの官庁が自分たちの「マイルール」のことしか考えないから、こういうことが起きてしまうのですが、これではせっかく標識を付けても、本来の役目を果たせないままで終わってしまいます。

標識というものは本来、ユーザーに目的地までの経路や現在地点の情報を伝えるための「手段」であって、「目的」ではありません。「目的」はもちろん、ユーザーが情報を得て速やかに判断し、安全に迷うことなく走れるようにすることです。しかし、実際には付けるこ

乱立する標識

とが「目的」になってしまい、ルールありきで、とにかく付けなければいけない。全国どこでも同じ状態にしておかないと迷うだろうという「親心」が、むしろ足かせになっているように思います。しかも、あれだけの標識をドライバーが一つひとつ真面目に読んでいたら、交通の流れを乱して事故を起こしかねません。ようするに、一見よかれと思って、なんでもかんでも的にしたことが、逆に危険な状況をつくり出すこともあるわけで、そこをよく自覚することが大切だと思います。

## 強い権限を持った調整機関が必要

小田原の取り組みではその後、改善が必要な標識をいくつか抽出し、そのなかから事故多発が問題となっている交差点と、新しい道とのジョイント部分にある交差点の二つに絞り込み、改善の方向性を具体的に検討しました。（資料②）すでに改善後の標識が設置されており、アンケート調査も行いましたが、今のところは観光客も、地元ドライバーもまだ標識の変更に気付いていない人が多く、気付いていないということは、うまくいっているともいえると思うのですが、改善後の効果についてはもう少し時間をおいてみないと、正確に把握できない状況です。とはいえ、そういっている間にも事故は起こりますので、できればどこかで、私たちモータージャーナリストのように走り慣れていて、それなりの判断基準を持っている人たちに実際に走行してもらい、大づかみの効果測定を行えればと思っています。

ただし、小田原の検討会のそもそもの目的は、最初にお話ししたとおり、標識・看板

## 資料②

# 「小田原・箱根地区道路案内標識マネジメント」の取り組み

## 箱根口IC付近の標識改善

現状の標識をどのように改善していくのか「小田原・箱根地区道路案内標識マネジメント」のメンバーにアンケートをとり、改善案を作成。意見が分かれたものについては、さらに議論を重ね、微調整を繰り返して最終的な改善案を決定した。

### 対象1

改善前

改善後

### 対象2

改善前

改善案1

改善案2

改善案3

改善案4

信号表記の有無、高架橋の表記方法など、メンバーから出された意見を取りまとめ改善案2に集約。

改善案

沼津・箱根の文字を右へ移動し、矢印の方向を微調整。

改善後

## 小田原周辺の猥雑なロードサイド風景

看板に紛れて視認性が悪い

交差点名や標識が見えにくい。

## 提言概要

### 案内標識の３つの理念

**1　ユーザー重視で標識を考える**

- 世のなかの変化やそれに伴う変化を受けて、ユーザーにとって真に必要な標識となっているか

↓

- ユーザーが本当に知りたい情報が何であるかを考え、「ユーザー重視」視点に立った標識のあり方の検討が必要

**2　システム・体系性を充実**

- 現在の道路案内標識に最も欠けているものは「体系」「システム」

↓

- 「どこに（Where）」「何を（What）」「どのように（How）」提供するかのルールを確立
- 情報提供の基本要素「指示（Direction）」と「同定（Identify）」の双方を確保

**3　標識をマネジメントし、わかりやすい案内を実現**

- 左記の内容を実際の道路案内標識へ反映していくことが最も重要

↓

- 個別の取り組みを実現するためのルールと手順を、ガイドライン等で明確化
- 進行管理と達成状況の評価、公表
- PDCAサイクルによるチェックを行い確実に実行

↓

### 具体的改善の方向性の例

**自動車系案内の方向性**

- 路線番号案内の充実
- 地名案内の信頼性向上
- ユーザーに対する法則性の周知
- 現在位置の同定性の向上

**歩行者系案内の方向性**

- 情報提供の体系化
- 情報内容の整理
- 地域の実態や利用者ニーズへの対応
- 仕様・デザイン等の性能の規定化

**新たな課題への対応**

- 国際化・観光化への対応
- 他メディアとの協力関係の構築
- 景観・視環境に対する配慮

↓

### マネジメント型の標識計画・管理による確実な実施

の改善そのものではありません。改善策を議論する過程で、実際にはどのような障害が出てくるのか、どんな組織をつくって対応すれば効果的かといったことを、この機会を通じてしっかりとあぶり出すのが最大の目的です。その意味で、私がいちばん気になった点は、検討会メンバーの意見集約の難しさでした。

国交省が招集したこの検討会には、私たちのようなクルマの専門家、観光協会、商工会議所、旅館女将の会の代表のほか、地元警察や自動車専用道路の担当の方などの道路管理者代表がオブザーバーに入っていますが、たとえば観光協会、旅館組合などの人たちは、観光客誘致への強い思い入れがあるため、どうしてもその観点からの要望が多くなります。一方、警察には事故を減らすという至上命題があるため、先ほどの「マイルール」にこだわった話が多くなります。ようするに、それぞれが自分たちの立場からの主張を繰り返すだけになり、なかなか総合的な視点での判断が下せないのです。

これをまとめていくには、座長がよっぽど強い意志を持って、雑念をふり払って取り組まないと結論は出せないと思います。こうした検討会を本当に全国へ波及させていくためには、専門の「標識チーム」を国の機関として設置し、俯瞰的な判断が下せる仕組みをつくる以外にないような気がします。道路管理者同士の主張をすり合わせ、設置する場所ごとに変わるプライオリティを決定し、場合によっては決められた法令にも踏み込んで変更を要請する。そのくらいの権力を持たせない限り、さまざまな立場の利害が絡むこの種の問題は、なかなか解決できないのではないかと思います。

小田原の取り組みを例に、地域の交通標識や案内板の課題をお話しいただきましたが、そのほか高速道路の案内板などには、どのような問題があるのでしょうか?

## わかりにくい高速道路の案内表示

高速道路の案内にも問題があると思います。たとえば首都高速などは、初心者ドライバーは怖くてとても走れないと昔からいわれています。入り口から本線への合流部分で加速できない構造だったり、右側に出口があったりと、設計からして無理があることも原因の一つですが、さらに出口やジャンクションの名前が実態にそぐわなくなっていることが、初心者ドライバーをよけいに混乱させています。たとえば、「高樹町」という出口は、地名としてはもう存在していません。今なら大胆にずばり「六本木ヒルズ」にしたほうがわかりやすいと思いますが、そういう時間的な変化への対応はほとんどなされていないように思います。

同様にジャンクション名なども、道に不案内なドライバー泣かせのものになっています。浜崎ジャンクション、谷町ジャンクション、一ノ橋ジャンクションといわれても、それはどこなのかすぐにはイメージできません。出口とジャンクションの関係がわからない人にしてみれば、それを覚えるだけで相当の努力を必要とします。したがって地名での案内表示というものは、今はもう限界があると考えたほうがいいような気がします。

たとえば、東京メトロでは外国人利用者の利便性を考え、路線ごとに駅をナンバリングする方法を導入し、だいぶ使いやすくなった面があります。（資料③）こうした事例があ

実態とそぐわない案内標識

るのですから、首都高速なども1号線ジャンクション、2号線ジャンクションとナンバリングすると、行き先と現在の位置関係がつかみやすくなり、混乱する人も減るのではないでしょうか。

また、走っている途中で案内が消えてしまったという声も聞きます。私の友人で、国道5号線から首都高速に乗って成田空港に行こうと思い、「飛行機マーク」の案内板を追っていったら羽田空港に着いてしまったという人もいます。首都高速も民営化されて、変わろうという意識があり、今の標識や案内板ではいけないという考えを持っているので、今後は少しずつ変わってくるだろうと思います。

## 案内板の文字表記の工夫も

また、標識の設置場所の問題だけでなく、標識のなかの表記方法についても、改善の余地があります。現在、表示言語についての規定はとくに設けられていないようですが、アジア地域からの観光客が増える今、歩行者用には和文と英文、場合によってはハングル、中国語で表示していく必要性を感じます。歩行者の場合は立ち止まって見ることが

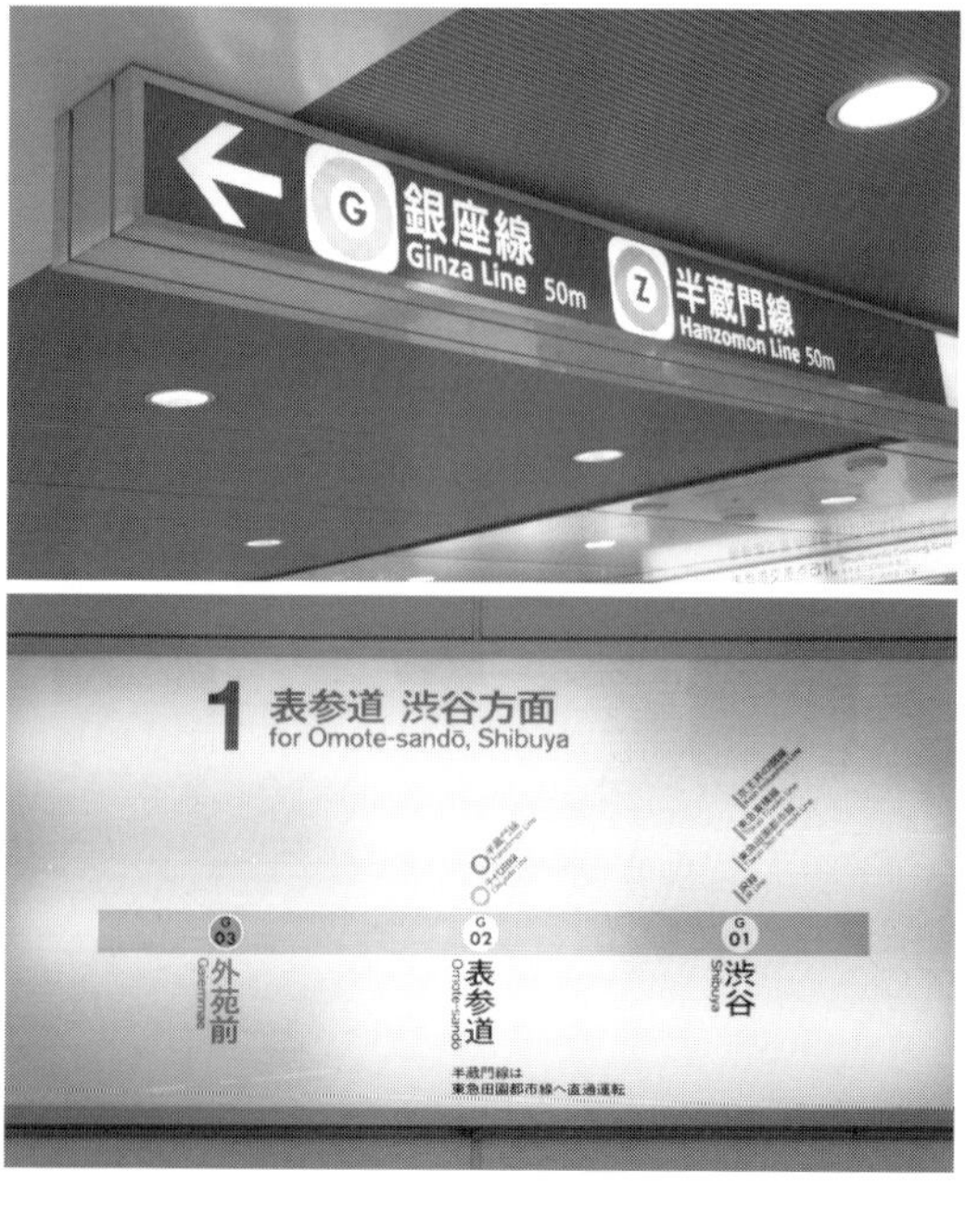


### ナンバリング導入でわかりやすくなった東京メトロの路線図

東京メトロ、都営地下鉄の駅では、2004年より駅のナンバリングが導入された。路線名はアルファベットで表記し、駅名には数字2桁の番号をふって、外国人旅行者にもわかりやすい路線図を目指した。

資料③

できるため、文字の大きさはある程度自由にできることからも、こうした分野でも国際化にきちんと対応していっていただきたいと思います。（資料④）

ただしクルマの場合は、その都度止まれませんので、ドライバーは走行中に何文字ぐらい読み取れるのかといったことを検証し、指針をつくっていくべきです。言語も和文と英文表記以上は必要ないでしょう。

ちなみに、地名の表記法なども指針が設けられていないようで、川や山の名前など、富士山を「Fujisan」と表示するのか、「Mountain Fuji」にするのか、小田原城は「Odawara Castle」なのか、「Odawara-jyo」なのかといったことも曖昧になっています。名所旧跡などを表すイラストの色や形も不統一ですから、こうした細かい部分の指針づくりも急務だと思います。

日本は今、外国からの観光客を増やそうということで、国をあげていろいろPRに励んでいますが、そうであればなおさら、わかりやすい標識や案内板の整備が求められます。理想は、外国人がレンタカーで走っても迷わないぐらいのレベルで、そうなれば不慣れな日本人にとっても使い

資料④

**急増するアジア地域からの観光客**

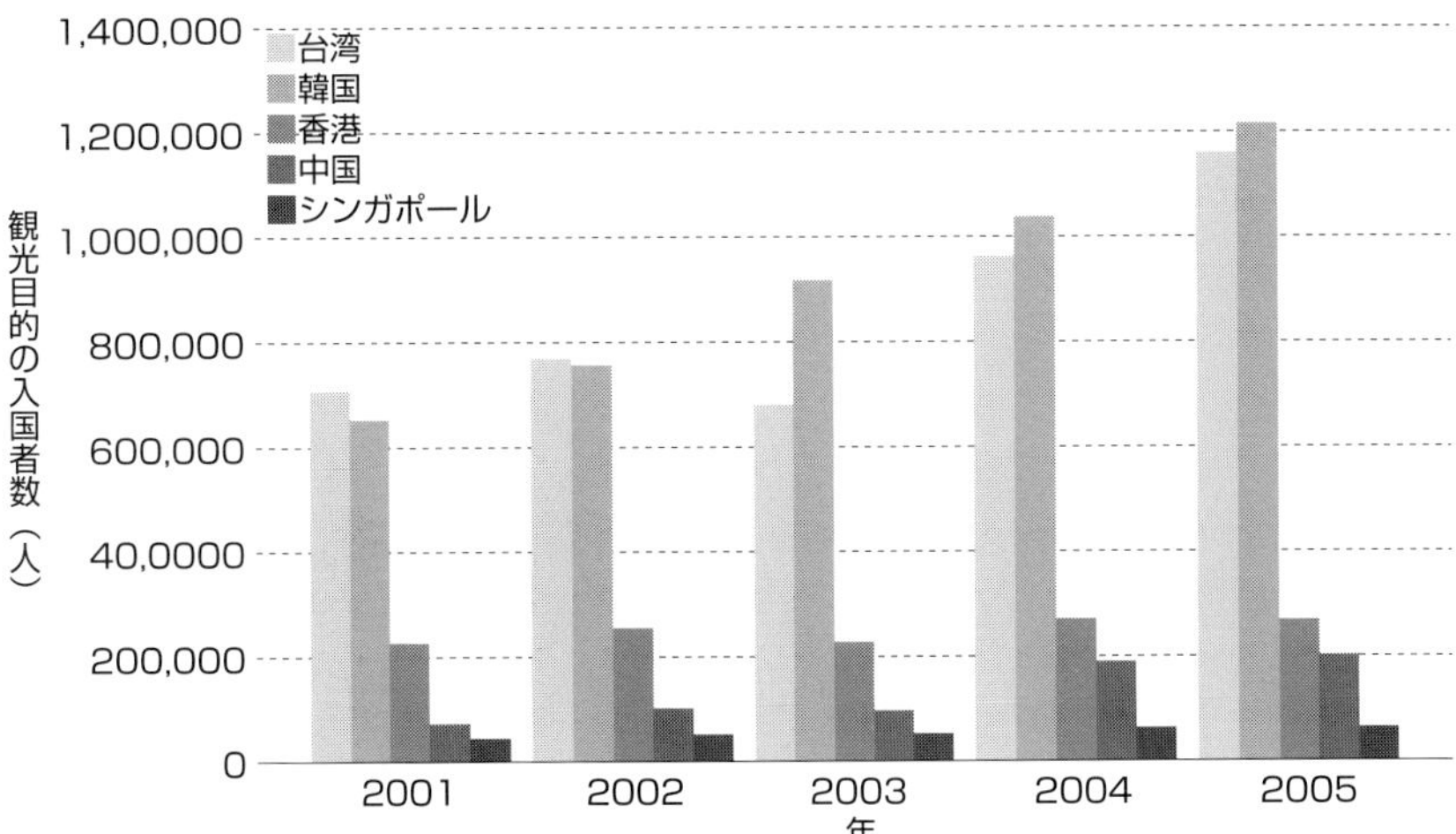


国際観光振興機構（JNTO）より

やすいものになるはずです。ぜひ、標識が交通の流れをデザインするという気持ちになって、本当に必要なものと不要なものとを峻別し、「どこに」「何を」「どのように」提供するのかを再整理していただきたいと思います。

交通社会で使われている案内板や標識に、いろいろと問題が多いことがわかりましたが、こうした分野での先進的な取り組みはないものでしょうか?

**先進技術を取り込んだ新しい試み**

興味深い取り組みが一つあります。国土交通省が取り組んでいる「ＩＴＳ　セカンドステージへ」（スマートウェイ推進会議）のなかの一つに、首都高速の事故多発地点でＩＴＳの機能を生かし、事故の低減をはかろうというものがあります。（資料⑤）

首都高速４号線を都心方面に向かって上っていくと、初台出口の先の新宿で右に曲がるきついコーナーがあり、そのさらに先に「参宮橋カーブ」と呼ばれている左に直角に曲がるように走る地点があります。この「参宮橋カーブ」は、新宿のコーナーを抜けてほっとした瞬間にある場所で、しかも悪いことに、渋滞の末尾がちょうどコーナーの先の見えにくい場所に発生しやすく、追突などの事故が非常に多い地点です。ここの事故を防げないかということで、カーブの手前で、カーナビゲーションに「この先渋滞、注意」のメッセージをＶＩＣＳ情報として送信し、ドライバーに伝えるという試みを展開しています。この方法は非常に効果があり、多発していた事故も減ったという結果が得られています。

この取り組みのなかで素晴らしいと思ったのは、カーナビゲーションに表示する内容について、誤解のないよう瞬時に正確に判断してもらうために、メッセージの文言や画像について非常に細かく検討されたことです。と同時に、茨城県にある国土総合研究所のテストコースに高齢ドライバー、熟練ドライバー、初心者ドライバーと、いろいろな方々を集めて、メッセージに対してどういう行動をとるかを確認する実験を行ったそうです。研究者たちは最初、「この先、停止車両あり」と表示する予定でしたが、実験の結果、このメッセージだと「路肩にクルマが止まっているのだろう」と判断してしまい、意図したようにスピードを緩めてくれないドライバーがいたそうです。そこで、事故のときも、停止車両があるときも、バイクが転倒しているようなときでも、「渋滞あり」という情報を出してみた。すると、ドライバーは「追突しちゃいけない」「速度を落とさなくては」と判断するらしく、とりあえず皆さんスピードを緩めるようになったので、この文言を採用したという経緯があります。

場所を設定して、人を集めて、繰り返し実験を行ってと、ものすごく手間のかかる作業だったと思いますが、いつも自分たちだけで物事を決めがちな国としては、これは非常に評価したい事例です。もう一つ評価したいのは、カーナビやＶＩＣＳなど、すでにある技術を活用して新たなサービスを提供した点です。本当は用地を買収して、参宮橋カーブをまっすぐにつくり直すのがベストでしょうが、そうはいきません。電光掲示板などの手法もありますが、これも一つつくるのに相当のコストがかかるうえ、持続性のある効果が

## 資料⑤

# 安全走行支援サービス―参宮橋地区社会実験

この社会実験は、半径88mの急カーブである参宮橋カーブ区間を対象に、クルマと道路の連携により事故防止対策を行う新たな試みで、具体的には以下のサービスを行う。

- 参宮橋カーブ手前で発生する渋滞や停止・低速車両をセンサーが検知し、その情報を後続車両の３メディアVICS対応カーナビに、カーブの手前300mの地点で送信。
- 情報を受信したカーナビは、喚起音とともに簡易図形により「この先渋滞、注意」の情報をドライバーに提供。

## 首都高速道路４号新宿線（上り）参宮橋カーブ区間

ドライバーは「この先渋滞、注意」の情報を受信

## 当該区間内での過去４年間の事故発生状況

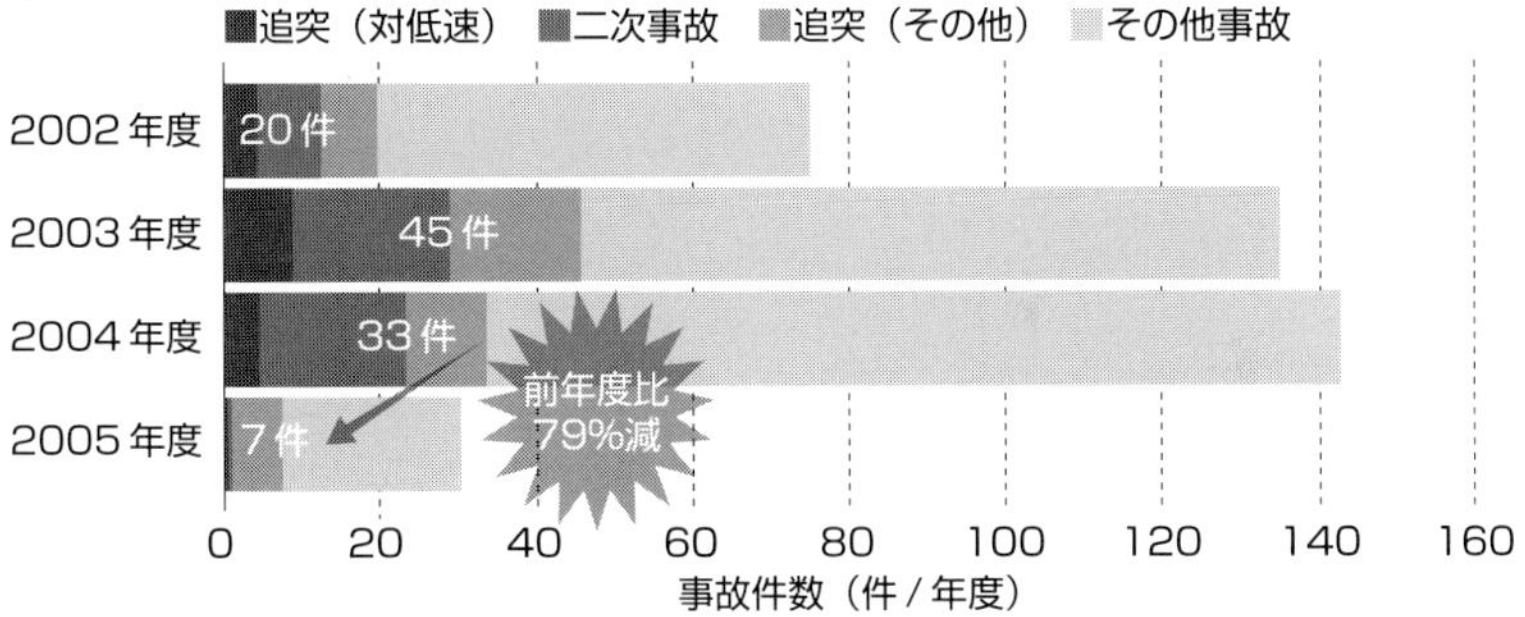


注）当該区間内で、最初に発生した事故（一次事故）から60分以内（首都高の事故処理平均時間）に発生した事故を二次事故とした

## 交通事故の多い都市高速のカーブ

都市高速における半径200m以下のカーブの事故率は平均2.6倍。首都高速道路では、事故多発カーブ（全延長6%）に事故の21%が集中している。

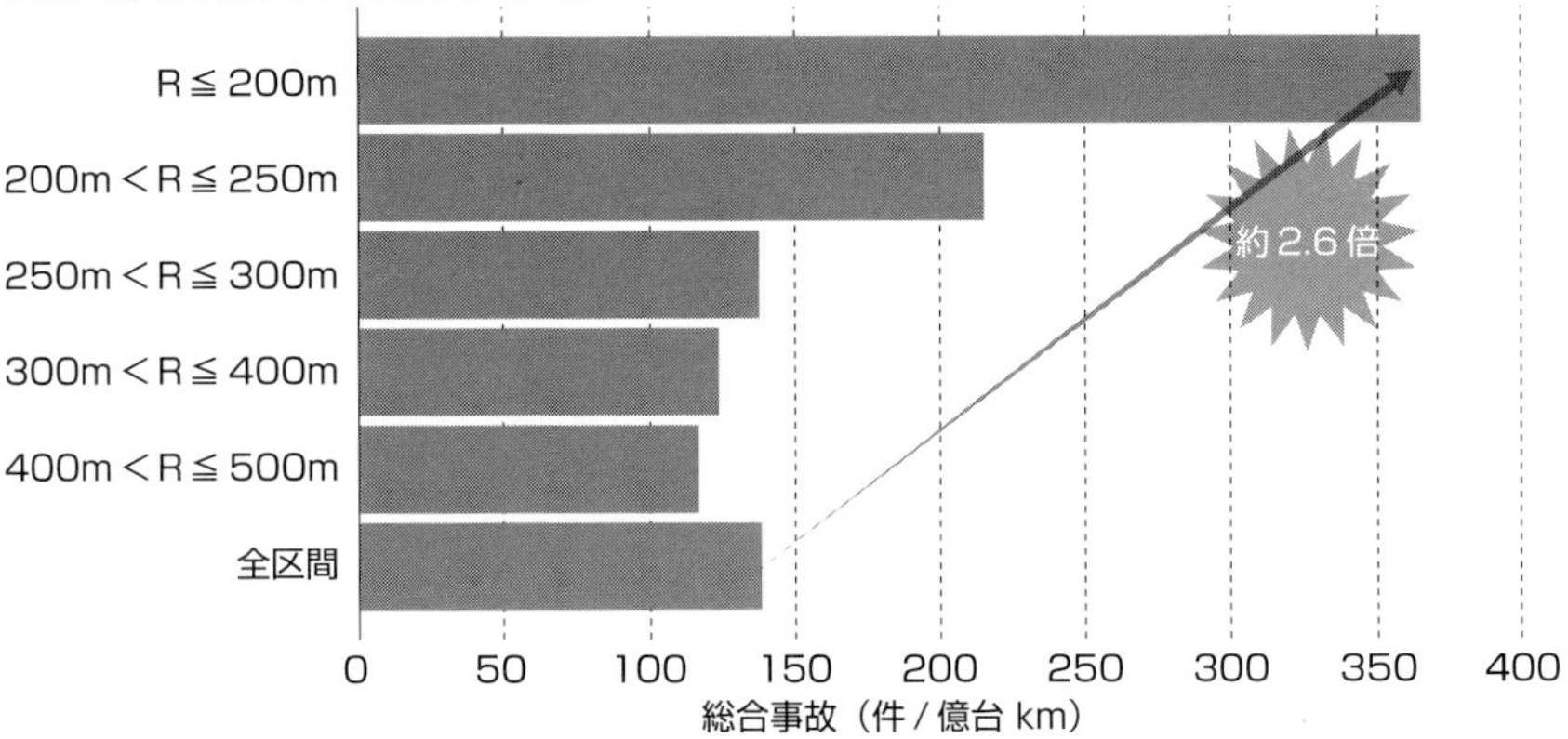


注）首都高速、阪神高速、名古屋高速、福岡北九州高速における交通事故データ、道路線形データより算定（交通事故データは首都高速のみ1999～2001年度、ほかの３高速は2000～2002年度）

得られません。しかしこの事例の場合は、既存のカーナビというシステムを活用することで設備投資も抑えられています。大きな掲示板のように景観を壊すこともないですし、そういう意味でも実用性の高い、とても優れたシステムではないかと思います。

現状では、この情報は3Dメディア対応の上級グレードのカーナビでしか受けられず、その比率はここを通過する交通の約一割程度です。一割だと効果はないと思うかもしれませんが、実際には一〇台に一台が情報をキャッチすることで、そのクルマがレースで事故が発生したときに、全車両をスローダウンさせて引率するペースカーのような役目を果たすことがわかりました。現に情報をキャッチしたクルマが、後ろから勢いよく走ってくるトラックをスローダウンさせて、追突防止につながったと思われる事例も報告されており、かなりうまく機能しているようです。今後はこうした取り組みが全国に波及し、それぞれの実態にあわせて活用されていくことを期待しています。

Columun

## わかりやすく、美しいヨーロッパのサイン

ヨーロッパで見かける交通標識や案内板などは、どれもシンプルで見やすく、わかりやすいものが多い。また、ドイツなどでは地区計画上の規制が厳しく、飲食店の看板なども、まわりの景観との調和をはかるよう厳しく指導されている。写真上はドイツ・ザルツブルクの街角に付けられたマクドナルドのサイン。下は、交差点の信号機に設置された歩道と自転車道を示す標識（フライブルク）。

# 交通規則と甘えの構造

標識や案内板については、今のような先進的な事例が一部で出始めたものの、全体としてはまだユニバーサルデザインの視点が足りないということですが、それ以外の分野では、利用者の視点に立ったデザインへの取り組みは進んでいるのでしょうか？

**バイクや自転車の利用促進を**

やはりまだまだ遅れています。私は、都市で最も活躍しなければいけないのは自転車とバイクだと思っていて、もっと利用が拡大することを望んでいます。一人で移動するのであればスペースを取るクルマは不要で、バイクや自転車で十分だと思います。最近では、体力づくりも兼ねて自転車通勤する人や、宅配自転車も増えていますし、低燃費、$CO_2$削減という点からも、これからの時代にあった可能性の高い乗物だと思います。ところが、こうした乗物が安全に走れる車線や、駐輪スペースといった整備がいっこうに進んでいません。せっかく設けられた自転車道も、駐輪スペースのようになっていたり、そこが自転車

**機能しない自転車道**

道だと認識できないペイントが施されていたりで、これはユニバーサルデザイン云々という以前の問題だと思います。

たとえば、私が日頃から危険だと思っているところに渋谷警察署の目の前の、国道246号線と明治通りがぶつかる渋谷駅前の交差点があります。ここは道が何本も交差する複雑な交差点になっているうえ、交差点の上に架けられた歩道橋の橋脚が視界をさえぎって、非常に危険な状態になっています。歩道橋を渡れない自転車のために、道路上には自転車通行帯が設けられているのですが、そのペイントがかすれてしまい、今ではほとんどのドライバーが、そこが自転車道であることを認識できない状態になっているのです。右左折してくるドライバーは、まさか自転車が走っている、しかも自分に対して交差してくるとは思いません。しかも、発見する直前までは歩道橋の橋脚で見えないわけですから、非常に危険で、当然事故も多発しています。

こんなことになったのは、国道246号線をつくり、明治通りをつくり、渋谷駅前のバスターミナルをつくり、歩道橋や自転車道も付けましたと、無造作に積み重ねていった結果だと思います。自転車道のペイントの色は、こういう複雑な交差点ではもっと目立たせてドライバーに注意を促す工夫がいると思いますし、かすれてきたら小まめにメンテナンスすることも当然、求められます。この交差点の例は、行政側の柔軟性の欠如と、状況変化への対応の遅れが重なって危険を生じさせている典型的な例だと思います。道は生き物のようなもので、時代が変われば、使われ方や周囲の環境も大きく変化します。その変化を見きわめ、もっと迅速に柔軟に対応する姿勢が必要ではないでしょうか。

認識できないペイント

危険な渋谷駅前の交差点

## 柔軟性が足りない交通規則

　また、バイクや自転車の駐車（輪）スペースが少なすぎるという問題もあります。都内では最近、バイク用パーキングなどができてはいますが、まったく数が足りていません。それに加えて、二〇〇六年六月に道交法が改正され、バイクへの駐輪違反も厳しく取り締まられるようになりましたが、絶対数が足りていないバイクへの駐輪場対応は、やはり急務だと思います。

　最初にお断りしておきますが、私は基本的には、あの法律には大賛成です。渋滞にしろ、交通事故にしろ、違法駐車が引き起こすものがどれだけ多いかを考えると、規制強化は当然の流れで、どんどん取り締まっていただきたいと思います。ただし、やるのであれば、同時にそれを代替する駐車（輪）スペースの確保など、周辺の問題も含めて変えていく必要があるのではないでしょうか。

　ちなみに、ヨーロッパやアメリカでは、駐車禁止エリアや速度制限などの「ルール」は、道路局のような道の持ち主であるセクションが決めており、「取り締まり」についてのみ警察が担当しています。そのため、いかに道を上手に、円滑に「利用してもらうか」「走らせてもらうか」を前提に道づくりができています。ところが日本では、ルールづくりも取り締まりもすべて警察がやってしまうので、とにかく規制、規制。「利用させない」「走らせない」方向にして、自分たちが取り締まりやすいだけのルールになりがちなのです。

　とくに違法駐車の取り締まりに関しては、ほとんどの場所が駐車禁止エリアになってし

まったく足りない
バイク・自転車の駐車（輪）スペース

ウィーンの自転車道

まい、ルールを守った上で健全にクルマやバイクに乗りたい人たちを、街から閉め出す結果になっている面があると思います。もちろん交通ルールですから、利用者側の都合だけを優先するわけにはいきませんが、停めていい場所、いけない場所、短い時間であったら停めていい場所など、もっとメリハリをつけた柔軟な対応が必要なはずです。規制によって使いづらく、走りにくい交通社会になってしまっては本末転倒だと思います。

交通社会がなかなか使い勝手のよいものになっていかないのは、行政側にだけ責任があって、市民の側に問題はないのでしょうか?

## 利用する側の甘え

もちろん、市民の側にも問題があります。利用しにくい交通社会のデザインに対して、誰も怒らず、よしとしてきた歴史があって、自分たちで交通社会をよくするとか、何かアクションを起こすという意識が希薄すぎるのです。また、交通ルールを守ろうという意識が、欧米などと比べて相当に低いのも問題です。自分だけはいいだろう、このくらいだったら許されるだろうという意識が蔓延していて、非常に利用する側の甘えを感じます。もともと日本人は、お上の言ったことには逆らわない、公共意識の薄い民族ですが、その体質からなんとか脱皮しない限り、安全で快適な交通社会は実現できないと思います。

とくに、交通安全上のルールなどは、こうした甘えの体質が許されない問題の一つです。

信号を無視する歩行者

命に関わることですし、自分だけなら許されるなどといった甘えは許されません。それにも関わらず、日本人は交通ルールを守らなさすぎますし、横断歩道を人が歩いていても、おかまいなしにクルマが通過していったりします。駐車場の問題にしても、自分ではクルマをいい加減に止めるくせに、「駐車場がない」と行政批判の言葉が先に出てきます。また、反則キップを切られても自分は運が悪いと思うだけで、十分に反省しないのも悪い癖です。

実は私自身、ドイツでクルマを運転していたときに、横断歩道をまだ人が渡りきっていないときにうっかり発進しそうになり、歩行者に怒鳴られた経験があります。相手はこちらの窓を開けさせて、ガーッと怒鳴る勢いでしたが、欧米人はもともと、自分の身は自分で守る意識が強いこともあり、こうした場面では、すごく積極的にアクションを起こすのです。

そろそろ日本人も、誰かがやってくれるとか、誰かが助けてくれるといった甘えの体質から抜け出さないと、交通社会は変わっていかないと思います。まずは、早い時期から交通教育を徹底させ、自らが交通社会に参加している一員なのだという自覚を持つことが、第一歩ではないでしょうか。

# 楽しさと潤いのある交通社会へ

交通社会は、利用者の側に立った使い勝手や安全面がクリアされれば、すべてよくなるわけではなくて、その上にプラスアルファの楽しさとか、潤いをどう取り込んでいくかという側面もあると思います。このプラスアルファの部分に関しては、どのようにお考えですか？

## 楽しさや潤いのあるデザインへ

おっしゃるとおりです。ここまでで指摘したような問題は、最低限クリアしないといけない条件であって、それをきちんとクリアした上で、もっとみんなが気持ちよく、楽しく暮らせる交通社会を実現していく必要があります。実はユニバーサルデザインという言葉には、そうした社会を「計画（設計）する」という意味も含まれており、そういう視点も含めて、デザインのあり方を見直していこうということだと理解しています。

もう少しわかりやすい例でいうと、ユニバーサルデザインと似た言葉で、バリアフリーという言い方があります。この二つはほとんど同じ意味のように使われやすいのですが、私のなかでは別の意味あいでとらえています。たとえば、先日、あるリゾートホテルに宿泊したとき、たまたま身障者の方の使える部屋に通されました。間取りはゆったりと広く、とても使いやすいと思いましたが、気になる点が二つありました。一つは、健常者にはトイレスペース、バスルームスペースが広すぎて、洗面台から湯船まで二〇歩近くもあったこと。もう一つは、湯船に入っていても、緊急用の札が目立つところに吊るしてあったり、身障者の方が使う椅子や道具が積み重ねてあったことです。それを見たとき、身障者の方々の日常のご苦労が思い浮かんでしまい、ようするに、私はそのとき、日常から離れたくつろげる空間を求めていたのに、それはリゾートホテルで期待する光景とは、かなり違っていたのです。

身障者の方が使いやすいバリアフリーのデザインと、誰もが使いやすく、そして快適になれるユニバーサルデザインとでは、やはり違いがあります。ユニバーサルデザインとは、誰もが使いやすく、さまざまな立場の人に気持ちよく利用してもらうためのデザインであって、使い勝手にこだわったから、見た目はどうでもいいということではありません。今後はあらゆる公共の施設や道具が、そういうデザインを追求していくべきなのだと思います。

## クルマには、機能を超えた魅力が求められる

交通との関連でいえば、最近はクルマのデザインなども、ユニバーサルデザインという

**誰にとっても快適なデザインとは**

ことがいわれるようになり、各メーカーがいろいろと工夫するようになっています。わかりやすい大きなスイッチを設定したり、高齢ドライバーを意識して計器類の表記を漢字にするなど、使いやすさを前提にしたデザイン上の試みがたくさん出てきており、それはとてもいいことだと思います。しかし、クルマという乗物には、一方で公共交通とは違った楽しみの要素、自分のアイデンティティを投影したいという面が多分にあります。子どもからお年寄りまで、いろいろな利用者を考慮して、安全性や使い勝手を充実させることはもちろん大切ですが、その上に何かプラスアルファの楽しみ、潤い、ステイタス感のようなものもほしいわけです。そこはクルマをつくる側の方に誤解してほしくないところです。

よく自動車メーカーのデザイナーと話すときに例に出すのですが、女性のパンプス、ハイヒールは、見ていてとてもきれいで、かわいい。けれども、実は履いている本人は足が締め付けられて、けっこうつらいものです。それでも美しく見られているという満足感が勝るので、女性はこうした靴を選ぶのだと思います。クルマでも車高をぐっと下げて、スポーツカーのようにデザインすると、スタイルは官能的になりますが、乗り降りはしにくくなります。カッコよさをとるか、乗り降りのしやすさをとるか、どちらをとるかは人それぞれです。ハイヒールを好む女性がいるように、乗り降りはしにくくても車高の低いクルマを好む人もいるわけですから、そこはやはり選択肢を用意すべきだと思います。使い勝手はすごく配慮されているけれど、どれも同じような無個性なクルマばかりになっては困るわけで、そこをよく理解してクルマづくりを進めていただきたいのです。

私は二年ほど、イタリアに留学していた時期がありますが、イタリア人には、世界中の

一目でわかるシンボル

美術品の八割はイタリアにあるという意識があって、美に対する感覚は非常に鋭いものがあります。そんな彼らに、「イタリアのクルマはすぐ壊れる」というと、「ＮＡＳＡのスペースシャトルだって壊れる。クルマが壊れないわけがない」といい返されます。それよりも「美しいクルマをつくれるイタリア人は素晴らしい」というのが、彼らの主張なわけです。

日本人にもそういう美しさへのこだわりとか、好みへのこだわりが、もっと出てきてもいいような気がします。日本人はイタリア人などに比べると、一般にそういうこだわりが乏しいのですが、交通を楽しむ、カーライフを楽しむということであれば、そういう感性的な部分も大切にすべきだと思います。また、メーカーの方々にも、私たちの感性をもっとくすぐるような、魅力的なクルマを積極的に開発してほしいわけです。

たとえば、イタリアの、アルファロメオのブレラというクルマは、温度計などの計器類がセンターパネルのいちばんいい位置に付いていていて、それがぜんぶドライバーのほうを向いています。ドライバーからはそれがきっちり見えるけど、助手席からはまったく見えないレイアウトになっていて、これは助手席にガールフレンドを乗せたときの、男性のおもてなしの気持ちを表したデザインなのではないかと密かに思っています。そういう粋なはからいというか、つくり手のセンスに、私はすごく惹かれるのですが、これはイタリア人がクルマというものに、移動の道具という以上の何かを求めている証拠だと思います。もちろん、日本でそのまま真似する必要はありませんが、カーライフをもっと魅力的なものにしたいというのであれば、彼らのこうしたこだわり方や、センスにも、いろいろと学べるものがあるような気がします。

美しくデザインされたヨーロッパのクルマ

## シルバー向けのクルマの開発を

また、クルマの付加価値ということでいえば、今後は高齢ドライバーを意識したクルマの開発なども、メーカーにとって非常に大きなテーマになっていくはずです。できれば、高齢者向けに事故軽減装備を充実させた「シルバーバージョン」のクルマを出してほしい。これなどクルマの付加価値というより、安全上の観点から非常にニーズが高いと思います。とくに、これから懸念されるのは、高齢の女性ドライバーが増えることです。今、七五歳以上のドライバーのうち、女性ドライバーは八%程度ですが、その下の六〇~六五歳のドライバーになると、女性が占める割合は、ほぼ半数近くになります。こうした人たちの高齢化が進むことを思えば、女性向けのシルバーバージョンのクルマなどは今後、必ず必要になってくると思います。(資料⑥)

とくに女性ならではの骨粗鬆症《こつそしょうしょう》の問題もあります。今のクルマは、衝突時に頭部と胸部の移動を減らすために、シートベルトをがっちり引き上げる仕組みになっていますが、この強さに耐えられるのは、六五歳程度までの女性の骨密

**資料⑥**

### 高齢ドライバーの推移

**年齢層別運転免許保有者率（2005年末）**

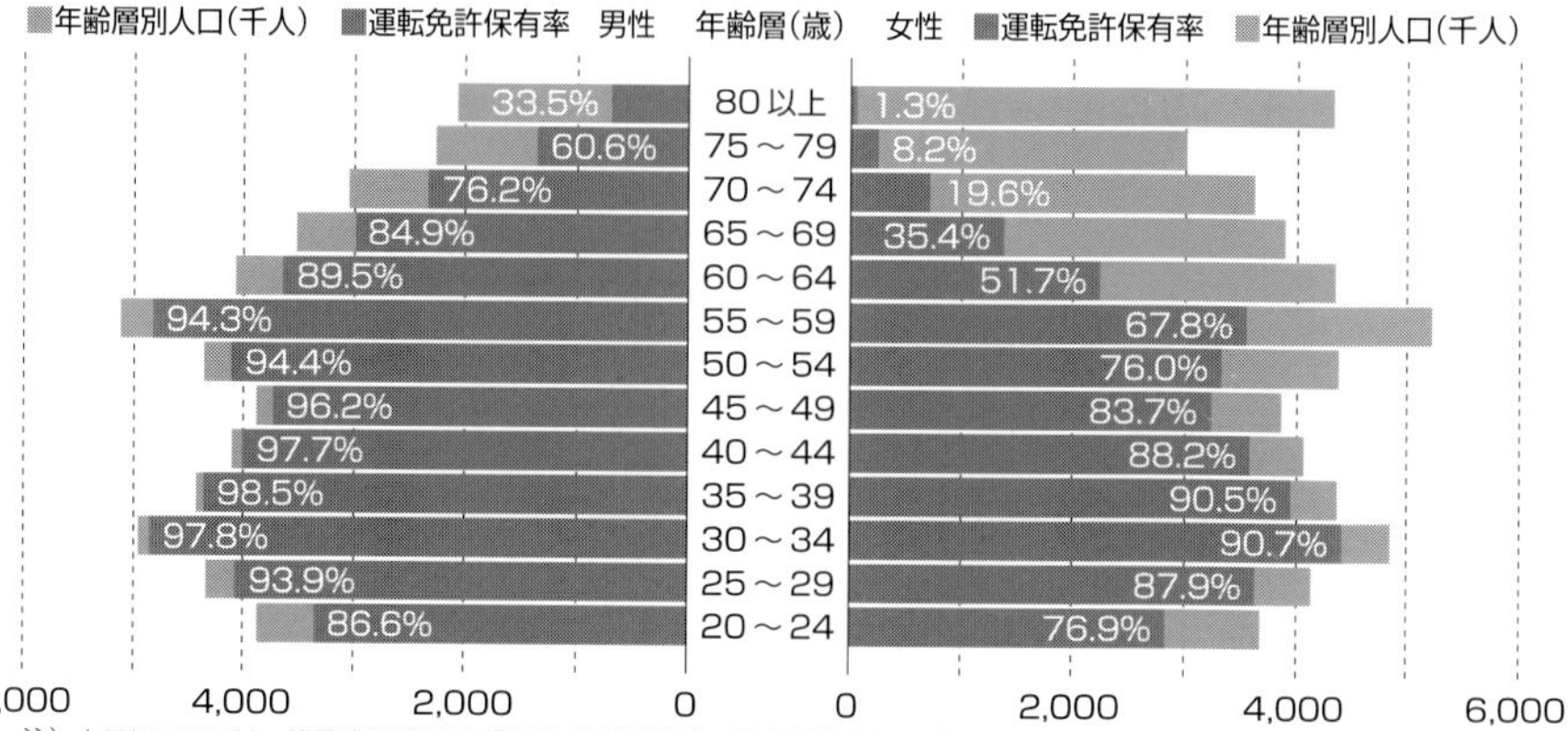


注）人口については、総務省統計局の「年齢（5歳階級）、男女別推計人口（2005年12月1日現在（概算値））を使用。

警察庁交通局資料より

度といわれています。七〇代の女性が同じものを使用すると、骨が折れる可能性があります。また老化に伴い背が低くなりますから、ブレーキペダルにあわせて座席を調整すると、ハンドルと胸との隙間が狭くなりすぎるといったこともあります。この状態で仮に前面衝突してエアバッグが開いたら、逆にエアバッグが殺傷性を持ち、死亡につながる可能性もありますから、メーカーには今、ハンドルを前後に調整できるテレスコピックを全車に標準装備にしていただけるようにお願いしているところです。

　高齢者についていえば、あと五年もすれば、お金があって体力もある団塊の世代の人たちが、体力低下を真摯に受け止めないといけない時期にさしかかります。この世代はご存知のとおりとても活発に行動し、クルマと一緒に過ごしてきた方々ですから、シルバーバージョンのクルマなどはマーケットとしても十分に成り立つはずです。メーカーにしてみれば、そういう意味でも、今がまさに開発のチャンスだと思います。

**高齢者向けにイスのポジションの調整が求められる**

**魅力的なクルマが増えれば、今度はそれを生かせる社会環境が求められるようになると思います。社会環境のほうをもっと魅力的にするためには、何が必要でしょうか?**

## 魅力ある交通社会へ

　日本人は、交通というと、早く安全に目的地へ動くことばかりに傾きすぎて、移動そのものを楽しんだり、移動しながら何かを学んだり、という発想が少なすぎると思います。また、そういうことを可能にする社会的な仕組みや、サービスなども、非常に貧弱だという印象を持っています。

そうしたなかで、最近、「道の駅」などが充実してきたことは、ただ走るだけの道路に命が吹き込まれていくようで、すごく喜ばしいことだと感じています。（資料⑦）道の駅では、地元産の野菜や果物の市が立ったり、温泉も併設されたりで、ちょっと寄るだけでもなかなか楽しめるものになってきています。普通に走ればただ走るだけの道に、こうした休憩スポットが設けられていけば、ドライブする人たちも肉体的、精神的な負担をかなり軽減できます。また、きれいなトイレがあることも、女性から見るとポイントが高いので、そういう基本的な設備についても、ぜひ充実させていただきたいと思います。

海外では、高速道路のサービスエリアはあっても、一般道では、日本の道の駅のような施設はあまり見かけません。その代わり、たとえばイタリアでは、バール（ＢＡＲ）が同じような役割を担っています。この立ち飲みカフェのようなお店はどんな小さな町にもあって、エスプレッソとお菓子をいただけて、トイレも貸してもらえます。日本でいえば、コンビニエンスストアがいちばん近いかもしれません。コンビニといえば、最近はコンビニもかなり変わってきて、大きくトイレの表示を出す店が増えてきました。飲み物や食べ物も買えて、周辺の情報を得ることもでき、旅のお金も引き出せる。さらにトイレも貸してくれるとなれば、これはドライブを楽しむ人にとっては、とてもありがたい場所だと思います。交通社会のなかで、コンビニが次第にそういう機能も果たすようになってきたことも、私はかなり評価できる傾向ではないかと思っています。

**道の駅の機能を備えるコンビニエンスストア**

資料⑦

## 楽しむための道へ—道の駅

道の駅とは、一般道路に設けられたサービスエリアのこと。24時間利用できるトイレ、駐車場、電話のほか、道路や地域の情報、特産物を提供するなど地域情報発信・交流の拠点にもなっている。2007年3月現在、全国に858駅ある。

道の駅たるみず湯っ足り館提供

鹿児島の道の駅「たるみず」。天然ラドン温泉を持っており、桜島を見ながら足湯につかることができる。

北海道「ニセコビュープラザ」では、地元の生産農家の人々が特産品の馬鈴薯をはじめ、メロン、トマトなど北の大地の恵みを受けた野菜や果物を直売している。

同様に、ガソリンスタンドにも、安全の視点から担ってもらいたい役割があります。トイレを貸したり、地域の情報提供を行うだけでなく、タイヤの空気圧や灯火類のチェックをやっていただきたい、できればそれをサービスの一環でお願いできないかと思うのです。最近、タイヤの空気圧減少による高速道路の事故が多発していますが、ガソリンスタンドがそういう役割も担うようになれば、ドライバーにとっては非常にありがたいし、ガソリンスタンドの社会的な意義もいっそう高まると思います。

## カーナビが交通社会を変える

最後にもう一つお話ししておきたいのは、カーナビゲーションシステムの可能性です。これからの交通社会を便利で、快適なものに変えていくものとして、私はカーナビの進化に大きな期待を抱いています。大胆な話ですが、今後はすべての乗用車について、安全装備としてカーナビを標準装備してもいいのではないかとさえ思っています。

カーナビへの期待ということでは、まず、安全・安心上のメリットがあります。国交省がとったアンケートによると、カーナビがあってよかったと思うのは、若者よりも高齢者のほうが多いそうで、その理由は、「自分が今、どこにいるかがわかって安心」だからだそうです。（資料⑧）実際、最初に目的地を設定すれば、ちゃんと誘導してくれますし、右左折の車線まで丁寧に教えてくれます。標識を見つめて前方不注意とか、強引に車線変更して衝突する危険も減らせますから、これから高齢ドライバーが増えることを思えば、そのメリットは非常に大きいのではないかと思います。

また、カーナビが今後、沿道の景観改善の決め手になっていく可能性もあります。というのは、最近のカーナビにはコマーシャル機能が備わり、「もうすぐ海老名ＳＡです、ここではメロンパンが有名です」といった情報提供までしてくれます。事前に自分のパソコンを使ってインターネットで情報を検索し、ここがいいと思った店を登録しておくと、翌日カーナビで呼び出すこともできるシステムも実用化しています。ようするに、カーナビの広告機能がどんどん充実すれば、今のように沿道に派手な看板を出す必要がなくなる可能性もあるわけで、そうなると日本の交通風景も、ずいぶん変わっていくのではないかと思います。

さらに、同じ発想で道路標識や、交通案内などの役割もカーナビにまかせられるようになれば、先ほどお話しした標識類の数の多さや、視認性の悪さの問題なども解決できる可能性があります。人間が立場を超え、利害を超えて標識類の統一や調整をできないでいる間に、機械のほうが一気にそれを整理統合してくれる可能性があるわけで、その意味でもカーナビの存在は大きいと思います。

交通の世界ではよく、「人」「道」「クルマ」のバランスの

**資料⑧**

## カーナビへの期待—カーナビの出荷台数 累計

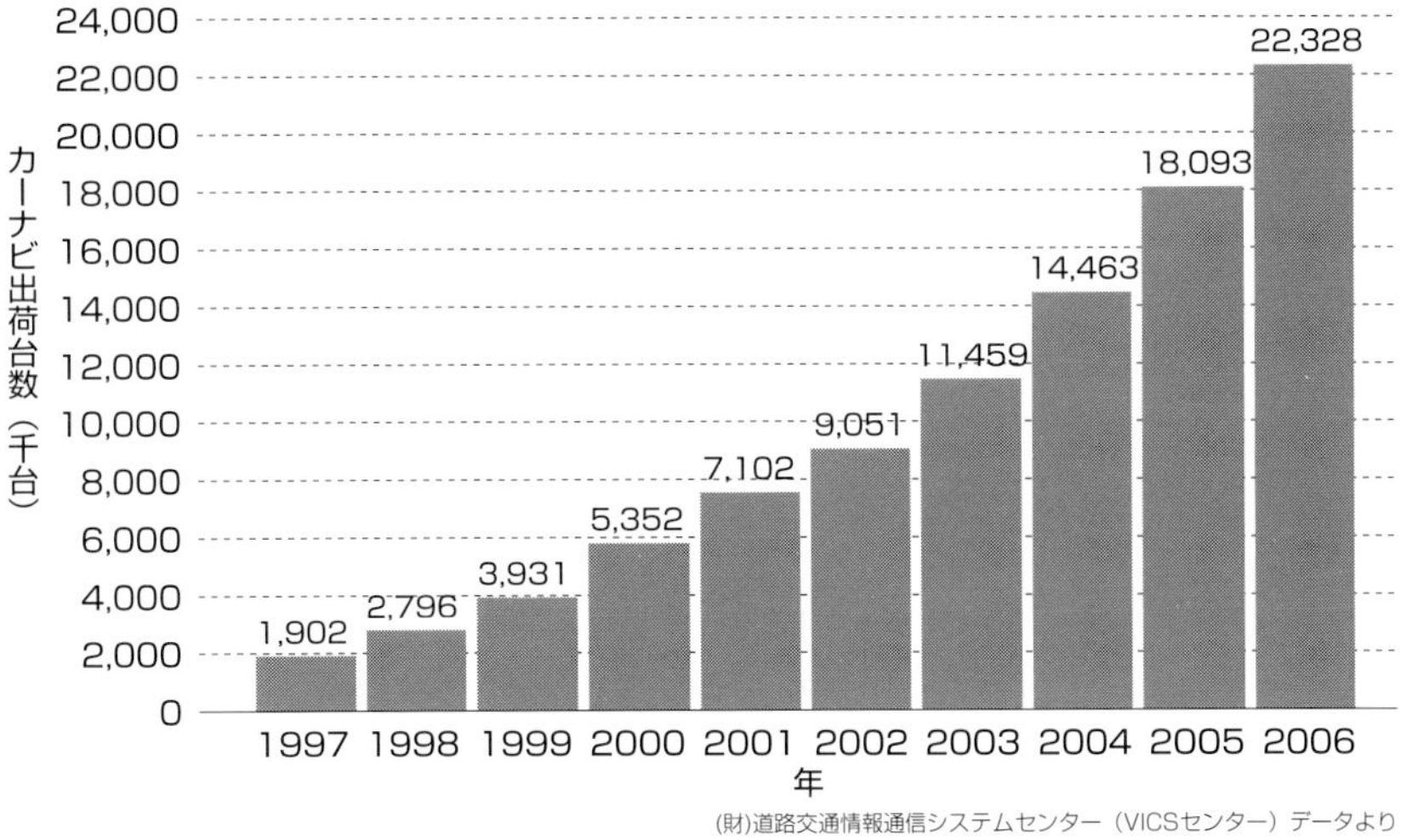


(財)道路交通情報通信システムセンター（VICSセンター）データより

よい発展ということがいわれますが、近年は「人」のマナー向上、「道」の改良に比べて、「クルマ」の発達スピードが圧倒的に勝っています。「クルマ」があとの二つを牽引するという図式が、最近の特徴だと思いますが、カーナビの進化などはまさにその象徴といえます。

しかも、面白いのは、カーナビが交通安全にも、利便性や快適性の向上にも、さらには景観改善にも一役買うというようなことは、カーナビ先進国の日本でしかありえない話です。その意味でも、日本では今後ますます開発に力を入れるべきだと思いますし、私自身、カーナビがこれから交通社会を変えていく起爆剤になるのではないかと、非常に大きな期待を抱いています。

第六章

# ヒューマンフレンドリーなデザインとは

**矢野雅文**

**東北大学電気通信研究所所長**

**IATSS会員**

九州大学薬学部卒業。東京大学薬学部助教授、東北大学電気通信研究所教授を経て2007年より現職。専門分野は生命システム論。主な著書は『生体に学ぶマイクロマシン』『6足昆虫ロボットの自立歩行の力学原理』(共著)など。


矢野氏は、生命コンピューティングシステムの分野で、生体の複雑なシステムにおける調和的な情報処理と、自律制御の機構を明らかにすることにより、新しい工学システムを構築する研究を展開されている。生命と技術の両方にまたがる分野で研究を重ねてこられた立場から、技術革新により、ますます高度化・複雑化が進む交通社会において、今後予想される機械と人間の共存の問題、ヒューマンフレンドリーな「デザイン」とは何かといった問題について、生命システム論的な観点から検証していただいた。

# 物質世界から生命世界へ

今日の交通社会はますます高度化、複雑化していますが、交通のような人間と機械のインタラクションの場面においては、機能的なものと感性的なもののバランスをどう取っていくかということが、これから大きな課題になっていくと思います。今日はそうした問題について、「デザイン」という切り口からお話しいただければと思います。

## 人間社会とテクノロジーの乖離は、なぜ起こるのか

その難しい質問にお答えするには、まず、現在の自然科学がどういう性質のものであるかを理解しておく必要があります。人間はこれまで、どういう前提のもとで自然科学を発展させてきたのか。そこに欠けているものがあるとしたら（感性的なものとは、まさにその欠けているものの一つですが）、それは何に由来するものなのか。そういう根本の問題を理解しておかないと、人間と機械の関係性の問題はなかなか語れないのです。やや専門的な話になりますが、交通の話題に入る前に、まずそうした問題について触れておきたい

と思います。

人間はもともと、生命体、つまり生き物ですから、生き物の論理にのっとって活動しています。そこから我々は文化を生みだし、自然科学を発展させてきたわけです。ところが今日の自然科学と人間の馴染み具合をみてみると、どうも折り合いが悪いというか、しっくりこないところがあります。私はこの馴染みの悪さは、生命世界のロジックを人間がまだ手にしていないことから生じるのではないかと考えています。人間は生命体であるにもかかわらず、人間が生みだした自然科学は、生命世界のロジックから乖離してしまっている。この矛盾が、人間と機械の関わりでさまざまな齟齬《そご》をきたす根本原因だと思います。

そもそも我々を取りまく自然科学は、戦後一世代を経ないうちに大きく変貌しました。自然科学と一口にいっても、この段階ではサイエンスの発達というより、工学的なテクノロジーの寄与が大きかったと思いますが、そうしたテクノロジーの発達は産業革命以降、ずっと続き、比較的緩やかだった変化が、ある時点から急に速度を増しました。そのターニングポイントは、おそらく一九五〇年前後だったと思います。そして、その後の半世紀を経て、我々の眼前には今、巨大なテクノロジー世界が広がっているわけです。

このようにして発達してきたテクノロジーが、我々の生活を便利で快適なものにしてくれたことは間違いありません。しかし一方では、最近のテクノロジーは、どうも人間社会と馴染みが悪くなっている。その一つの例がインターネットです。（資料①）インターネットはこの一〇年で、非常に便利なツールとして我々の生活に入り込んできましたが、我々はこの技術を完全に管理運営できているかというと、必ずしもそうとはいえない状況があ

資料①

## インターネット社会の負の側面

### 1. 個人のセキュリティ被害状況

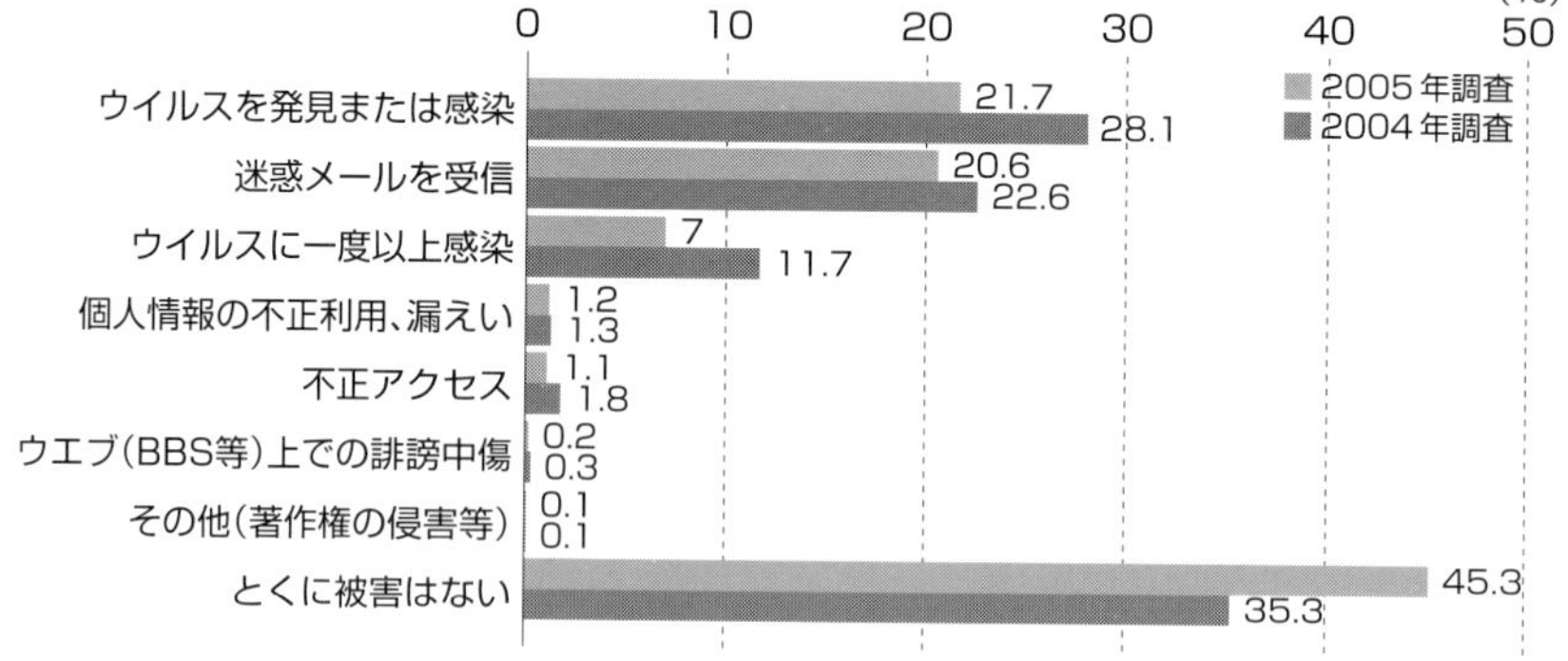


2005年 通信利用動向調査より

### 2. サイバー犯罪の検挙件数の推移

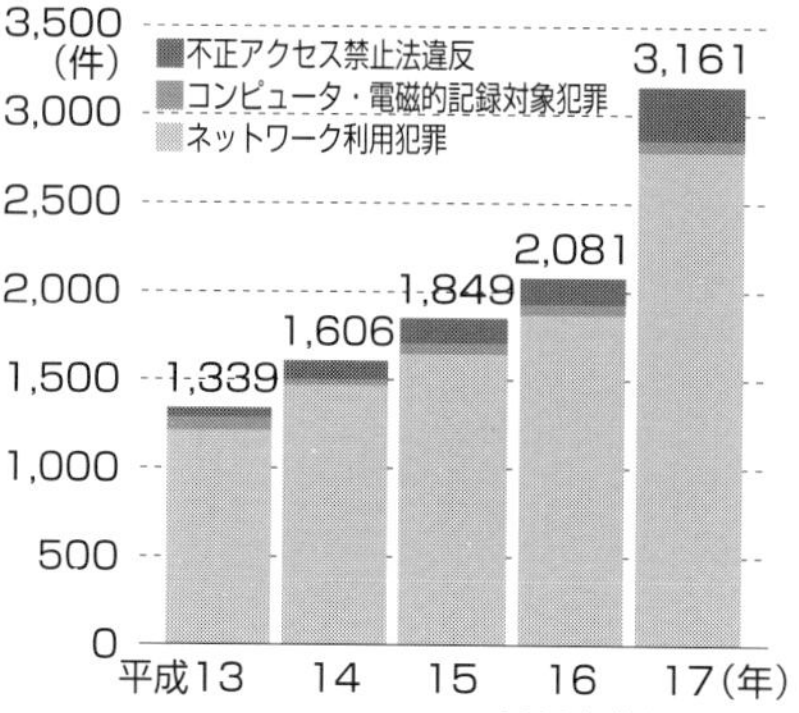


2006年 警察白書より

### 3. 自殺サイトで知り合った者による自殺件数

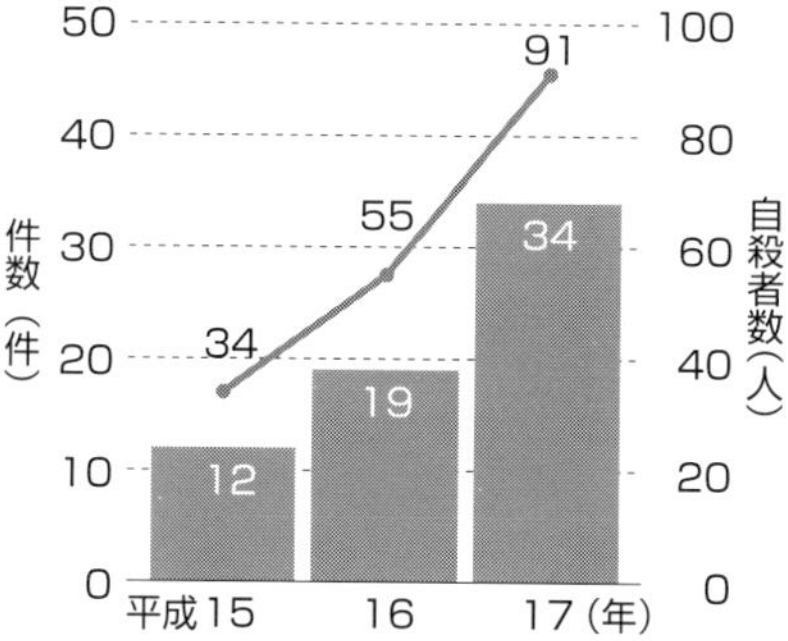


2006年 警察白書より

### 4. インターネット社会の脆弱性

2006年12月に台湾南部で発生した地震で、台湾の通信最大手中華電信の海底ケーブルが損傷し、アジア各地でインターネット通信速度の遅延、電話・ネットワーク通信、電子金融取引の中断などの大きな被害が生じた。海底ケーブルはインターネットの急激な人気上昇により、少額投資で緊急につくられたものだったが、はからずもインターネット社会の脆弱性をつきつけられた結果となった。

共同通信社提供

ります。

たとえば今、インターネットで受け取るメールの九割近くはジャンク、いわゆる迷惑メールです。これは選り分けるのが大変で、本当に必要なメールにたどり着くのに手間がかかりますが、設定を変えて迷惑メールを除去しようとすると、今度は必要なメールまで消してしまう危険があります。このほかにも、個人情報の流出や、プライバシーの侵害など、さまざまな問題が指摘されているほか、もっと生活レベルでの影響を見ても、インターネットが二四時間利用できるがゆえに、我々の生活リズムがそれによってコントロールされるという状況も生まれています。

ようするに、本来は非常に便利であるはずのテクノロジーが、逆に新たなリスクを生じさせたり、人間をふりまわす状況があるわけで、こうした問題はかなり根本のところまでさかのぼって考えないと解決できません。そうすると結局、「大もとの設計原理に問題はなかったか」という問いに行き着きます。では、その設計原理を検証するとはどういうことかというと、それはすなわち、「今までの科学技術を支えてきたロジックとは何であったか」と問い直してみることにほかならないのです。

## 「物質世界のロジック」がテクノロジーの根本

近代が始まって、我々はずっと西洋の合理主義に基づく自然科学を吸収してきました。そこには、近代をつくってきた自然科学の基盤となる思想があったわけですが、それは一言でいえば、物質世界のロジックであり、そこで明らかにされてきたのは因果律、因果的な法則であったといえます。因果的な法則とは、継時的な法則、すなわち何らかの時間的な流れのなかに原因があって、その後に結果が生じるという考え方に基づく法則であり、これが近代以降の自然科学を支えてきた大もとの思想です。（資料②）

そして、この因果律を使って、工学的にそれをどう利用するかという段階になって初めて、「機能をどうするか」という問いかけが出てきます。これが今までの科学技術のロジックにおける順序であり、我々が現在使っているテクノロジーはみな、この順序に従って実現されてきたものです。ようするに、最初に機能ありきで、それをめがけてテクノロジーのあり方を考えてきたのではなくて、因果的な法則によってある結果が生じるから、それをその技術の「機能」と呼んで、その機能を引き出す仕掛けをつくってきたわけです。

そういう意味では、これまでの科学が解いてきたのは、すべて「順問題」であったといえます。我々はずっと時間の流れに沿って、過去から未来に進むという意味での順問題ばかりを解いてきた。しかしこれは、物質世界を考えるときには有効でしたが、生命世界を考える際のロジックとはなり得ません。なぜなら、生命世界では、たとえば人間が行動を起こす場合、普通はまず「目的」や「機能」を設定し、それをどう実現しようかと考えて行動するからです。最初に「これをしたい」「こういうふうにしたい」という目的や機能があって、それをどう実現するかという順序で成り立っているのが生命世界であり、これは順問題ではなく、いわば「逆問題」の世界なのです。

我々が日常的に「こういうことをしたい」と思うことを、今のテクノロジーが必ずしも解決してくれないことの背景には、こうした根本的な問題があります。本来は「逆問題」であ

資料②

## 近代科学・技術の歴史

| 年 | できごと |
|---|---|
| 1609年 | ガリレオ・ガリレイ、ガリレオ式望遠鏡を発明 |
| | ケプラー、「天体の三法則」を発表 |
| 1637年 | デカルト、「方法序説」を出版。近代合理主義の始まり |
| 1687年 | ニュートン、万有引力の法則を発表 |
| 1765年 | ワット、蒸気機関車を発明 |
| 1770年～ | イギリスで産業革命が進展する |
| 1789年 | 近代化学の父・ラヴォアジエ、「化学原論」を著す |
| 1799年 | ヴォルタ、電池を発明 |
| 1850年 | ジュール、エネルギー保存の法則のもととなる論文を発表 |
| 1866年 | メンデル、遺伝の法則を発表 |
| 1869年 | メンデレーエフ、元素周期表を発見 |
| 1879年 | エジソン、電球を発明 |
| 1882年 | コッホ、結核菌の分離培養に成功 |
| 1901年 | マルコーニ、大西洋横断無線通信に成功 |
| 1903年 | ライト兄弟、ガソリンエンジンを積んだ飛行機による初飛行に成功 |
| 1915年 | アインシュタイン、一般相対性理論を発表 |
| 1920年 | アメリカで世界初のラジオ放送始まる |
| 1925～26年 | ハイゼンベルグ、シュレーディンガー、ディラックにより、量子力学誕生 |
| 1927年 | リンドバーグ、飛行機による大西洋横断無着陸飛行に成功 |
| 1928年 | フレミング、ペニシリンを発見 |
| 1931年 | ウィルソン、半導体理論発表 |
| 1934年 | キュリー夫妻、人工放射能を発見 |
| 1937年 | デュポン社、人工繊維ナイロンを発表 |
| 1945年 | 広島・長崎に原子爆弾投下 |

| 年 | できごと |
|---|---|
| 1947年 | トランジスターが発明される |
| 1948年 | ウィーナー、サイバネティックス理論を発表 |
| 1949年 | 初のジェット旅客機「コメット」登場 |
| 1950年 | 日本でテレビの実験放送始まる（1953年から本格放送） |
| 1953年 | ワトソンとクリック、「DNAの構造は二重らせんである」との論文発表 |
| 1956年 | 公害病・水俣病が正式に確認される |
| 1960年 | メイマン、レーザーを発明 |
| 1961年 | ソ連、初の有人人工衛星打ち上げ成功。ガガーリン「地球は青かった」 |
| 1964年 | 東海道新幹線開通 |
| 1969年 | アポロ11号、初の月面着陸 |
| 1972年 | ローマクラブ、未来予測「成長の限界」を発表 |
| | 国連人間環境会議開催 |
| 1977年 | 日本で超LSIが開発される |
| 1980年 | ロボットが工場生産ラインに初導入される（富士通ファナック・富士工場） |
| 1986年 | チェルノブイリ原発事故 |
| 1992年 | 地球サミット開催 |
| 1995年 | パソコン、インターネット本格普及へ |
| 1996年 | BSE（狂牛病）が国際問題へ |
| | クローン羊「ドリー」誕生 |
| 2000年 | 国際共同チームがヒトゲノムの解読にほぼ成功 |
| 2007年 | 気候変動に関する政府間パネル（IPCC）第４次評価報告書で、地球温暖化が温室効果ガス排出によるものであることは、ほぼ疑う余地がないと発表 |

るはずの生命世界の問題を、強引に「順問題」として解こうとしてきたから、人間は機械とのインタラクションの場面において、これまでいろいろと違和感や不満を感じることが多かったのです。

## 中央制御から分散制御へ

では、「逆問題」を解くとは、具体的にはどういうことでしょうか。それは簡単にいうと、「先に目的を設定して、複雑な環境に適応しつつそれを達成する」ということです。機械を使って、非常に複雑な環境下で何かの目的を達成したい場合、これまではその環境に適合するためのパラメーターをぜんぶ洗い出し、機械にインプットしてやる必要がありました。しかし、現実的にはそれは不可能ですから、結局は時々刻々、複雑に環境が変わる世界にテクノロジーは対応しきれなかったわけです。

生命世界では、いうまでもなく刻々と変化する環境への適応が前提となります。それを機械に取り込むためには、生命世界が実際どのようにして環境に適応しているのか、まずはその法則性をつきとめる必要があります。この法則性については、先ほどお話ししたとおり、まだわからない部分が圧倒的に多いのですが、いくつかの必要条件は挙げることができます。まず、外部環境が複雑な場合、その複雑さに対応するためには、システム自身も複雑でないといけないということがあります。そしてもう一つ、重要なことは、テクノロジーがある種の自律性を持たない限り、刻々と変わる環境変化には対応できないということです。

たとえば、人間の体はだいたい六〇兆の細胞でできていますが、その個々の要素を制御する情報を、すべて脳から送り出していると考えたとします。これは中央制御的な考え方です。これに対し、ある拘束条件や目的を与えたときに、それに合うように個々の要素が自律的に適応していくシステムのことを、自律分散型システムと呼んでいます。工学的な分野では、中央制御的なシステムはすでに限界が見えており、これからは自律分散的なものへと転換していかないと、テクノロジーの将来展望は描けないというのが今日の状況なのです。（資料③）

中央制御と分散制御、そして自律性の重要性について、もう少し具体的な例を用いて説明していただけますか？

## 生物が環境に適応できる理由

では、人間の脳とロボット制御の比較でお話ししましょう。脳というのはこれまで、情報処理をするところだと考えられてきました。しかし今は、脳は、生物が環境に適応するために存在するという考え方にシフトしてきています。つまり生物は、環境に適応するために判断し、情報をつくり出し、その情報を蓄積するということをやっている。その際、何かを判断するためにはある種の「規範」が必要ですが、その規範を人間なら一人ひとりが持っているし、人間をさらに細かいエレメントに分けていけば、エレメントごとに規範を

資料③

## 中央制御と分散制御

### 中央制御

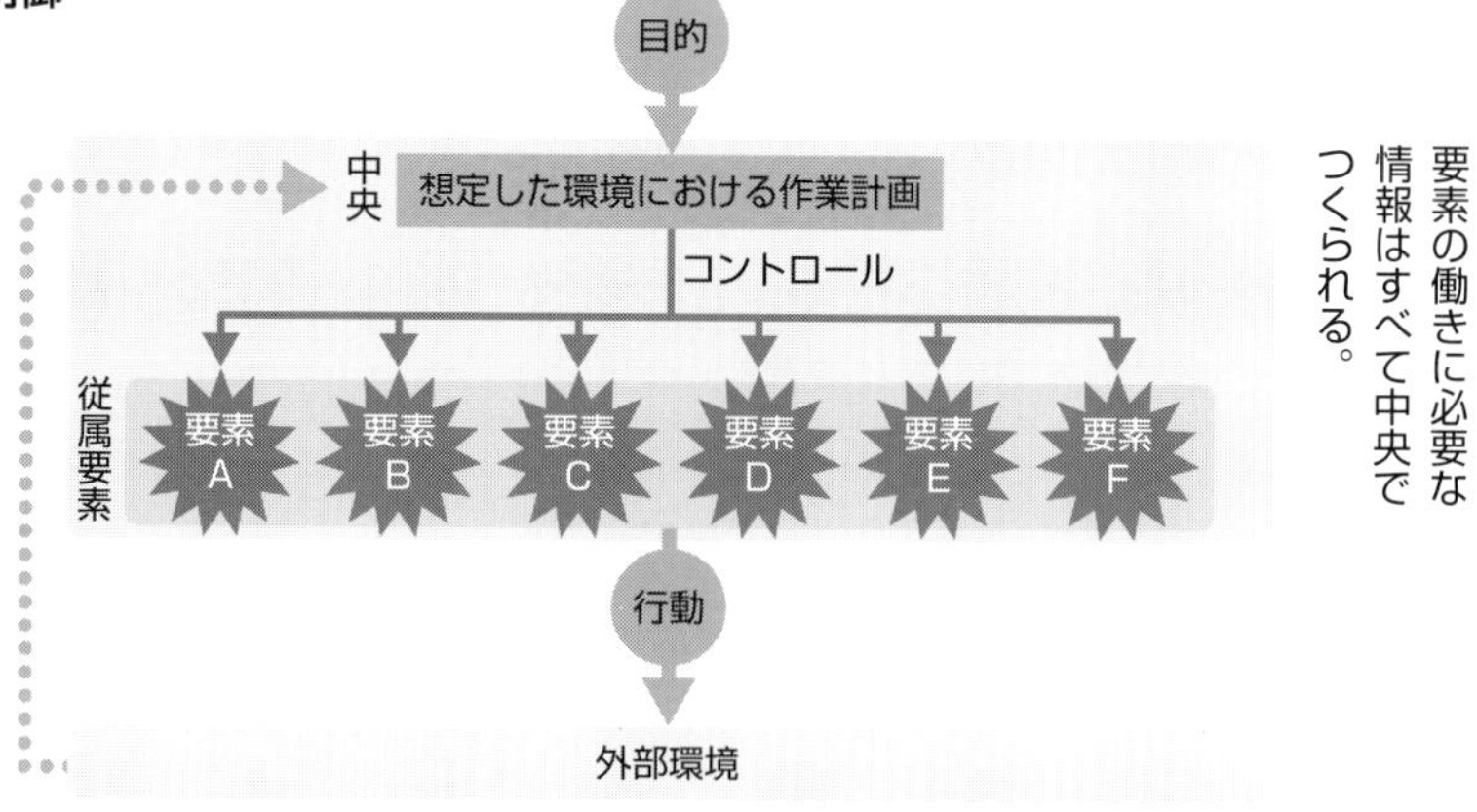


### 分散制御

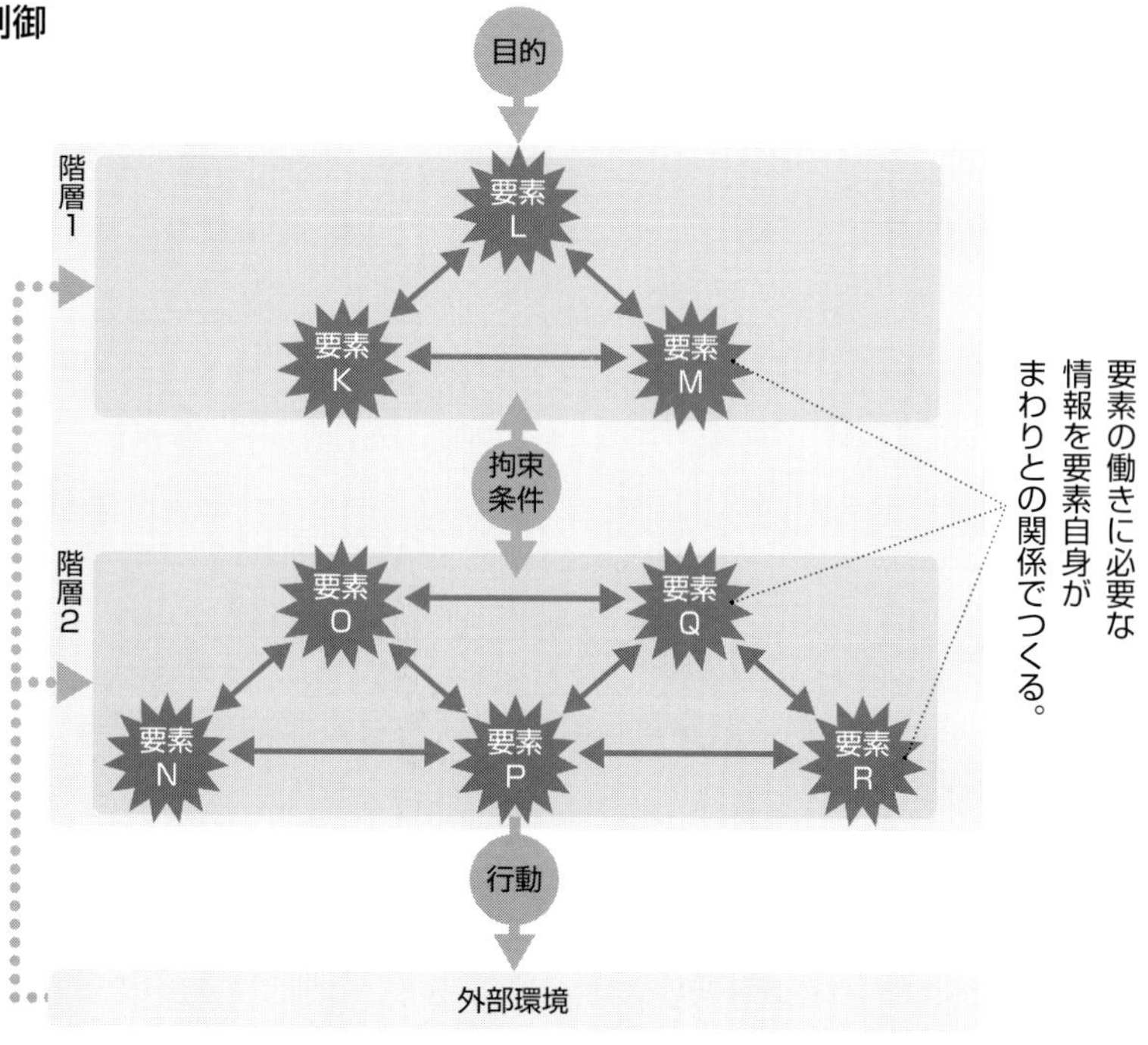

持っています。その規範に基づいてそれぞれが判断し、情報を蓄積することによって、人間は普段とくに意識しなくても、複雑な環境に適応して生きていけるわけです。

それに対して、今のロボット制御の仕方は中央制御的です。たとえばモーターの動き方をパターン化して、それを中央制御的にコントロールするということをやっています。ところが、人が階段や坂道を上るときには、どういう坂道であるかを最初に知っていて、それにあった動きをつくり出しています。人は、まわりの環境変化を自律的に判断し、それにあった動きをつくり出せるから坂道も上れるし、砂浜も歩けるのですが、今のロボットにはそれができないのです。環境に自律的に適応できないということが、今のロボットの致命的なところで、だからロボットは我々の複雑な日常生活に入ってこれないのです。

工場などで産業用ロボットが非常に役立っていますが、あれは特定の決められた運動だけをやればいいからです。今のロボットは結局、決められたこと以外は何もできないわけで、しかも、あらかじめ想定したことと現実が異なったときに、決められた運動をうまく中止することもできません。今のロボットの技術者たちは、そうしたことをどうやってクリアするかという研究を、一所懸命やっているわけです。

それと関連して付け加えておくと、環境に適応する、つまり、外部との関係をつくり出すということでいえば、人間社会では「常識」が、物事を判断する一つの規範になっています。外部の状況が刻々と変化しても、我々は常識という規範に従って外部との関係の仕方を変えていくことによって、日々の生活に適応しています。常識とは、人間が社会的に共有している規範であり、我々が生きていくということは、その規範をいかにして獲得するかというプロセスでもあるわけです。

では、その規範を持っているのは人間だけで、下等な生き物は持っていないかというと、そんなことはありません。それぞれの生き物なりに規範を持って、その規範に従って外部との関係をつくり出し、環境に適応しています。生き物の脳の処理でいちばん面白いのは、生き物をある場所に置くと、その場所にとりあえず意味を付けてしまうことです。何かよくわからなくても、とりあえず何らかの意味付けをする。それで今までの記憶に照らして、「この場所は何か」とわかったときに、わかったことが逆に意味のレベルを変えていくというサイクルがまわっています。これがいわば、生命世界のロジックなわけです。

ところがこれまでの科学技術には、こうした機能が想定されていませんでした。意味や価値は科学技術の外にあり、それは人間が外から仕込んでいくものでしたから、コンピュータは人間が入力した以外の情報は持てなかったし、自分で意味や価値を判断し、知識を蓄えることもできなかったわけです。

しかし、もしも今後、そうした生命世界のロジックがわかってくれば、機械が複雑さに適応する見通しも立ってくると思います。ロボットにしても、外部とどういう関係をつくるかという法則を入れてやれば、相当フレキシブルに動けるはずで、そういうロボットなら砂浜も歩けるし、走れるし、坂道も階段も上れるようになるでしょう。つまり、経験的に新しい意味を蓄積することによって、徐々に幅広い環境に適応できるようになっていくわけです。

そのためにはまず、生き物がどうやって物事に適応しているのか、そのメカニズムを知ることが先決です。そこの部分はまだこれからで、現在はまだ、「物質世界のロジック」と「生命世界のロジック」の間に非常に大きなギャップが横たわっている。それがロボットに限らず、あらゆる技術分野でヒューマンフレンドリーなデザインを考えていく上で、一つの大きな壁になっているわけです。

交通社会において、生命世界のロジックが欠如しているために、具体的にどのような問題が生じているのでしょうか？　また、今後、生命世界のロジックが組み込まれていくことで、どのような方向への改善が期待できるのでしょうか？

## 効率化の陰で失われたもの

現在の交通システムは、これまでの科学技術の流れの延長線上にあり、そこで追求されてきたのは利便性、効率性です。つまり、速く大量に人やモノを移動させて効率を上げることが、交通の最大の物差しだったわけで、新幹線、高速道路、ジャンボジェットもしかりです。

しかし、そもそも生き物がなぜ移動するのかというと、それは複雑な環境に適応してうまく生きていくためです。そのためには、移動の目的は一つではなく、我々は個々の目的や周囲の状況に合わせて、どういう移動の仕方が一番よいかをその都度選択しています。本来なら、最適な移動の仕方は人によっても、目的によっても、時間や場所によっても変

ジャンボジェット

わってくるはずです。しかし、現在の交通システムはそうした移動の多様性を生み出す方向ではなく、「効率」という一つの特異な軸に従ってのみ発達してきたわけです。

しばらく前に「抜け道マップ」というものが流行りました。あれはご存知のとおり、幹線道路の渋滞を避けて裏道を抜け、早く目的地に着くためのものですが、その結果どうなったかというと、それまで通学路や生活道路として使われてきた裏道の交通量が増加し、事故が多発しました。この出来事に表れているのは、現在の交通システムが人間同士の豊かな触れ合いや、交わりを失っているということです。人間はコミュニティをつくって生活する生き物ですから、他人とどのような関係を築いていくかが非常に大切なのに、「抜け道マップ」のような考え方にはそこが欠落し、自分だけを優先するものになっているのです。

とくにクルマは一種の閉鎖空間で、外から遮断されているのが一つの特徴です。それはクルマの魅力でもありますが、交通全体をどう運営するかという観点がないまま利用すると、「自分さえ目的地に早く着けばいい」という、非常に利己的な振る舞いを助長するものになります。また、今の社会では、毎年多くの交通事故死者を出しながらも、利便性のほうが重要だからと、交通事故の発生を許容してしまっているところがあります。これはやはりおかしな社会です。結局、今の交通システムそのものが、誰もがよりよく生きるという考え方とはかけ離れてしまっているわけで、だから我々はさまざまな場面において、潤いや優しさが欠けていると感じるのだと思います。

ようするに、現代は経済至上主義の時代で、効率と競争だけが善という考え方です。生き物は確かに競争しますが、あれは全体的な拘束がかかった上での競争ですから、我々の

クルマが頻繁に走る抜け道

社会の競争とは異なります。我々の社会のほうは、本来は目的を達成するための競争だったはずなのに、競争に勝つこと自体が目的化して、無制限に広がってしまっている。これは今までの科学技術の設計原理がそうだったから、といってしまえばそれまでですが、実はこうした方向での発展は生命世界の秩序からは外れることなのです。

では、どうしたら交通社会に、もっと人間的な潤いを取り戻すことができるのでしょうか。それは簡単にいえば、移動の多様性を取り戻すことだと思います。道路をつくるときでも、クルマをいかに速く走らせるかだけでなく、歩行者や自転車など、多様な移動手段に適したインフラを整えていく。都市のなかに自転車で走れる道を整備したり、生活エリアには歩行者がのんびり散歩したり、ベビーカーや車椅子でも安全に動ける空間をつくる。何割かはクルマのため、何割かは自転車、何割かは歩行者のためといった具合に、多様で調和のとれた交通環境をつくり出す必要があります。

ところが、現在は自転車や歩行者、車椅子といった弱い立場の移動は、ほとんど排除されてしまうシステムになっています。これでは多様で調和のとれた交通システムとは、とても呼べないわけです。調和や協調は、もちろんロングレンジで考えていく必要があります。それがきちんと組み込まれて初めて、人間的な潤いのある社会が実現するのだと思います。我々はすでに、モノがみんなに行き渡るレベルの生産性は獲得したのですから、これからは「ゆとりのある時間を確保して、潤いのある生活を営む」ことが目標になります。つまり、量ではなく質を問う必要があるわけで、だからこそ我々は生命世界のロジックにしたがって、交通システムの設計原理そのものを転換していく必要があるのです。

ベビーカーへも配慮が必要

共同通信社提供

# 美しさと機能

何かをデザイン（設計）する際には、まず機能が重視されますが、同時に感性的なものをどう取り込むかという問題もあります。たとえば美しさを追求するというとき、「機能」と「美しさ」は、デザインの世界ではどのような関係にあるといえるのでしょうか？

**機能が発揮されると美しさを感じる**

確かに、機能と美しさには関係があります。たとえば運動選手が走っている姿を見たとしましょう。一〇〇ｍを一〇秒切るような優れたスプリンターが走っているのを見たときに、我々は美しいと感じます。なぜそう感じるかというと、運動というものの基本的な原理に立脚した、ぐいぐいと前に引っ張るような姿勢の維持がなされているためだと思います。我々は重力に抗して姿勢を維持しなくてはならない生き物ですから、姿勢の維持と運動パターンにある種の整合性があると、バランスのよさを感じるわけです。走っているときの重心は、走る姿を見ればだいたいわかりますが、それがうまく維持されていると非常

**走る機能をきわめたスプリンター**

毎日新聞社提供

に美しく感じられるのだと思います。

つまり、私は美しさの一つの典型は、ある種の最適性ではないかと思うわけです。走ることへの最適化がなされたときに美しさが生まれ、逆に、「無駄な動き」という言い方をよくしますが、あれは最適化がなされていない状況ですから、美しくない。あるいは、非常にバランスが悪いと感じてしまうのです。

しかし、我々は運動するときに常に最適化ができているかというと、必ずしもそうではありません。運動には目的がありますから、とりあえず目的を達成するように全体を協調させて、その上で要素が競合することで最適化を達成するというやり方で両者を統合しようとします。そして両者がうまく統合されたときに、我々は美しさを感じるわけです。たぶんそれは、自分自身の理想の動きをそこに投影して見ているからかもしれません。

では、乗物のデザインはどうでしょう。たとえばクルマのフォルムを見ても、一般に古いクルマよりはニューモデルのほうが美しいと感じます。五〇年前のクルマを見ると、懐かしさはあってもどこか古くさいというか、感覚的にフィットしないものがあります。なぜ古いクルマは美しく感じられないのか、きちんと説明しにくいのですが、恐らくクルマの走りと、クルマという動体に対する我々の感覚の関係性に要因があるのでしょう。人の動きに美醜があるように、クルマが動いているときにも、その動きに対して「あのデザインは、空気抵抗があるだろうな」とか「カーブでの安定性は大丈夫かな」とか、いろいろな感覚を覚えます。そして動体に対する我々の感覚と、クルマの走りが一致したときに、非常に美しいと感じられるのだと思います。

**古いクルマは美しい?**

共同通信社提供

飛行機をデザインする人に聞いてみると、彼らは飛んでいる飛行機を見て「美しい」と感じるそうです。その飛行機のフォルムが、飛ぶという機能と非常にマッチしているから美しいと、彼らはいいます。私自身はなかなかピンときませんが、飛行機をデザインする人にとっては、自分がこうしたいと狙った飛び方と、フォルムが一致したときに、ある種の美的な調和を感じるのでしょう。

そういう視点で生き物を見ると、生き物の構造にはまったく無駄がないことがわかります。無駄がないということは、逆にいうとすべての構造に意味があるということです。それは分子レベルでもいえることで、たとえば生き物の筋肉を見ても、機能と構造がまさに表裏一体になっていることがわかります。昔、私は筋肉の研究をしていましたが、筋肉を細かく分けていくと分子になります。そしてその分子は重合体[※1]を形成しています。その重合体がある特定の周期構造をとったときに、筋肉としていちばん機能を発揮するということが理論的にわかっています。

つまり、筋肉は分子のレベルでも、その筋肉を効率よく動かすための構造をきちんと取っているということです。これは、筋肉が最大の機能を出そうと進化を続けてきた結果だと思います。やはり機能と構造は表裏一体であり、生き物はその機能を引き出すのに最適な構造を取る方向で成長を続けるわけです。私自身、その原理が完全にわかっているわけではありませんが、そのあたりに何か普遍的な原理があって、そういう機能と構造の関係性のなかで、生き物の機能美のようなものも、どこかでリンクしているのではないかという気がします。

**1　重合体（polymer）**
ポリマー。一分子の単量体が多数重なり合ってできた化合物。非常に大きな分子量を持つ重合体を高分子という。ナイロン、プラスチック、タンパク質など。

ちなみに、生物は基本的に、最速だと一秒間に体のサイズの約一〇倍の速さで移動します。これは水中を泳ぐ生物も、空を飛ぶ生物も同じです。バクテリアも、魚も、イルカやクジラも、鳥も、そして実は飛行機も、この一定の関係の直線上に乗っています。飛行機の場合は、最初からそれを計算したわけではないでしょうから、結果的にそうなったといわざるを得ない。クルマは地上との摩擦があるので、同じラインには乗りませんが、面白いことに人工物も、環境に対して最適化をはかると、生物と同じような比率の上に並ぶという結果が得られるわけです。（資料④）

以上のように、生物の世界はみな、人間がデザインしようと思ってもできないくらい完成度が高く、しかも美しいため、我々研究者はその機能美に魅了されます。しかし、もちろん、機能美だけが美しさではありません。人によってさまざまな感じ方があり、たとえば未完成で不安定なものでも、発展性が感じられると心が浮き浮きしたり、美しさを見出す場合もあります。あるいはいくつもの機能を自由に取り出せるようなものにも、我々は美しさを感じることがあります。結局、そうした感性的なものは、個々人の経験に裏付けられたリファレンスによって大きく左右されるのです。

## 「美」もリファレンスによって判断される

美しさを感じるというのは「認識」ですが、「認識」にも非常に本質的な問題が含まれています。たとえば、美人か美人でないかといったようなことを、我々はどうやって判断しているのでしょうか。あるいはその前提として、我々は人を見たときに、どうやってその個

資料④

## 生物のサイズとレイノルズ数

レイノルズ数 (Reynolds number) とは、慣性力と摩擦力(粘性による)との比で定義される無次元数。レイノルズ数が小さいということは、相対的に粘性作用が強い流れということになり、レイノルズ数が大きければ、相対的に慣性作用が強い流れだということになる。
図のように、各生物のサイズのほぼ２乗とレイノルズ数が比例するということは、拡大縮小を行えば細菌もクジラも似たような遊泳速度の運動に見えることを示している。面白いことに飛行機までがこの関係を満たしていることは、流体中を運動する生物や機械は上手に設計されていれば、この関係を満足していることを示している。

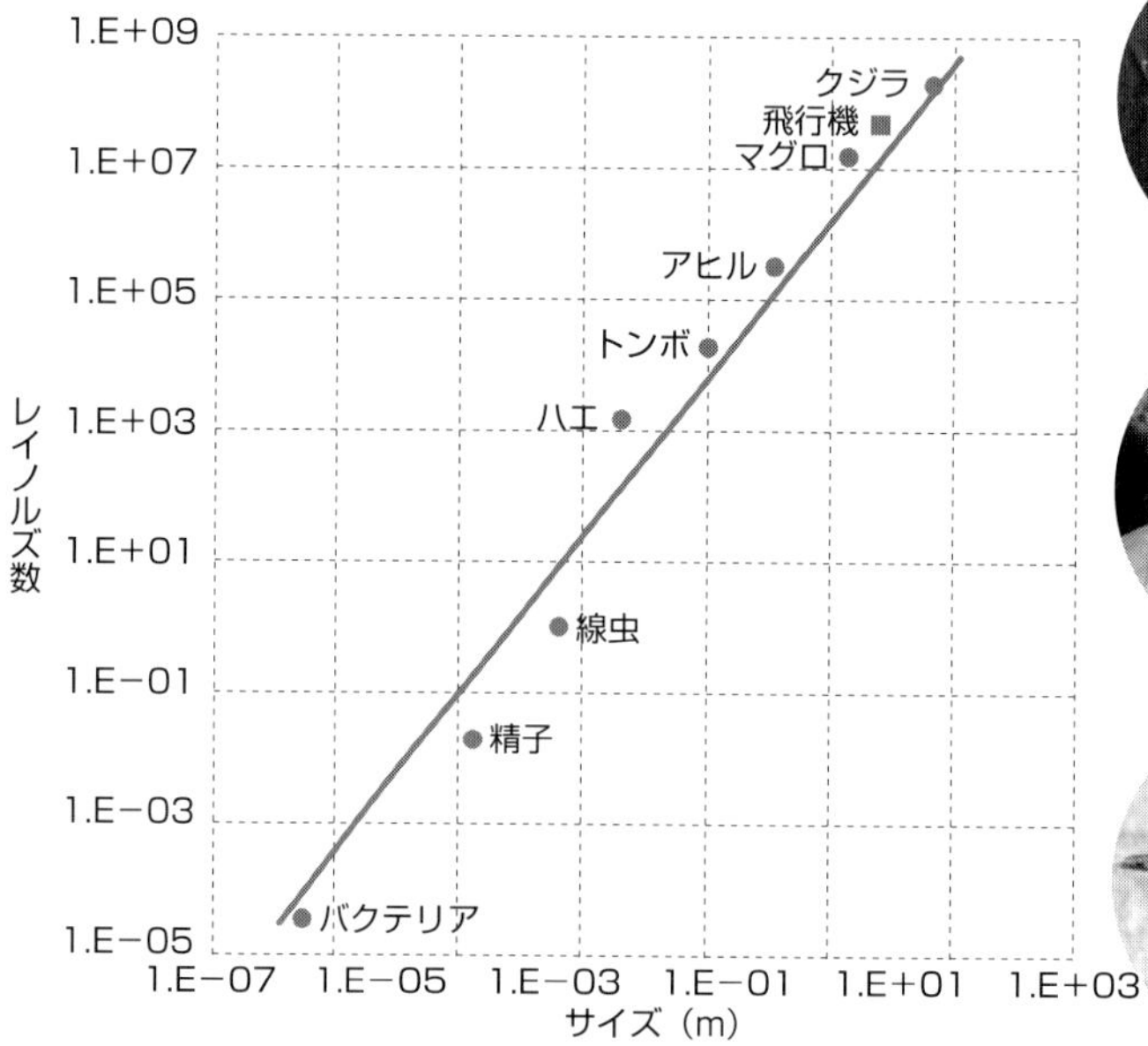

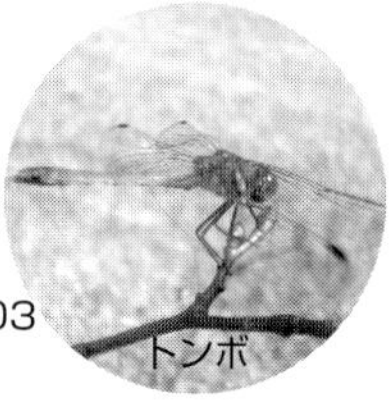


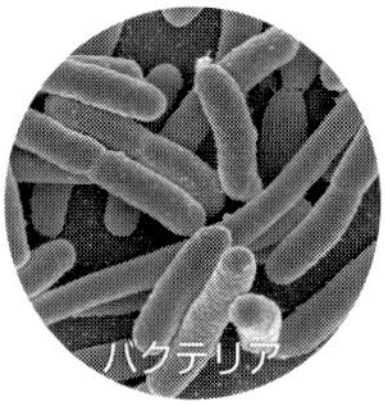


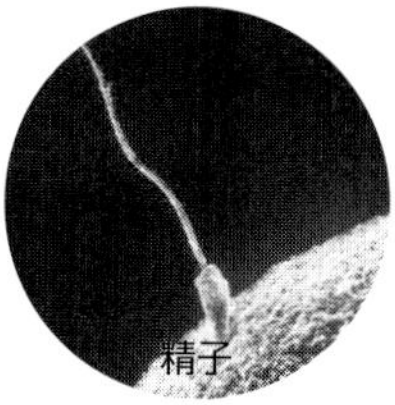

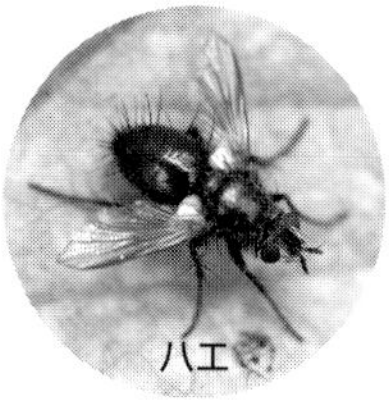

人を判別しているのでしょうか。

「あの人とあの人は似ている」とか「似ていない」と比較するためには、その判断の規準となるリファレンス[※2]をつくらなければなりません。そのリファレンスから一つの平均値が割り出されますが、実は大勢の人の顔を見てどんどん平均していくと、平均された顔がいちばん美しく見えるということがあります。そして、その平均値からどれだけ外れているかによって、我々は個人を認識する。逆に言うと、「平均値からどれだけ外れているか」ということが、その個人の特徴、個性になるわけです。人はみなリファレンスを持つことで、そういう認識の仕方をしています。

たとえば、我々が西洋人を区別するのはなかなか難しいですけれど、東洋人はわりと簡単に区別できます。それは西洋人についてのリファレンスに比べ、東洋人のリファレンスのほうがはるかに充実しているからです。逆に西洋人にとっては、東洋人のリファレンスが少ないために、東洋人はみな同じ顔に見えるわけです。こうしてお互いが自分のリファレンスを更新するなかで、我々は美しさの規準も育てているのです。

ですから、日本人の美人の規準と、ヨーロッパ人の美人の規準はかなり違うし、もっと極端にいうと、ダイエットが盛んで細い人が魅力的だという国もあれば、太った人が美人だという国もあるわけです。こうした感覚の差がどうやって生まれるのかは、今の科学ではなかなか説明できないのですが、これは人間の価値観の変化が、社会環境や経験的なものに非常に大きく左右されるからです。人間は経験に意味付けや価値付けを行っていますが、それはたんに自分の経験だけでなく、まわりの人の評価なども取り込んで蓄積されて

**2　リファレンス（reference）**
直接的な意味は参照することであり、通常は参照する対象となるものの仕様や説明について書かれたものをいう。本文でいうレファレンスは、個々人が「真・善・美」などを判断する際の規準を指しており、経験や個人が属している文化により異なる。これは明示的に表現することが困難であり、コンピュータにインストールできない常識もその一つである。

いきます。ですから、そのつくられ方は社会的、文化的な環境によってずいぶん変わってくるわけです。

そこには、文化というものはどうやって形成されるのか、文化の形成過程と個人の形成過程にはどういう関係があるのかという、非常に本質的な問題が絡んできます。個人の価値観の形成は、まわりの社会なしにはあり得ませんし、個人の価値観が逆に社会の価値観に影響を与える場合もあります。これはたいへん興味深い問題ですが、残念ながら今のところ、こうしたことを科学的に説明するのは非常に難しいわけです。

けれども、一つ言えることは、これからの科学では「個性」が非常に重要なタームになってくるということです。これまでの科学は、いってみれば統計的な「平均値」の世界でしたが、これからは科学のなかで「個性」をどう取り扱うか、という時代に入ってきます。それは従来の大量生産的な世界とは違うもので、むしろその対極になるでしょう。

しかし、我々人間は、「平均値」から「個性」へと移行するためのベースを、すでに持っているといえます。たとえば、会議で人の話を聞くとき、スペクトルから見ればまったく異なる音声で話していても、我々は同じように日本語として理解することができます。これは人間の脳に、個性の違いを吸収して物事を理解する能力が、一つの前提として備わっているからです。逆にいうとこれは、人間はあるルールのもとで「多様性」をつくり出すこともできる、ということだと思います。共通性と多様性は裏表の関係にあり、その両方をとらえることができるのが我々人間の特徴なわけです。

二〇世紀後半から一気に広がった技術依存型の社会では、こうした多様性をなるべく消去して、みんなが使えて、誰もが同じモノを持ってという、共通性を志向する動きが幅を利かせてきました。その結果、アメリカ的なライフスタイルが世界中に広まったわけですが、これに対して今日、本当にそれが人間の豊かさなのか、それで幸福なのかということが改めて問われ始めています。これは裏を返せば、これからは多様性や個性の大切さが、さらにクローズアップされる時代へシフトするということだと思います。

# 交通社会に求められるデザイン

科学技術のパラダイムが大きく変化しつつある状況のなかで、我々は次世代の交通社会をどのようにデザインしていくべきか、という問題が、今日のもう一つのテーマになります。こうした問題については、どのようにお考えですか？

**一〇〇年後の交通社会のために**

非常に難しい問題ですが、最初にわが国の過去一〇〇年ぐらいの交通社会が、どういう道筋を歩んできたかをふり返ってみると、いろいろ見えてくるのではないかと思います。ご存知のとおり、日本では高度成長の直前ぐらいまでは、非常に豊かな自然が残っていました。しかし、我々はその後の経済成長の過程で、それをほとんどつぶして交通網や都市をつくってしまったわけです。今ふり返ると、そういうやり方でよかったのか、ほかにもっとよい方法があったのではないかと疑問に思います。たとえば広範に鉄道網を敷いて、やっと日本の隅々まで鉄道が行き渡ったと思ったら、今度は環境の変化やコスト高ということで、せっかくつくった鉄道網をどんどん廃線にしています。日本では大なり小なり、そういう行きあたりばったりで社会インフラのデザインをしてきたところがあって、一〇〇年ぐらいのスパンを視野に入れた巨視的なデザインというものは、ほとんど考えられてこなかったのではないでしょうか。

ひるがえって今日の状況を見ても、実際に今、これからの一〇〇年で起こりうる社会環境の変化や、科学技術の進歩、エネルギー問題や環境問題の動向などをある程度予測して、「では、一〇〇年先を目指してこういう交通社会をつくりましょう」というようなビジョンは、ほとんど見聞きしません。それについて誰かが責任を持ってやっているかというと、実は誰もやっていないのが現実ではないでしょうか。こういう状態が続けば、やがてエネルギー危機に見舞われて交通システムの大転換を迫られたときに、手遅れになって身動きがとれない状況になりかねません。したがってこれからは、今までのように既存の交通機関の需要予測とか、中期的な経済効果はどうかといった視点だけではなく、たとえば石油に依存しない交通を前提にすると、どういうインフラが必要になるかとか、それだったら海上交通を何割にして、鉄道を何割にしようといったことも含めて、もっと巨視的な視点で社会インフラの理念を考えていく必要があると思います。

仮に、余裕を見てあと五〇年で、今の交通システムを根本的に転換しなければならなくなると仮定しても、五〇年は長いようで実際には短いですから、もたもたしているとすぐに期限がきてしまいます。インフラ整備などはそんなに急にはできませんから、今から周到な計画を立てて、混乱を回避できるようにしておく必要があると思います。

## 巨視的なデザインに求められる視点

そういうことを考えるときに、今いちばん重要になるのは、やはり環境問題や、エネルギー問題との関連です。従来のやり方では化石燃料が枯渇するのは確実ですし、その際に生み出される二酸化炭素などの温暖化ガスによる地球温暖化の問題もあります。ということは、交通システムを別の構造にシフトするまでの時間が、非常に限られているということです。今までどおり石油だけでクルマを動かそうと思ったら、五〇年もたないかもしれない。石油のほうがもたなくなるか、温暖化で地球のほうがもたなくなるかわかりませんが、中国やインドのエネルギー消費も伸びていますし、巨視的な意味での限界というのはすでに目前に迫っています。そうしたなかで、今のような国づくり、交通インフラづくりをしていて、果たしてエネルギーが枯渇したときに対応できるだろうかということが、いちばん問われるべき問題だと思います。

ちなみに、石油が枯渇したときに真っ先に立ち行かなくなるのは、アメリカ社会だということは明らかです。あの国の広さと自動車の利用の仕方を見れば、それ以外の代替手段をあと一〇〇年でつくれといわれても、たぶんできないでしょう。今後、程度の違いはあれ、日本でもそういう状況が必ず出てきますから、今の設計思想のままでインフラ整備を進めてよいのかどうか、このあたりで根本的に議論しておく必要があります。たぶん、あと五〇年なり一〇〇年たったら、現在の石油エネルギーが枯渇して、まったく別のエネルギーで動く社会になる可能性が高いわけですから、これはのんびり構えていられない問題です。しかし、今の我々にはそうした視点が欠落しています。そういう非常に長期に見たときにどうなるかということまでは、誰も考えていないわけです。

もう一つ重要だと思われるのは、我々はもう少し交通の多様性、多目的性というものを考えたほうがいいということです。現在使っている交通手段は、かなり多様ではありますが、それらがバラバラに運営されていて、全体で一つのシステムとして機能していないが故に、その多様性を十分に生かしきれていない面があります。たとえば、東名高速道路ではいつも東京－大阪間の物流トラックが渋滞を起こし、事故も多発します。これはエネルギーの観点から見ても、本当は貨車を使ったほうがはるかに効率がよいはずですが、なかなかそういう切り替えができません。こうした問題を解決していくためにも、クルマや鉄道、飛行機などの交通手段にトータルに目配りして、その多様性が生きるような総合戦略を描いていく必要があると思います。

また、多目的性ということでいえば、鉄道などは現在、けっこう多目的に使われていますが、その多目的なニーズに応じられる構造には必ずしもなっていなくて、機能別に分け

東名高速道路の渋滞

共同通信社提供

られています。速度なら速度で切って、新幹線なら新幹線、地方線は地方線という仕分けになっており、それが全体としての機動力や、あるいはヒューマンフレンドリーな交通になっているかといった視点で見たとき、必ずしも我々のニーズを満たしていないような気がします。したがって、今後は生命世界のロジックに倣って、「こういう制約条件がある」ということを前提に、そのなかでどのようにうまくシステムを設計していくかという方向で、多目的に使える交通システムのあり方を検討していくべきだと思います。

ちなみに、こうした交通マネジメントの分野でも、今後は自律分散的な制御の仕組みを取り込むべきだと思います。自律分散的な制御はもともと、非常に複雑な環境変化に対応していくための考え方ですから、さまざまな場面において中央制御より効率がいいし、自然災害などにも強いのです。突発的な状況変化が続いたときに、時々刻々と適切にその変化に対応しないとシステムは運営できませんが、きわめて変化が激しい状況下では、それを運営する情報をすべて中央から送るというのは非現実的です。それよりもむしろ、自律分散的なシステムの良さをうまく生かしたシステム設計をしたほうが、全体としてはより機能的、効率的になります。ようするに、「こうあるべきだ」という交通社会の理念をつくって、その理念を全体で共有するのはよいが、それを達成する方法は、個別分散的に検討したほうがうまくいくということです。

一方で、自動車や鉄道、飛行機など、個々のモビリティについては、今後はどういう方向を目指すことになるのでしょうか?

## 完全自動化は望ましいのか

たとえば自動車会社の人たちは、今後の大きな目標として、「どこまで自動運転が可能か」という問題設定をしています。その途中段階として、今はさまざまな運転支援技術を開発しているわけです。もともとこれまでのクルマは、運転時に人が関与できるパラメーターが少なく、アクセルを踏む、ブレーキを踏む、ハンドルを切る、ほぼこの三つでクルマをコントロールしてきました。しかし、それだけでは安全面の配慮が足りないということで、それをいかにサポートするかという技術を今、いろいろと開発しているわけです。異物を検出する技術、車間距離を調節する技術、パーキングの支援技術などがそれにあたりますが、人は瞬時にたくさんの情報を処理できませんから、それに対してある程度注意を喚起することが、こうしたサポーティング技術の目的といえます。

これはこれで正しい方向だと思いますが、しかし、自動運転ということになると、話はまったく違ってきます。自動運転とは、すべての判断と操作を機械に任せることであり、私自身は、それはたぶん不可能だし、クルマが将来目指すべき姿でもないような気がしています。ぜんぶ機械に任せてしまうと、人が何もしなくなってかえって危険だということもありますが、それよりも強調したいのは、もともとクルマという乗物が持つ指向性は、自動運転というような方向性とは別のものだということです。完全に自動化するなら、あえてクルマを選ぶ必要はなくて、既存の公共交通機関を利用すればいいわけです。

クルマでも、バイクでもそうですが、個人移動の道具には運転という行為自体に喜びや、楽しさがあります。ただの移動手段ではなく、五感をフルに使って自分自身がこの瞬間、運転のプロセスを楽しんでいるという実感、乗れば乗るほどスキルが上がっていくという実感がほしいわけで、それがクルマの持つ本質的な魅力、価値だと思います。

これはやはり、自動運転化とはまったく相反する話です。ですから私は、クルマなどは一律に自動化するのではなく、むしろ、乗り手が何かしたいときに、それをさまざまなかたちで支援する、そういう機能性を高めていく方向を目指すべきではないかと思います。実際上は、「人間の能力をもっと生かすためのテクノロジーとは何か」という問題の立て方が、いちばんよいのではないでしょうか。そのためには、たとえば違う場所に行ったときに、それぞれの場所にフィットする機能を選べるといったようなことも、選択肢に入ってくると思います。ヒューマンフレンドリーな技術という点から見ても、これからはそうしたことが、目指すべき一つの方向性ではないでしょうか。

## エネルギー技術の革新が不可欠

ところで、現在は環境問題が取りざたされながらも、一方では交通渋滞は緩和されないし、ＲＶのような大きなクルマを若者がどんどん買っています。日本のような土地を４ＷＤで走る必要はないことは、理屈ではみんなわかっているけども、カッコイイから乗っているわけです。しかし、こうしたことはいずれ化石燃料が底をついてくれば、必然的に解消される問題です。たとえば、ガソリンの値段が今の一〇倍になれば、現実的に大型車を維持できなくなるでしょう。そういうクルマは結局、これからは趣味的なものを越えて淘汰されていく時代になると思います。

したがって五〇年後、一〇〇年後を考えれば、化石燃料に代わる代替エネルギーをどう準備するかということが、いちばん本質的な課題だといえます。ご承知のとおり現在、太陽エネルギー、風力、地熱、バイオマス、水素エネルギーなど、さまざまな代替策が検討されていますが、地球上の生物は本来、太陽から地球が受け取ったエネルギーの範囲内で生きていくべきだと思います。太陽からのエネルギーは、一㎡当たり一kwも降り注いでおり、風力を駆動するのも、植物を育てるのも、元をただせばすべて太陽エネルギーです。しかし、人間はまだ、地球に届くエネルギーのごくわずかな割合しか活用しておらず、現在の太陽光発電なども、その約一五%を使っているだけです。したがって、まだいろいろな活用法が考えられると思いますし、たとえば水素エネルギーなども、天然ガスからつくるのではなく、太陽エネルギーの枠内でつくり出すべきだと思います。（資料⑤）

ただし、今話題のバイオエタノール[※3]などは、別の問題も抱えています。あれはトウモロコシやサトウキビからつくりますから、一定量の資源を食料用とエネルギー転換用で取りあうことになります。また、これまでは地下に埋まっている石油をただくみ出せばよかったのと比べ、種をまいて、植物を育て、そこから燃料をつくりますから、ある意味で非常に効率が悪いし、利用できるエネルギー量も限定的です。ですから、バイオエタノールなどは決定打にはなりませんが、結局はそうしたものも含めて、太陽エネルギーの枠内でさ

**3 バイオエタノール**
植物性の物質を利用してつくられる自動車燃料。植物はその成長過程で$CO_2$を吸収するため、製造や燃焼によって排出される量はゼロとされる。サトウキビなど植物からつくられたエタノールはブラジルでは幅広く普及し、ヨーロッパやアメリカでも注目されている。普及には、インフラの整備ほか、車両の開発、コスト低減などの課題がある。

毎日新聞社提供

まざまな可能性を探っていくことが、これから重要になるのではないかと思います。

もう一つ、クルマに関わる話で付け加えておくと、クルマは何で走るかだけでなく、それ自体のエネルギー効率の問題もあります。今のクルマのエネルギー効率は、あまりにも悪すぎますから、これをなんとかしないといけない。たとえば、私が一人で運転した場合、一人を運ぶのに一tもの鉄の箱を動かすことになります。しかも自動車のエネルギー効率はせいぜい一〇%か一五%なので、エネルギーの無駄遣いも甚だしいわけです。それならばエネルギー効率を五倍にしたら、現在使っているエネルギーで五倍の数のクルマが走れることになります。これは今のクルマがエンジンレベルでは三〇%くらいの変換効率であっても、走行のエネルギーに変換するにはトランスミッションロスなどで、それがさらに半分以下になってしまうのです。エネルギー効率を高めていくことも、限界をいかにクリアしていくかという意味において、かなり重要な技術課題だと思います。

実はこうした問題も、生命世界のロジックが鍵を握って

**資料⑤**

## 地球のエネルギー収支

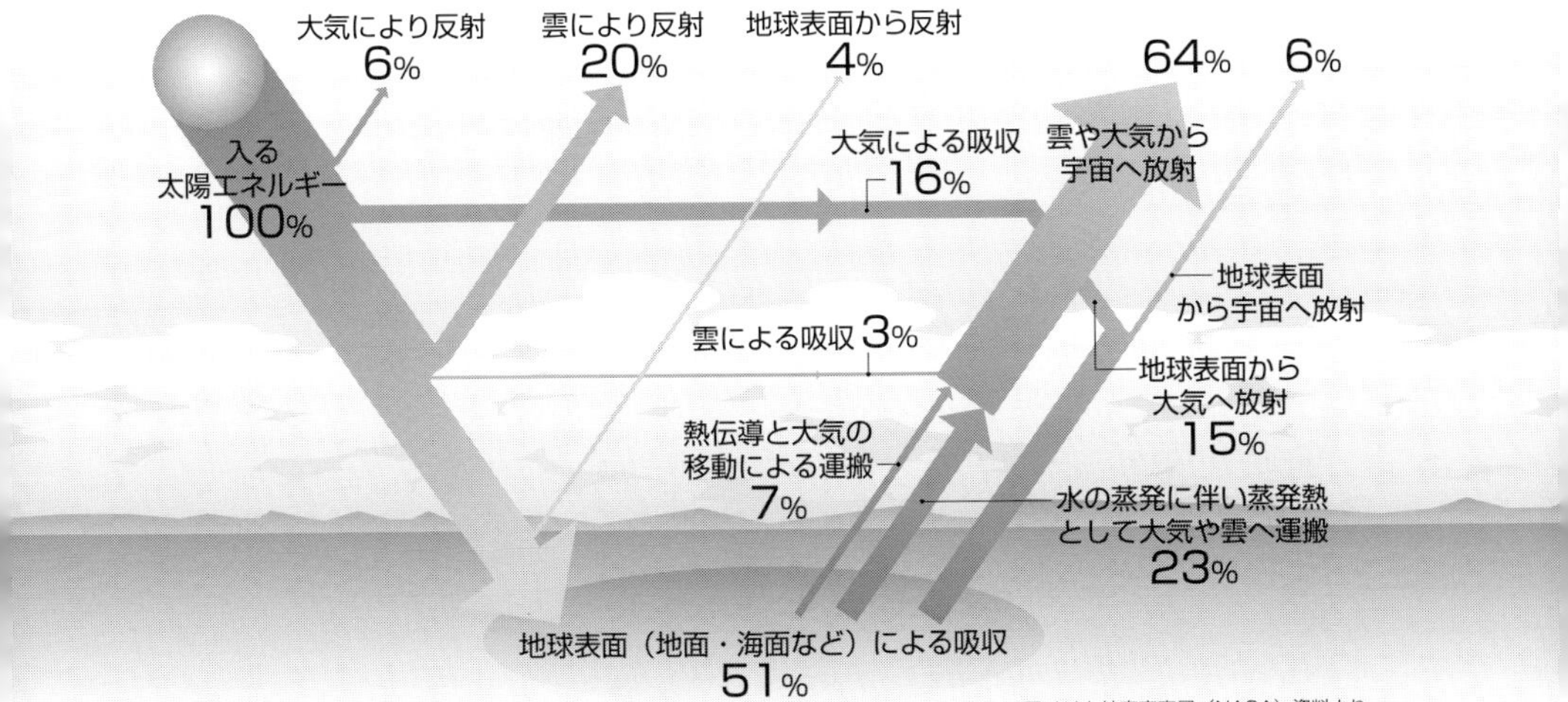


アメリカ航空宇宙局（NASA）資料より

います。現在は、化石燃料を燃やして熱エネルギーに換えて、そこから電気的あるいは力学的なエネルギーに換えていますから、その効率は理論的に内燃機関のエネルギー変換効率の上限に縛られてしまうことになります。しかし、人間を含む生物は、体内で分子の化学エネルギーを直接使うことができます。つまり、変換方法が内燃機関とまったく違うわけで、生物のメカニズムがわかってくれば、現在の内燃エネルギーの効率に縛られない新たな方法も、やがて見つけられるのではないかと思います。

移動のスピードについてはどうでしょうか？　またバーチャルな世界が進化して、これから移動のニーズが減るといった話もありますが、そうした点についてはどう思われますか？

## 「移動」の本質は何か

移動のスピードアップというと、大量輸送化と高速化の両方があると思いますが、その両方ともほぼ限界に達しつつあるのではないでしょうか。たとえば今、ＮＡＳＡは次世代の航空機として、三〇〇人の乗客を音速の約二倍の速度で運ぶことのできる大型旅客機を計画しています。もしこれが可能であるとしても、その次の旅客機が、さらにそれを超える大きさと速度になるかといえば、それはもう成り立たないでしょう。鉄道のスピードも、すでに時速三五〇㎞を超えていますが、そろそろ限界が見え始めています。クルマにしても、クルマ本体だけでなく、道路の構造によって上限はおのずと決まってくるわけです。

**4　リニアモーターカー**
普通の回転モーターを平たくした、リニアモーターによって車両を推進する鉄道のこと。動力として使用し、車輪と通常のレールで走行するもの、磁気浮上式のものがある。超伝導磁石を利用した磁気浮上式の世界初の実用線は二〇〇二年、上海で開通。日本では愛・地球博の際に名古屋で開業。

毎日新聞社提供

スピードの追求はもちろん大切ですが、私は移動に関しては、これから別のかたちのニーズが出てくるような気がしています。何はおいても二点間をいち早く移動したい人は、今後もスピードを求めるでしょう。しかしそれだけではなく、ゆっくりと風景を楽しみたいという人もいるわけです。移動の途中経過を楽しむという行為自体が、一つの目的となり得るわけで、これからはそういう方向性の交通も考えていくべきだと思います。

今の科学技術は、ひたすらある一つの軸に向かって突っ走るところがあって、たとえば新幹線などはその代表です。新幹線はこれまで、ひたすら移動時間の短縮を目指して進化してきましたが、しかしそういう進化の仕方をすると、いわば恐竜みたいなもので、いったん状況が変わるとバタッと倒れてしまう危険もあるのです。

機能の評価軸が一本しかないと、たとえばスピード一本やりになってしまうと、そこから人間らしさや潤いのようなものが消滅しがちです。今の新幹線も、時速四〇〇km以上ある※4リニアモーターカーも、確かにビジネス向けの短時間の移動には向いているでしょうが、窓から外を眺めて旅情を楽しむにはほど遠いわけです。目的を速く、効率よく達成することが唯一の規準ではなくて、結果よりもプロセスを楽しむという方向性があってもいい。そうやって移動の多様化をはかることが、今後は重要なテーマになっていくと思いますし、交通における潤いというものは、おそらくそのあたりにあるのではないでしょうか。

それから、先ほどいわれたバーチャルな世界の話ですが、バーチャルな世界が移動を代替するというようなことは、私はあり得ないと考えています。この問題は、我々が生きていくとはどういうことかということと深く関係しています。確かに、近年になって情報の

**5　マトリックス（THE MATRIX）**

一九九九年のアメリカ映画。アンディ・ウォシャウスキー、ラリー・ウォシャウスキー監督、キアヌ・リーブス主演。斬新なストーリーとSFXが全編を彩るSFアクション。ハッカーという裏の顔を持つ主人公が、あることをきっかけにこの世界が現実でなく、コンピューターによる仮想現実空間と知り、AIマシンとの戦いに巻き込まれていく。

MSC／Uniphoto Press

伝達は大量に、高速に行えるようになり、バーチャルな世界もリアリティを増してきています。しかし、先ほどの生命世界のロジックでいえば、人間は五感を使って、「自分はこういうふうに生きたい」という目的をつくりながら、それに向かって生命活動を続けているわけです。それが果たしてバーチャルな世界でできるかといえば、おそらく不可能だと思います。

つまり、たんに情報を認識し、受容することと、現実に自分自身の五感を通して経験し、判断し、そこに意味付けを行っていくことは、似て非なるものなのです。ですから、「マトリックス」[※5]という映画が流行りましたが、あのような世界は実現しないと思いますし、仮に遠い未来に実現できたとしても、そこで人間が本当に生きている感覚を味わえるかは疑問です。したがって人間の移動というものは、そう簡単に減りはしないというのが私の結論です。

# 第七章
# 次世代のモビリティ像

**古川　修**

**芝浦工業大学システム工学部教授**

**IATSS顧問**

東京大学工学部卒業。株式会社本田技術研究所を経て2002年より現職。専門分野はシステム工学。主な著書は『蕎麦屋酒』『世界一旨い日本酒 熟成と燗で飲る本物の酒』（ともに光文社新書）など。

---

古川氏は、本田技術研究所で四輪操舵システム、自動運転支援システム、人間型二足歩行ロボットなどの研究開発責任者を歴任し、現在は大学で機械制御システム学科の教鞭を取っておられる。こうした専門分野だけでなく、感性的なものも含めたデザイン全般のことにも造詣が深く、一方で蕎麦栽培を行うなど自然派としても知られる。長く自動車設計に携わってこられた経験から、モビリティに求められる機能性やデザイン性の問題について検証していただくとともに、人に活力と潤いをもたらす交通とは何かといった観点から、次世代のモビリティ像について展望していただいた。

# 自動車のデザインに求められるもの

古川さんはクルマの設計に長く携わってこられましたが、そうした設計の現場では、いわゆる機能性と感性のマッチングの問題は、どのように理解されているのでしょうか？　また、最近のクルマは非常にハイテク化して、利便性という意味ではかなり進歩しているように見えますが、こうした傾向をどのように評価されていますか？

## 技術の進展と運転する楽しみ

クルマについての個人的な印象をいえば、最近、クルマという乗物が面白くなくなりつつあるような気がしています。クルマはたんなる道具であって、壊れたら買い替えればいいという使い捨て感覚になってきて、あまり愛着が及ばないものになっているのではないでしょうか。

それに比べると、ひと昔前のクルマはもっと個性的だったように思います。たとえば、一九七〇年代以前のクルマなら、キャブの調整をしたらエンジンのかかりがよくなったと

一九七〇年代のクルマ

か、エンジンをすぐスタートさせないで、アクセルを一度あおってからセルをまわしたほうがいいとか、それぞれのクルマに癖があって、その癖を呑み込むとうまく運転できるところがありました。人間と道具に一種の相性のようなものがあって、ドライバーが付き合い方を工夫することでクルマに愛着がわき、それで小まめに手入れをしたり、大切に乗るようになったりしたものです。

しかし、最近のクルマは誰でも簡単に運転できるようになって、ちょっと優等生すぎるような気がします。インテリジェント化が進んで制御機能が進歩し、カーブの手前で自動的にスピードを落としてくれたり、道路状況を認識して制御を最適化するなど、ひと昔前のクルマに比べてはるかに安全、快適、便利な道具になったことは事実です。

しかし、技術がハイテク化すればするほど、クルマはある意味でインスタントカメラのようになってきます。何でも自動化されて便利になった反面、クルマが本来持っていた楽しみ、先ほどの運転スキルを向上させるとか、クルマの癖を見抜いて付き合い方を工夫するといった楽しみが失われてしまい、それが結果的に、今のクルマを非常につまらないものにしてしまっているような気がします。

また、安全性にしても、リスク・ホメオスタシス[※1]という理論があって、自動化によるリスク削減の方向が本当に正しいのかという議論もあります。これは、ドライバーの意識はトータルの安全性を一定に保つように働くため、クルマの安全性能が向上すればするほど、ドライバーのスキルや安全意識が落ちるという考え方で、技術の進歩には大なり小なりそういう面があります。ようするに、技術がどんどん進歩するのはよいが、ハイテク化がす

**1　リスク・ホメオスタシス理論**
リスクというものに関してホメオスタシス（恒常性）が働いて、その結果、総合的なリスク量は変化しないという理論。カナダの交通心理学者ジェラルド・ワイルドが唱えた。その理論に反対する者からは「ワイルドの不幸保存の法則」とも呼ばれた。

べて安全につながるとは言い切れないわけで、そこを見誤ると逆効果になりかねません。

そういうことを考えると、クルマが今後目指すべき方向性が、果たして今のままでよいのかという疑問が出てきます。運転しやすさの追求は、それはそれで重要だと思いますが、すべて自動化一辺倒になってしまうと、ちょっと違うのではないか。もっとドライバーの感性を刺激したり、スキルアップの楽しさを感じさせる工夫が必要で、私自身は、その可能性をハイテクでどこまで引き出せるかが、これからのクルマづくりの重要なテーマになっていくような気がしています。

## 五感を刺激する技術

その一つの方向として、人間の五感をもっと刺激できないかということがあります。（資料①）クルマはご存知のとおり、人間の感性をいろいろと刺激するわけですが、これをもっと技術的に追求して、五感をより心地よく刺激する仕掛けをつくれないか。たとえば、マニュアル・トランスミッションのクルマが好きな人にとっては、あのコクッとシフトレバーが入るフィーリングは、非常に楽しいものです。しかし、そうした感覚的な部分の追求は、簡単なようで実はけっこう難しいのです。なぜなら、あの開発のためには、シフトチェンジにどのぐらいの隙間があれば、人間にそんなフィーリングを抱かせることができるのか、人間の五感の定量的な計測にまで踏み込んだ研究が必要になってくるからです。

同様に、音の演出などもいろいろと工夫の余地がありますが、今は未開拓のままです。かつてホンダで、どんな周波数の音が、どんな聴こえ方をすると心地よく感じるかを研究したことがありますが、当時は技術的な制約もあって、大したことはできませんでした。しかし、今のハイテク技術で掘り下げれば、かなり面白いことができるはずで、メーカーもそこはよくわかっていますから、最近は熱心に研究を進めるようになっています。

こうしたことは結局、人間のことをどれだけ科学的に解明できるかにかかっています。今はまだ、それが不十分なために、機械がなかなか人間の感性のほうに近づいていけないわけです。しかし、ここへきて生命科学なども進歩の度合いを早めていますし、工学の分野でも感性工学と呼ばれる領域が徐々に育ってきていますから、これからもう少し人間のことがわかってくれば、いろいろと面白い試みが出てくるのではないかと思います。

## CAD・CAM導入の功罪

最近のクルマがつまらなくなってきたことの背景には、設計側の環境変化もあるような気がします。私たちが「4WS」[※2]の開発を始めた一九八〇年代には、CADによる設計はまだ行われておらず、紙で設計図を描いていました。

### 人に心地よい音環境を目指したテクノロジー

近年、人間の感性を刺激する新しい音環境を目指した取り組みが進んでいる。その基本となる技術として、物理計測から一歩踏み込んで、人間の耳により近い評価を行う計測技術が進化。これにより、「やかましい音・いやな音」を「心地よい音・やさしい音」へと改善していくことも可能になる。

資料①

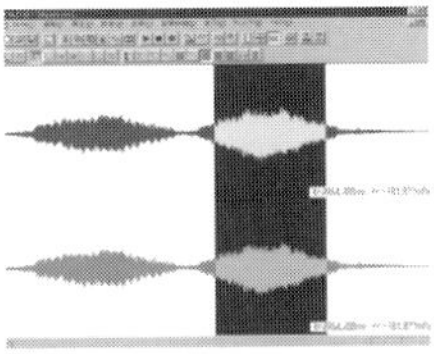

測定データの時間軸編集画面サンプル

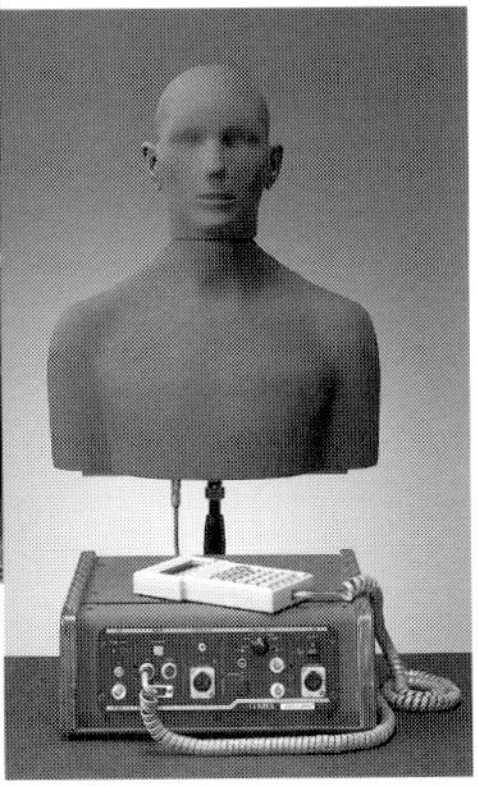

バイノーラル録音システム（(株)小野測器）。頭部30度、胸部45度の角度調整ができ、より現実に近い録音が可能。

ところが、一九九〇年代に入るとCAD・CAMによる設計が主体になり、設計室には紙がなくなり、みんなコンピューター画面を見ながら仕事をするようになりました。

紙で設計図を描いていた頃は、設計室の責任者が途中の図面を一目見れば、誰がどこまで、どんなふうに設計を進めているのか、すぐに判断がつくところがありました。そこでおかしな設計をやっていると、責任者が大きく赤いバッテンをして、二度と描き直せないようにしたものです。ところがCAD・CAMの画面だと、設計がどのあたりまで進んでいるのかがよくわからない。結局、一九九〇年代以降にCAD・CAMが入ってきたことで、設計の途中経過が非常に評価しにくくなった面はあると思います。

もちろん、CAD・CAMを使うことで、技術者の作業効率が高まったことは事実です。しかし、総合的なモノとして完成したときに、技術者の感性をそこに刻印できているかという観点から見ると、果たしてよかったといえるのか。機械に頼って設計するようになったことで、技術者の感性が設計図に投影しにくくなった面があるのは確かで、そのあたりの評価は非常に難しいところです。

ちなみに、一九九〇年代のホンダでは、新車を設計するときに、最初のコンセプトデザインではコンピューターを使わせず、すべてフリーハンドで曲線を描かせていました。その当時、トヨタや日産はCAD・CAMが主体で、図形が流麗な反面、やや人間味に欠けるところがあった。ホンダは無骨ではあったけれど、それなりに人間的な味わいを出せていたと思います。その背景には、やはりCAD・CAMの使われ方の違いがあったわけです。

また、クルマの設計プロセスには、粘土で立体模型をつくって評価する段階があり、こ

**2　4WS**
四輪操舵システム。通常だと前輪だけで操舵するため、内輪差が大きくなるなどの問題が生じるが、4WSでは後輪も前輪と同時に向きを変えるため、駐車場での小回りや、高速時の走行安定性を高める。

**一九八〇年代のクルマ**

れは昔から非常に重視されています。最初にクルマのコンセプトを決め、それをデザイナーが具体的に何種類かの絵に落としていく。そのなかからこれはと思えるデザインをいくつか選んで、実際に粘土で模型をつくってみるわけです。あの模型づくりは、設計者がモノとしての実在感を、自分なりの感覚ではかって評価するためのプロセスです。今後、CGでリアルに画像を立体視できるようになれば、わざわざ模型をつくる必要はなくなるかもしれませんが、やはり平たい画面では実在感ははかれませんから、ああして実際に模型をつくって、実在感を確かめるという作業がどうしても必要になるわけです。

クルマの設計プロセスでは、このようにさまざまな場面で設計者の感性が問われますが、それがいつの間にか機械に依存するようになり、その感性が少しずつ鈍化してしまった。今、そのことを反省して、フリーハンドで図面を描く作業を見直す動きが出ていますが、問題は、最初からコンピューターで育った世代は手で描く訓練を受けていませんから、急に描けといわれても、ほとんどの人が描けないわけです。こういうプリミティブな作業は、それなりに地道な訓練を必要としますから、これはメーカーとしても、非常に難しい問題を抱えてしまったという気がします。

最近は初めからCGでイメージをつくり、そこに到達するにはどんな部品を設計したらよいかと考えるアプローチが出てきましたので、今後は設計の仕方も、いろいろと変わってくるとは思います。しかし、仮にそうなったとしても、機械に頼りすぎて設計者の感性が衰えては意味がないわけで、今のうちに何らかの方向性を見出しておかないと、同様の問題をずっと抱えることになると思います。

一九九〇年代のクルマ

設計のプロセスでは、最初に設計者が描く総合的なビジョンが、非常に重要だと思います。最近の技術者は、そのあたりのことをどのようにとらえているのでしょうか?

## 技術者のビジョンと感性

おっしゃるとおりです。技術はたんなるツールでしかなくて、本当は技術者が最初に描くビジョンが、モノづくりにおいて最も重要なものだと思います。感性的な意味も含めて、いかに優れたビジョンを描けるかが設計者の質を決定するわけで、あとはそのイメージを、さまざまな技術を駆使して実現していく。設計とは本来そういうプロセスであって、最初にしっかりとしたビジョンを描けないと始まらないわけです。

では、設計者が全体のビジョンを描く際に何が一番求められるかというと、それはやはり、全体を読んで、どこを割り切るかということに尽きます。すべてを満たそうとすると、結局は誰にとっても面白くないクルマができあがってしまう。この部分は切り捨て、この部分だけを生かそうという割り切りが大切で、それをどこで割り切るかという感性が、設計者にとって一番重要だと思います。

クルマの開発をするときには、普通はマーケティングリサーチも行いますが、マーケティングのデータというのは結局、現在のデータです。ところがクルマの開発には、通常で三年はかかりますから、三年後に同じデータでいいのかどうか、かなり疑わしい。三年後には社会も変わっていますから、データには頼らず、自分で何か新しい価値を生み出すという気概を持つことのほうが、よっぽど大事なのです。そこらあたりは、私の経験からいっても、営業のアイデアよりも、技術者に強い思い入れがあったほうが成功する確率が高かったと思います。

技術者の感性ということで、もう一つ触れておきたいのは、技術的なアプローチに関わることです。皆さん、わりと勘違いされていることがあって、それは「技術の最適化には選択肢がある」ということです。これは機械工学でも、情報工学でもいえることですが、たとえば一つの機能を得るためにも、それを実現する方法にはいくつか選択肢があって、仮に仕様を一〇通り変えても、同じ機能を得られることがあります。したがって、どの仕様でアプローチするかに設計者の感性が入るわけで、よく、モノが完成した後に、「これはこうだから、こうしてできました」と、後付けの説明をする技術者がいますが、実際にそのアプローチが最適だったかどうかは、実は本人にもよくわかっていない場合が多いのです。

ある機能を実現したいときに、最適化の方法はこれしかないということではなくて、最適化には複数の選択肢があって、同じ機能がいろいろと別なかたちで現われる。そうしたなかでどの方法を選ぶかは、技術者の感性や直感に負うところが大きく、結局はそうした感覚的なものが研ぎ澄まされていないと、魅力的な商品は生み出せないのです。

しかし、これまでの工学系の教育現場には、そういう技術者の感性を鍛えるプロセスが欠けていた面があります。感性的な部分はあまり問われないまま、技術的知識だけを身につけて大学を出てしまうから、現場ですぐには使い物にならないのです。しかし、モノづくりの現場では売れるクルマ、人を魅了するクルマをつくらないと生き残れませんから、完成した商品について、「これは、どうしてこういう方法でやったのか」「ここがもっと、こうだったらよかったのに」と、いろいろな批判や評価を受けて反省を繰り返すことで、そうした感性を磨いていくわけです。

最近は、大学教育のほうもかなり変わってきまして、そういう学生の感性を鍛えようということで、いろいろと新たな試みを取り入れるようになっています。（資料②）これまでの教育では、必ず答えが出ることしか教えませんでしたが、最近は逆に、あえて答えが何種類もあるような課題を出したりする。たとえば、私が担当しているシステム工学の授業では、「創る」という課題を与えています。「芸術を創る」「遊びを創る」など、いろいろなカテゴリーがあって、創るものはモノでもいいし、CGでもいい。すべて学生たちが自主的に考えて、自分なりの「創る」世界を体験するわけです。最終的には、ビデオやCGを使ってプレゼンテーションをしたり、実際にキャンパスを緑にしたり、玄関に花を飾って空間をデザインする学生もいます。なにしろ、創るプロセス自体がシステム工学ですから、創るものは技術を対象にしなくても、芸術でも、遊びでも、何でも当てはまるわけです。

こういう授業をやってみて思うのは、最近は理科系離れなどとよくいわれますが、学生たちは一度そういう世界に興味を持つと、非常に生き生きと感性を発揮するということです。今までそういう教育をやってこなかったから、学生たちはそっぽを向いていただけで、そういう場さえ用意してあげれば、彼らの感性はいくらでも伸びていくと思います。そういう意味では、教育現場の今後の対応が非常に重要であり、日本のモノづくりの将来はまさに、教育のイノベーションにかかっているといってもいいような気がします。

クルマのデザインには、お国柄が出るという面もあります。たとえばヨーロッパの技術者と比べた場合、日本の技術者にはどのような特徴があるのでしょうか？

## 国ごとに異なるデザインの方向性

クルマは当然、国ごとの社会事情や文化事情が反映される商品ですから、国が違えば相当にデザインの質が変わってくるということがあります。たとえば、ドイツ人がデザインするとカチッしたクルマになり、本当にメカニズムという感じです。一方、ラテン系のイタリア人やフランス人がデザインすると、どこかに少し遊び心があるようなクルマになります。わりと近いように見えるイギリスとドイツでも、サスペンションの柔らかさなどはかなり違っていて、イギリス車のほうが柔らかい。これは、ドイツ車はアウトバーンを走ることを想定しているのに対し、イギリスにはうねうねと曲がりくねった道が多く、そうした道を考えて柔らかめのサスペンションを選ぶわけです。

同様のことは静粛性のセッティングにも見られます。時速一〇〇㎞のスピードでベンツとトヨタのセルシオを比べると、セルシオのほうがはるかに静かですが、時速一八〇㎞のスピードになると、逆にベンツのほうが静かです。ドイツ車の静粛性が高速域にセッティングされているのも、やはりアウトバーン[※3]を意識してのことですが、こうして乗る環境によって設計に特徴が出てくるというのは、なかなか面白いことです。

こうしたセッティングの領域だけでなく、海外のメーカーの場合はある程度、自分たちのアイデンティティを守ることを重視しており、遠くから見て、これはベンツだ、あれは

**3　アウトバーン**
P57参照。

## 資料②

# フォーミュラ大会が、学生の技術と感性を磨く場に！

| 競技種目 | | 配点 |
| --- | --- | --- |
| 車検 | | 0 |
| 静的競技 | コスト | 100 |
| | プレゼンテーション | 75 |
| | 設計 | 150 |
| 動的競技 | アクセラレーション | 75 |
| | スキッドパッド | 50 |
| | オートクロス | 150 |
| | エンデュランス | 350 |
| | 燃費 | 50 |
| 合計 | | 1000 |

「全日本 学生フォーミュラ大会」は、(社) 自動車技術会が主催する、学生に「ものづくりの場を提供」することを目的としたレーシング大会。この大会では、学生たちが自ら製作したレーシングカーの構想提案、設計、コストから走行、燃費性能まで、さまざまな視点からの「ものづくりの総合力」を競い、大会運営を産学官で支援することで、自動車技術・産業の発展・振興に資する人材を数多く育成することを目指している。

エンデュランス競技における走行写真

芝浦工業大学のチーム「FOMULA RACING」は、研究室や学科・学部の枠を越え、フォーミュラカーを自らの手で設計・製作したいという学生が集まり、2003年3月に結成。先生方も学生フォーミュラカー教育支援プロジェクトチームを設立し、バックアップしている。

第４回全日本学生フォーミュラ大会（2006年）エコパ（小笠山総合運動公園）

提供：社団法人自動車技術会、撮影：鈴木紳平

芝浦工業大学チーム「FOMULA RACING」

車検でのチルト試験

車検会場に移動中（アメリカ大会）

車両重量測定

ＢＭＷだとわかるようなデザインにこだわる傾向があります。それぞれの国によって、あるいはメーカーによって、大切に守っている個性なり感性があって、それがおのずから独特のアイデンティティを育てているわけです。

では、日本の場合はどうかというと、そういうかたくななアイデンティティというよりも、むしろ目新しさに飛びつく傾向があります。それは技術者の個性というより、日本の消費者にそういう傾向があるからで、それはそれで一つの特徴かもしれません。では、日本の技術者は、国の伝統に立脚したような個性なり、感性を持っていないのかというと、そんなことはありません。彼らも独特のものを持っていると思いますが、私自身は、残念ながらこれまで、その個性や感性を十分に発揮しきれていなかったような気がしています。

### 「個」の時代に、日本人の感性が輝く

日本にはもともと、粋や風流、わび、さびといった素晴らしい和の文化があります。当時の日本文化は基本的に「個」の文化で、そのなかには独特の遊び心もありました。たとえば、江戸の粋や京都の風流なども、人と同じことをしないという精神が基本にあって、着物の絣《かすり》の模様一つとっても非常にバラエティ豊かだったわけです。しかし、明治の文明開化や戦後復興でどんどん画一化が進み、その後は日本人も、一つの高品質なものを、大量生産することばかりにエネルギーを費やすようになりました。その結果、この数十年で高品質、高性能といった面では実力を示してきましたが、一方で、日本人の伝統に根ざした感性的なもの、遊び心のようなものは忘れ去られてきたような気がします。

ところが、情報化の時代を経て、世のなかは今、再び「個」の時代に戻りつつあります。マスプロダクションが否定され、一つのモデルを大量生産して、大勢の消費者に売りさばく時代は終わりつつあり、これからは一人ひとりが使うものを、その一人ひとりにフィットするかたちで提供する時代に入ります。私は、こうした個別対応の方向は、日本の技術者にとって必ずプラスに働くだろうと考えています。こうした流れは、日本人がもともと持っていた「個」の伝統を、もう一度蘇らせるよい機会になるのではないか。そういう意味では、日本の技術者にとっては今後、相当に面白みのある、能力を発揮しがいのある時代に入っていくのではないかという気がしています。

もちろん、いくら「個」の時代だからといって、クルマの形状から何からすべてを個別化するのは、実際には難しいでしょう。しかし、部分的なものは、それぞれの消費者ニーズに合わせて仕様を変えるのは、そう難しいことではありません。コンピューター制御で生産工程に「個」の世界を組み込んでいけば、これからはこの人仕様や、あの人仕様のクルマがいくらでもつくれるようになります。

また、ソフトウエアの面でクルマを個性化していく方向も、今後はあり得るかなと思います。たとえば、エンジンのレスポンスを自分好みに変えていくとか、ステアリングの感触を変えるなど、クルマのほうでドライバーの個性を学習し、カスタマイズしていく機能を持たせる。安全運転支援でも、個人のブレーキ・ポイント（どのような条件下で、どんなタイミングでブレーキを踏むか）がわかってくると、個別対応によってより安全性能を高められますから、その意味でもクルマの学習機能は重要になります。

また、個性化の一つとして、和の世界をあしらったクルマを用意するという手もあります。今のクルマは、車内はほとんどプラスチック素材ですが、あえて日本産の木を使ったり、和紙や漆を混ぜたデザインにする。日本の気候にあった素材は非常に長持ちしますし、別に天然の素材を使わなくても、天然に近い素材を加工して利用するだけでも面白みが出せます。あとはコストとの勝負で、それと安全面の基準さえクリアできれば、いわゆるジャパン・テイストのクルマも夢ではないと思います。（資料③）

以上のように、乗る人のニーズに合わせていろいろな個性が盛り込めるようになれば、クルマの世界も今後、相当に変わってくると思います。そして、そこまでいくと、本当に「マイカー」という感じになってきますから、ユーザーのほうも道具という以上に、自分のクルマに深い愛着を抱けるようになるのではないでしょうか。

資料③

**和紙の電気自動車**

2000年開催のハノーバー万博で展示された和紙の電気自動車「ランタンカー“蛍”」。車内の照明装置でほんのりと辺りを照らし、まさに和風テイストのクルマとして注目された。今後は自動車生産に自然素材を取り込むことで、こうしたクルマが身近に登場する可能性もある。

共同通信社提供

# 交通システムのインテリジェント化

日本では今、次世代交通システムの構築にも熱心に取り組んでいます。情報通信技術が道路などのインフラに組み込まれることによって、日本の交通社会はこれからどのように変わり、何が実現されていくとお考えですか？

## 日本はＩＴＳ推進のトップランナー

日本では今、道路のインテリジェント化が急ピッチで進められています。これは、道路に情報通信技術を組み込むことで、ＩＴＳ（高速道路交通システム）を構築しようというもので、ＩＴＳ自体は安全運転支援、交通管理の最適化、公共交通支援、歩行者支援など九つの開発分野から考えられています。（資料④）　一言でいえば、最先端の情報通信技術を駆使して、「人—道路—車両」を一体のシステムとして構築しようというもので、これからはその方向で道路整備が進められることになります。

そのなかで皆さんによく知られているのは、ＶＩＣＳとＥＴＣだと思います。ＶＩＣＳ

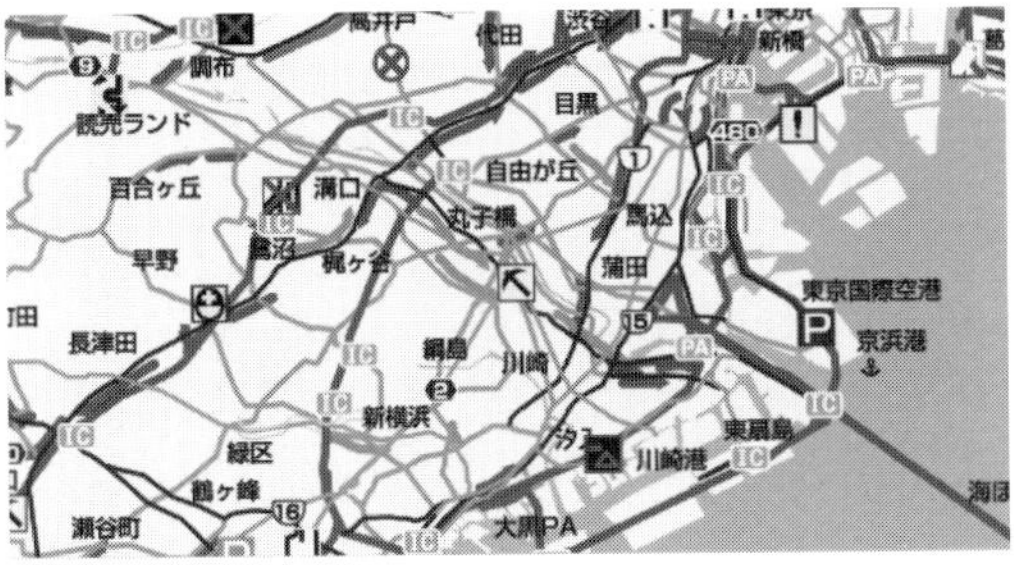


ＶＩＣＳ

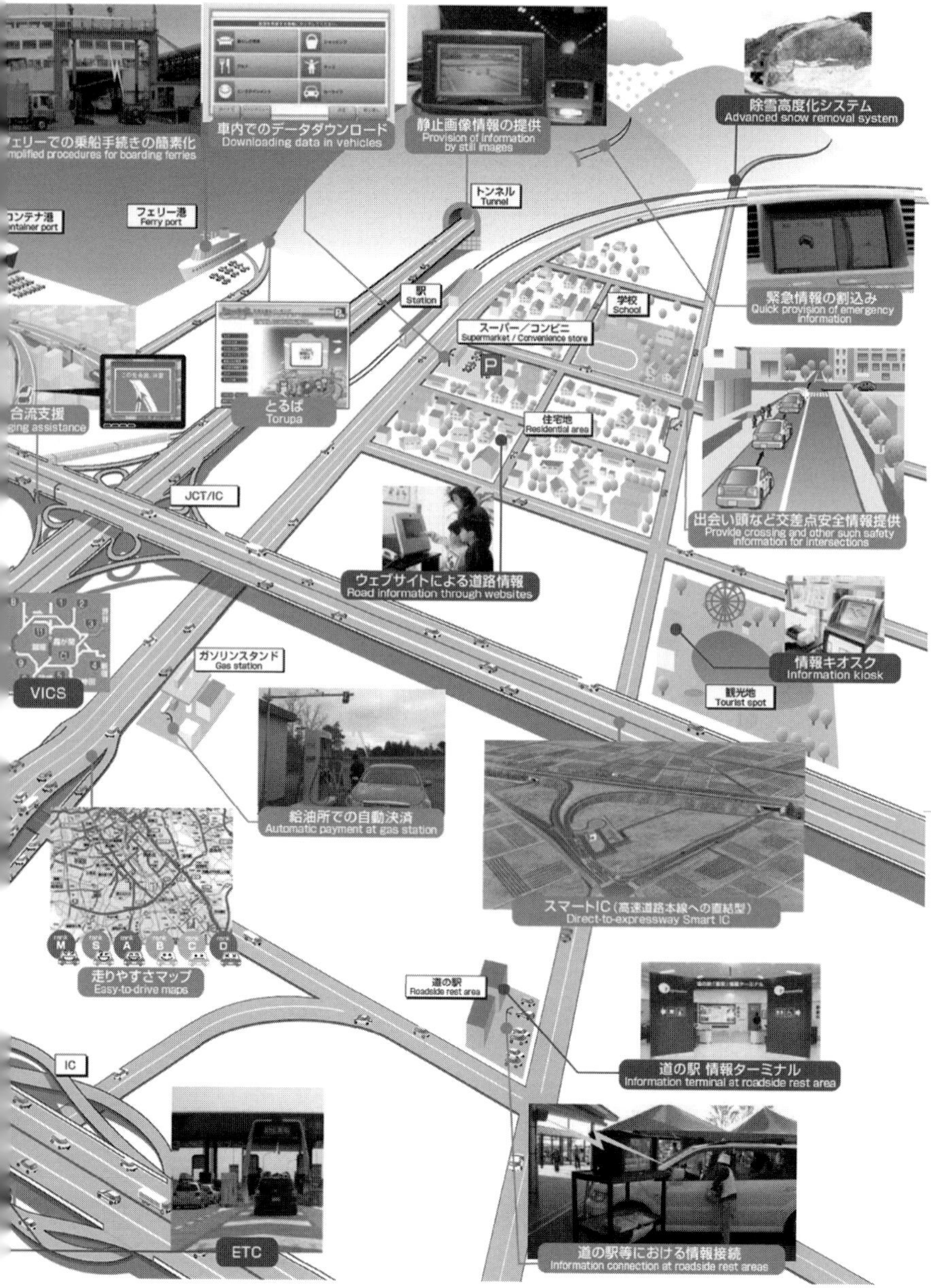


国土交通省道路局ITSホームページより

## 2007年以降、広がるITSサービス

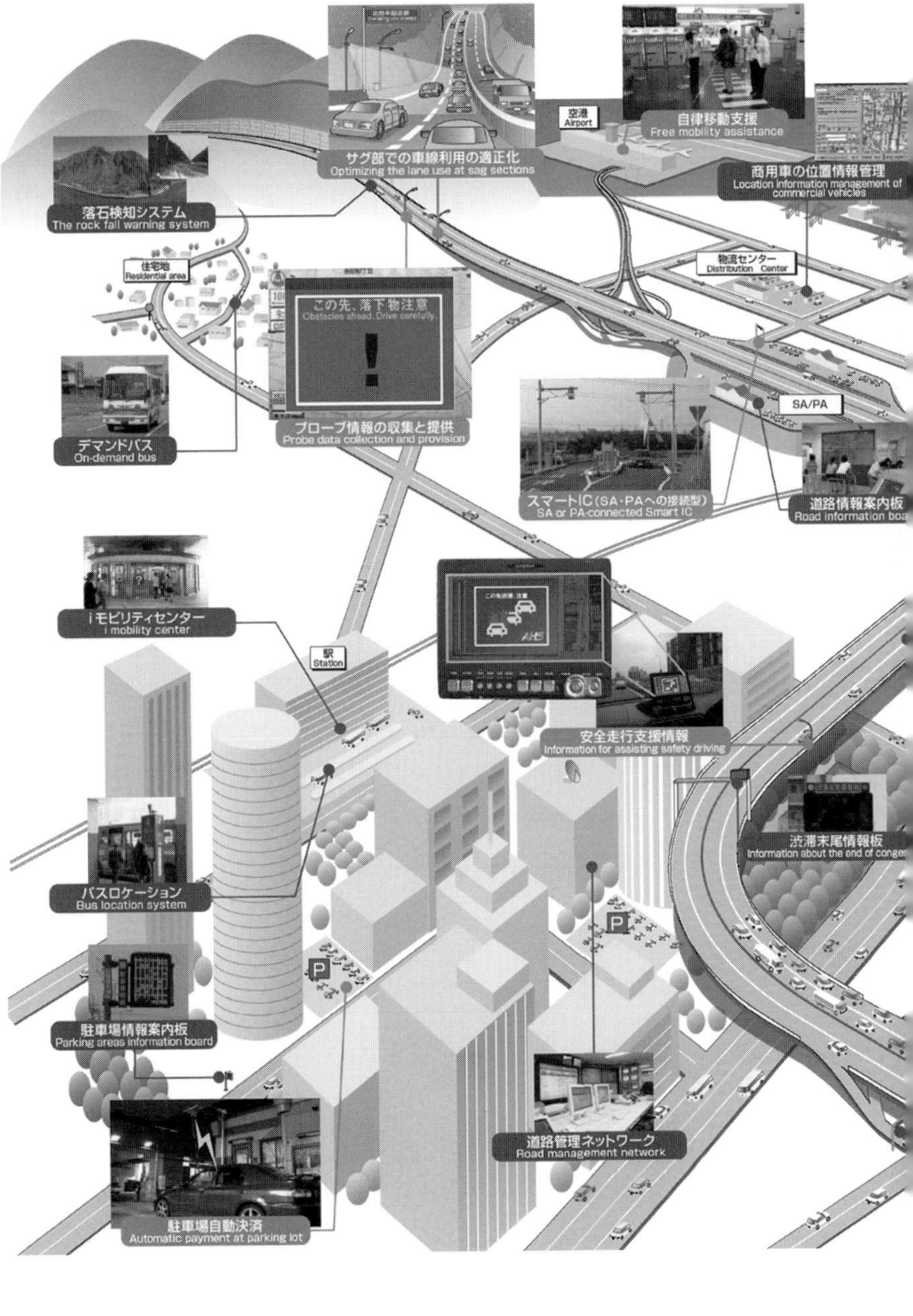

は、日本語では「道路交通情報通信システム」と呼ばれており、これは道路に設置した発信器（ビーコン）やＦＭ電波を使って、カーナビに情報を送るシステムのことです。これによって渋滞や交通規制の情報、目的地までの所要時間などがリアルタイムに表示されるだけでなく、駐車場の空き情報や、ショップ、レストランなどの情報も送れますから、かなり汎用性の高いシステムだと思います。

一方、ＥＴＣとは「ノンストップ自動料金支払いシステム」のことで、これはＥＴＣ車載器にＩＣカードを挿入し、有料道路の料金所に設置されたアンテナとの交信によって、車両を停止させずに通行料金を支払えるシステムのことです。ＥＴＣはすでに全国の料金所で設置が進んでいますが、このように異なる事業者間の道路でも利用可能な支払いシステムを実現したのは、日本が世界で初めてといわれています。

道路のインテリジェント化自体は、こうして着々と進んでいますが、ここで重要なことは、現在利用が可能なＶＩＣＳやＥＴＣなどは、ＩＴＳのトータルな概念からすれば一部にすぎず、実現すべきことはまだたくさんあるということです。今後はとくに、情報通信技術をもう少し総合的に使うことによって、実際に渋滞を解消したり、都市間の交通の流れをマネジメントする方向で発展させていく必要があり、すでにそういう社会実験が各地で進められています。

たとえば今、成田空港から都内に入るバスは、渋滞路は避けて別のルートを進むフレキシビリティを持っています。これは「ナビゲーション・システム」といって、各地の渋滞状況がわかっているときに、目的地に到着するにはどのルートを選ぶと速いかを表示するシ

ETC

毎日新聞社提供

ステムが、それぞれのバスに搭載されていているからです。そして道路から渋滞情報を逐一得ることで、いちばん最適な経路を選べるようになっているわけです。

これに対し、今後は「ダイナミック・ルート・ガイダンス」という概念で、渋滞を知らせるだけでなく、渋滞そのものを現実的に解消していこうという動きがあります。これは、あのクルマはこっち、このクルマはあっちというようにガイダンスで誘導し、交通の流れを分配することで道路の混み具合のバランスを取っていこうという考え方で、まさにこれは交通マネジメントの領域に踏み込んだ、従来よりもワンランク上の試みといえます。

しかし、クルマの台数がどんどん増えてくると、どうマネジメントしても駄目だという領域があって、この方法でどこまで対応できるかについてはいろいろと議論があります。今の東京ぐらいの交通量だと、まだ効果があるようですが、もう少し混んでくると、どこを走っても渋滞中になってしまいますから、それよりもバイパスを一本通したほうがはるかに効果的だという意見もあります。

このように、まだ理想的な展開になっているとはいえませんが、ただ海外の状況を見ても、ＩＴＳによる交通マネジメントの分野では、日本が今、トップを走っていることは確かです。海外には、日本ほど複雑な道が多くないので、日本のように交通マネジメントを発展させる必要がないともいえますが、いずれにしても今後、日本はこの分野でパイオニアの役割を果たす可能性が高く、その意味でも積極的に推進されるべきだと思います。

## スマートウェイとASVの普及が鍵

そうした取り組みの一環として、国土交通省の道路局では、道路の知能化を推進する「スマートウェイ・プロジェクト」を二〇〇〇年に立ち上げ、その後は全国規模でインフラ整備を推進しています。これは、多様なITSサービス展開の基盤となる道路（＝スマートウェイ）を、全国で段階的に整備していこうというプロジェクトで、いわばITS実現の鍵となるインフラづくりといえます。

私はその作業部会の委員をしていますが、そのコンセプトのなかには渋滞解消、安全運転支援、インターネット利用による情報提供サービスなどが組み込まれてはいるものの、現時点ではETCと同様、「路車間通信」だけを前提に検討されているため、残念ながらアイデアとしては、あまり夢を感じさせる世界には広がっていないような気がしています。

一方、クルマ同士が会話する「車車間通信」を利用して、お互いに見えにくい交通常用での事故防止の支援をしようという、「情報交換型運転支援システム」の技術開発を、国土交通省自動車交通局が一九九一年から設けた「先進安全自動車[※4]（ASV）推進検討会」で検討しています。「ASV推進検討会」は一期が五年計画となっており、現在第四期目を推進中です。私はその座員であり、下部組織の「ASV技術開発分科会」の分科会長をしています。

そのほか、警察庁のUTMS[※5]など、各省庁で推進するITSのプロジェクトがあります。これらのプロジェクトは独立した機能のものではないので、ITSをトータル・デザインする発想が必要なのですが、ご存知のとおり日本は縦割り行政ですから、なかなかそうい

**4 ASV (Advanced Safety Vehicle)**
最新の情報通信技術などにより、クルマを高知能化して安全性を格段に高めるとともに、高度道路交通システム（ITS）技術のクルマとしての受け皿となるもの。学識経験者、自動車・二輪車メーカー（一三社）、関係省庁を委員とする「先進安全自動車（ASV）推進検討会」において、将来に向けた安全自動車技術の研究、開発が推進されている。

**5 UTMS (Universal Traffic Management Systems)**
ITSの一環として、警察庁が推進する交通の安全と円滑、環境の保護などを目指した新しい交通管理システム。光ビーコンを用いた個々の車両と交通管制システムとの双方向通信などにより、「安全・快適・環境にやさしい交通社会」の実現を目指している。

う流れにならないという問題を抱えていました。しかし、二〇〇六年に内閣府が発表した「ＩＴ新改革戦略」のなかに、「世界一安全な道路交通の実現」の目標がかかげられ、ようやく、警察庁、国土交通省、総務省、通産省というＩＴＳ関連四省庁が一丸となって動ける体制が構築されようとしています。

ちなみに、「車車間」通信について、一つだけ技術的な課題を挙げておくと、今求められているのはＧＰＳによる測位精度の向上です。日本のＧＰＳは現在、アメリカの衛星を使っていますが、この衛星は誤差約三〇ｍの精度で、三〇ｍもずれると同じ車線内に他車がいるかどうか判断ができません。

これを、「路車間通信」と協調することによって、どこの車線に存在しているかということを同定することが可能です。このように、トータルで運転支援システムのデザインを進めていく必要があります。

道路環境のインテリジェント化とは別の切り口で、交通社会をうまくマネジメントしていこうという動きはないのでしょうか?

## 新しい地域交通システムへの取り組み

もう一つ別の切り口として、クルマの共同利用を促進するという考え方があります。これは、ある地域内でクルマを共同保有し、使いたいときだけ利用して乗り捨てるという考え方で、いってみれば誰もが借りられて、どこでも乗り捨てられるレンタカーのシステムのようなものです。これだと必要なクルマの台数を抑えられる上に、地域内の交通需要もある程度コントロールできるようになります。また、クルマを回収する際、クルマの台数分の人間が行くのは非効率なので、先頭の一台に乗る人だけ行けば、あとのクルマは数珠つなぎにして持って帰れるような技術を組み合わせれば、全体の効率はさらに高まります。

ちなみに、この数珠つなぎの原理を応用した実験では、ダイムラー・クライスラーがリーダーとなって一九九四年から一九九八年まで行っていた「ショーファー」※6というプロジェクトが有名です。これは、トラックを使って高速道路を隊列走行するとき、いちばん前の運転手だけが操縦して、残りは無人にするというもので、この考え方は人件費の削減なども含めて、かなり可能性を感じさせる技術だと思います。しかし、現時点ではまだ、それによってどのような社会的効果が得られるかの検証が不十分で、いろいろと未知数の部分もあります。

クルマの共同利用については、日本ではホンダが、一九九六年から「ICVS」という名称のプロジェクトを立ち上げ、ツインリンク茂木でデモ実験を展開して、国内外のいろいろな地域へ導入を呼びかけたことがあります。(資料⑤) しかし、基本的には電気自動車など、次世代型モビリティの使用を前提に進めていますから、車両コストなどが非常に高くつき、実用への道のりが遠いところがあります。

いずれにせよ、クルマの共同利用の本当の可能性は、自治体がそれをどこまで真剣に考えるかにかかっていると思います。電気自動車などを使うとコスト高になりますが、普

**6 ショーファー・プロジェクト**
EUの第四次フレームワーク(一九九四—一九九八年)の一つとして、ダイムラー・クライスラー社を中心とする自動車メーカー、研究機関によるトラックの電子的結合走行プロジェクト。カメラを使ったビジョンシステム、車々間通信、車両システムを利用し、運転手の乗った先頭車両の後に、もう一台が自動追従する。一九九九年にドイツで実道デモ走行が行われた。

**7 INRIA (Institut National de Recherche en Informatique Enautomatique)**
一九七九年、フランス政府研究者、経済財政産業省が共同管理する研究所として設立。ネットワークシステム、自動制御、シミュレーションなどフランスの情報・制御について研究している。研究成果の技術移転やその成果を利用したベンチャー企業の設立支援も積極的に行っている。

通のガソリン車でも十分にできますし、都市の渋滞解消には非常に有効な方法だと思います。海外では、フランスの「INRIA」[※7]という自動化の研究所が、パリでの導入を想定し、かなり具体的な提案を行っています。共同利用というコンセプト自体は、私は悪くないと思いますので、日本でも比較的クローズドな環境を想定して、ガソリン車なども視野に入れてより現実的な方法を探っていけば、実現の可能性もいずれ見えてくるではないかと思います。

資料⑤

**クルマの共同利用に向けて**

本田技研工業（株）が推進している地域交通システム「ICVS」の実験風景。先頭の１台に人が乗るだけで、後続車を数珠つなぎにして運べる実験車が導入され、より効率的なクルマの共同利用を目指した研究や社会実験が続けられている。

（株）本田技研工業提供

# 次世代モビリティの可能性

ここから先は、二一世紀に人類がどのようなモビリティを獲得できるかということで、少し夢のような話も含めてうかがえればと思います。二〇世紀は結局、自動車の世紀だったといえますが、二一世紀にはどのようなモビリティが出てくるとお考えですか?

**スピードへの挑戦が、技術革新を促す**

鉄道や飛行機などと違って、クルマは個人移動の身軽なモビリティとしては、非常に普遍性があると思います。しかも、我々は今、二〇世紀に築いてきた自動車交通の延長線上で、道路のインテリジェント化をはかったり、自動運転の可能性を探っているわけですから、陸上の交通については、基本的には二一世紀においても、その積み重ねの上に成り立って発展していくのではないでしょうか。

ただし、クルマのスピードなどは、まだ相当に伸びる可能性があります。今よりも速く走れて、かつ安全なものができれば、それに越したことはないわけで、私は、会議や講演などではいつも、「時速三〇〇㎞で走れるクルマをつくろう」と話しています。これは別に、

スピードへのチャレンジ

毎日新聞社提供

三〇〇㎞という数字にこだわるわけではなくて、そのぐらいのスピードで走っても安全なクルマを目指すことによって、技術的には相当に進歩すると考えるからです。

たとえば今、時速一〇〇㎞で安全に走れるクルマをつくるのは、それほど難しいことではなくなっています。しかし、時速三〇〇㎞で走って、なおかつ安全なクルマを開発するとなると、当然さまざまな課題が出てきます。仮に、トラックで三〇〇㎞のスピードで走ろうと思ったら、今とは比較にならないほどの慣性が働くため、トランスミッションなどは、今のままでは絶対に成り立ちません。しかし、そうしたチャレンジを通じて、新技術が生まれたり、新素材の可能性が見えてくるものだし、技術者のモチベーションを上げる意味でも、そういう難しい課題があったほうがいいと思うのです。

ですから、三〇〇㎞は危険だから止めろというのではなくて、どんどんチャレンジしたほうがいい。実際そのくらいのスピードで走れるようになれば、京都まで片道二時間で行けるようになり、そうなると日本人のライフスタイルも変わってくると思います。やはり、そういう人間の生活感を変えるような、革新的な技術を追求することが重要で、それが二一世紀の交通の夢にも、おのずとつながっていくのではないでしょうか。

もちろん、これはクルマに限らず、あらゆる交通機関についていえることです。たとえば新幹線などは、長年スピードを追求してきましたが、新幹線がフランスのＴＧＶ[※8]に負けたのは、防音対策のために速度の追求を抑えたからだといわれています。フランスのＴＧＶは、農村地帯を走りますから、騒音問題はあまり起きません。そうした環境の違いがあるのは仕方のない話ですが、私自身は、やたら規制をかけておさえ込むよりは、もっと技

**8　TGV (Train a Grande Vitesse)**
フランスの超高速列車。一九八一年、パリ―リヨン間で当時の世界最高速度、時速二六〇㎞で営業開始。フランス国内にとどまらず、スイスやイタリアにも乗り入れている。また、ヨーロッパをはじめとした国外でもその技術は利用されている。二〇〇七年四月には走行試験において、非公式ながら時速五五四・三㎞を記録した。

共同通信社提供

術者にチャレンジをさせてもよかったと思っています。結局、そういうチャレンジの場がないと、技術者の技能もなかなか向上しないのです。

逆に、リニアモーターカー[※9]については、日本は今、かなり中途半端なことになっています。リニアモーターカーに使うエネルギーは、実は飛行機よりも、ずいぶん効率が悪い面がある。そのため、今後もあの開発に莫大な公費を投じるよりは、飛行場をきめ細かく整備したほうが得策だという話もあります。しかし、それもはっきりした話ではなくて、むしろ問題なのは、そういう総合的な検証がきちんとなされていないことです。日本では、クルマならクルマ、電車なら電車とすぐに個別の話になってしまい、交通全体の複合的な検証がほとんどできていません。今後は、そういったことをきちんと行っていくことも、交通全体の発展にとってかなり重要ではないかと思います。

## 小型モビリティの可能性

これからの移動手段でもう一つ考えられるのは、クルマよりもっとコンパクトなモビリティです。今、私の研究室でも、公共機関に持ち込めるぐらいのサイズで、自分が乗って移動できるようなものを研究中ですが、今後はそうした、より身軽なモビリティが出てくる可能性が高いと思います。

たとえば、アメリカのブッシュ大統領が乗って、転んでしまったことで有名になった「セグウェー」[※10]という乗物があります。あれは、実は私の発明です。セグウェーが出る一〇年前に、ホンダのアイデアコンテストで試作品を発表し、優勝した経験があります。セグ

**9 リニアモーターカー**
P204参照。

**10 セグウェー**
アメリカの発明家ディーン・ケーメンが開発したセルフバランス二輪電動車。二つの車輪の間に渡されたプレートの上に立ち、ハンドル操作により、旋回・回転を行う。

毎日新聞社提供

ウェーはそれとまったく同じコンセプトでつくられており、特許はホンダが持っています。

そういうこともあって、セグウェーをもう少し改良して、より安全で、電源が落ちても倒れないタイプのものができないかと、今、学生たちに試作車をつくらせています。セグウェーは二輪の上に立つので、止まれば自然に転げてしまいますが、あれがもう少しコンパクトになって、安全で使い勝手がよくなると、実用の道が開けるのではないかと思います。

それから愛・地球博で、球体[※11]のなかで人間が操縦する乗物がありましたが、今後はあのような個人ユースの乗物を、いろいろとかたちを変えて試してみるという方向はあり得ると思います。そういう試行錯誤を繰り返すことで、どれがいちばん実用的で安全なのかを、さまざまな使用目的を想定して探っていくわけです。ああいう小型の乗物は、エネルギー消費も少なくてすむし、駐車スペースも広く取りません。ほかにもいろいろとメリットがありますから、今後も積極的に研究を進めるべきだと思います。

また、そうした小型のモビリティが、これから高齢者の足になっていく可能性もあります。しかし、高齢化社会で注意しないといけないのは、あまりラクに移動できる道具をつくってしまうと、逆に高齢者が歩かなくなって、身体が衰えてしまうということです。実際、電動車椅子ばかり使っていると、高齢者の足がかなり弱ってくるという話もあります。

高齢者の移動については、今のクルマの概念をさらに高齢者向けに改良し、より安全で操作しやすいものにしていくという方向性が、一つ考えられます。（資料⑥）先ほどのような小型の乗物で、田舎道をトロトロ走るぶんには問題はありませんが、ある程度以上の速度になると、やはりクルマの概念が必要になります。そうなると、普通のクルマ以上の

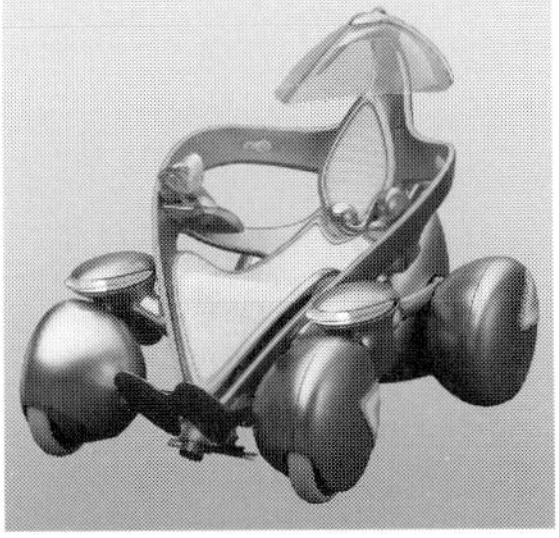

11　トヨタ自動車が愛・地球博に出展したi-unit

安全性を持たせる必要があり、結局はクルマの安全性を高める、それも、高齢者のいちばん不得意な部分をカバーするような技術が求められます。

たとえば、一部の地域を限定して、そこに自動運転の路線を引いて、その路線を高齢者が走るということであれば、かなり現実的です。閉じたコミュニティのなかでの自動運転車の利用は、そう難しくはありませんから、高齢者の多い小さなコミュニティでなら、大いに可能性はあります。自動運転というものは結局、今後はそういう場面を想定して進化していくのかもしれません。

もう一つ、高齢者向けの荷物の運搬用カートなども、いろいろと考えられます。今は荷物を運ぶにしても、日本はバリアフリーの施設がまだ少なくて、階段がいろいろなところにあります。そこで、階段を自動的に乗り越していけるようなカートができないかと、今、うちの大学で開発を進めています。高齢化社会をにらんだこうした支援ツールは、ほかにもいろいろと考えられますので、近い将来には種々のタイプが出てくると思います。

資料⑥

## 高齢者の運転頻度

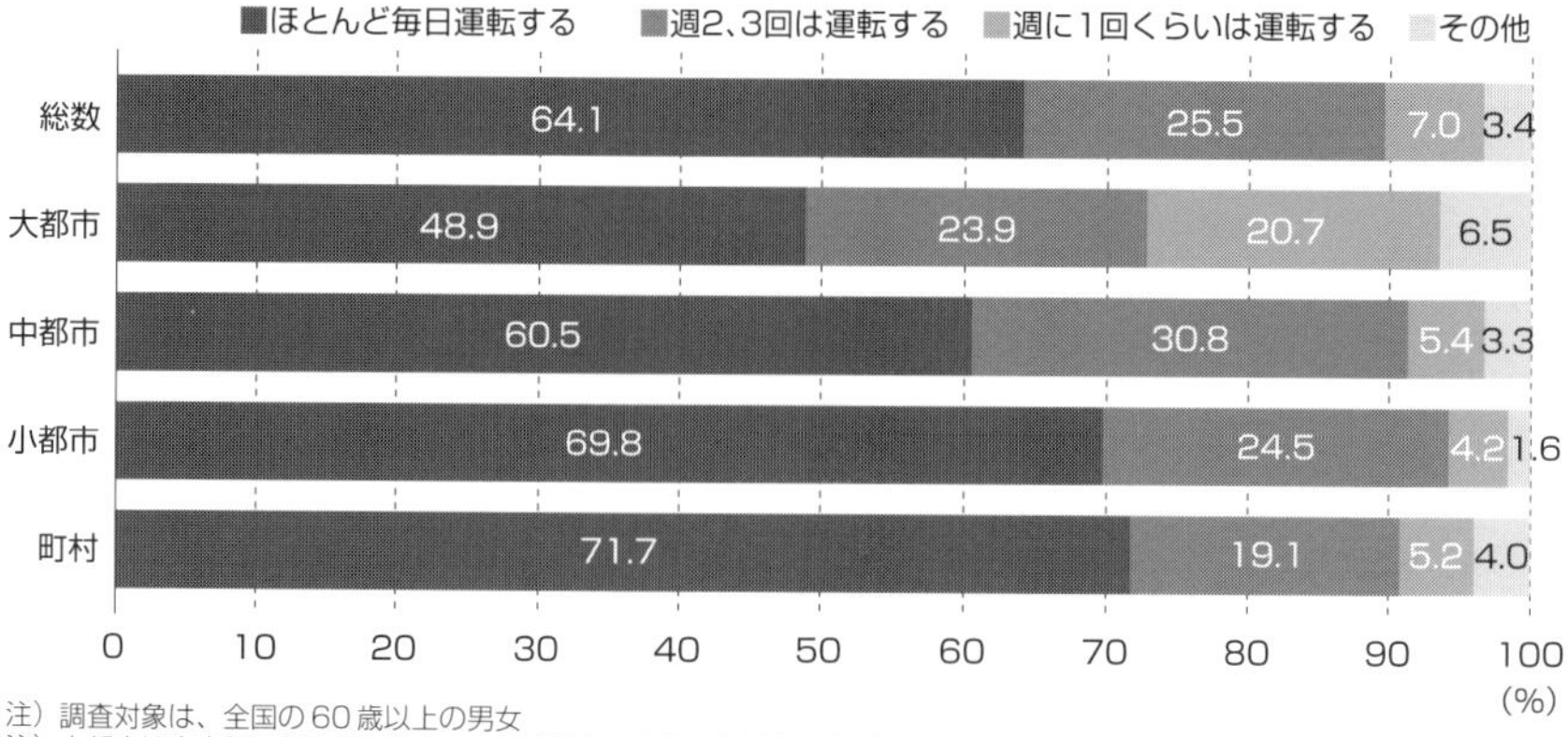


注）調査対象は、全国の60歳以上の男女
注）大都市は東京都区部と指定都市、中都市は人口10万人以上の市（大都市を除く）、小都市は人口10万人未満の市
注）「外出する際、利用する手段は何ですか。すべてあげなさい。」という質問に、「自分で運転する自動車」と答えた者を対象として、運転の頻度について、さらに質問したい結果を再集計している。
注）その他は、「月に数回しか運転しない」「年に数回しか運転しない」および「無回答の計」

内閣府「高齢者の住宅と生活環境に関する意識調査」（2006年）より

**これは夢物語かもしれませんが、たとえば最近のＳＦ映画で見かけるような、空飛ぶ小型自動車みたいなものは、実際にはなかなか難しいのでしょうか？**

## 「移動」の本質を考える

そうですね。そういう宙に浮くタイプの乗物は、現実的には相当に難しいと思います。ハリアー[※12]のような垂直のジェット・エンジンを積めば、ある程度できるかもしれませんが、それだと一台で何億円もかかるでしょう。ようするに、そういうタイプの乗物は、技術的には可能かもしれないが、コストや燃費がいちばんのネックになるのです。

数年前、学生たちにフライングカー（宙に浮くクルマ）の設計をさせたことがあります。その際、翼の面積や道路を走るときに生じる制約について検討しましたが、結局、今存在しているような翼の概念だと、クルマを浮かすには二〇ｍぐらいの長さの翼が必要だったり、飛行機とはかなり違う構造の翼をつくらないと、宙に浮かないという結論が出ました。

また、宇宙空間を手軽に移動できないかという話も聞きますが、これも逆重力の研究をしている先生はいますが、実際には素材やエネルギーの分野で、よっぽどの新発見や新発明がない限り難しい。仮に実現できたとしても、結局は莫大なコストがかかって、我々の移動に使えるような道具にはなっていかないと思います。

ようするに、そういうＳＦ映画に出てくるような乗物は、二〇〇年ぐらいたったらどうなるかわかりませんが、今の科学技術の延長線上では目処が立たないということです。しかし、技術者にとってみれば、そういう夢の乗物を想像するのは楽しいことですし、実際

**12　ハリアー（Harrier）**
実用垂直離着陸機。原型機の初飛行は一九六〇年。近年はイギリス、アメリカをはじめ、数ヵ国で戦闘機や攻撃機として運用されている。

ロイター＝共同通信社提供

にそこから何かのヒントを得られることもあります。ですから、誰もがたまには子供にかえったつもりで、大いに想像力を膨らませてみたほうがいいのではないでしょうか。

私がホンダの和光基礎技術研究センターにいた頃、クルマは二次元のモビリティなので、三次元のモビリティで何かできないかと考えて、ガスタービンを使った飛行機の研究を始めたことがあります。その後、では、四次元のモビリティだとどうかということで、いろいろと検討して研究を始めたのが、今のＡＳＩＭＯ※13です。

四次元というのは、ご存知のとおり、三次元プラス時間です。ここでいう時間とは、すなわち瞬間移動のことで、我々はそのとき、瞬時に別の場所に移動できるモビリティはできないかと考えた。その意味をよくよく吟味した結果、たどり着いたのが分身ロボットだったわけで、そこで「二足歩行ロボット」という、自分の分身となって動きまわれるモビリティを生み出そうとしたわけです。

四次元のモビリティまで考えていくと、人間は必ずしも自分が移動する必要はなくて、情報を取り交わすだけで事足りてしまうという選択肢も成り立つ。そう考えると、未来のモビリティを検討するといっても、実にさまざまな方向性が考えられることがわかります。

ですから、映画に出てくるような乗物をつくれば、それが未来だというような単純な話ではなくて、まずは人間が「移動」という行為に求めるものの本質について、熟考してみることが重要です。未来のモビリティのヒントは、おそらくそこにしかないし、もしそこで何かをつかむことができたら、いずれ我々が想像もしなかったような、まったく新しい概念のモビリティも生み出せるのではないでしょうか。

**13　ＡＳＩＭＯ**
本田技研工業が二〇〇〇年に発表した世界初の二足歩行ロボット。旋回や八字歩行、階段歩行、トレイの運搬、ワゴンの操作だけでなく、音声認識機能により、簡単な会話をしたり、周辺環境を認識し、障害物などへの衝突を回避することもできる。

財団法人　国際交通安全学会　シンポジウム

# 「交通社会をどうデザインするか」

平成一八年一二月八日（金）　於：東京・経団連会館

パネリスト：

中村　良夫・東京工業大学名誉教授
中村　英夫・武蔵工業大学学長
隈　　研吾・建築家・慶應義塾大学教授
水戸岡鋭治・インダストリアル・デザイナー
岩貞るみこ・モータージャーナリスト

コーディネーター：

武内　和彦・東京大学大学院農学生命科学研究科教授
栗原　典善・(株)典・NORI INC. 代表取締役

パネルディスカッション

# 「交通社会をどうデザインするか」

武内和彦（コーディネーター）

栗原典善（コーディネーター）

## 潤いをもたらすデザインとは何か

**武内**　これからの交通社会を豊かにしていくために、デザインの役割に焦点を当て、豊かさや潤いをもたらすデザインとはどうあるべきかについて、皆さんからご意見をいただきたいと思います。まず、中村良夫さんにうかがいます。中村さんは長年、太田川を中心に据えた広島市の都市再生に関わってこられましたが、その事例を踏まえながら、水辺を生かした街づくりの可能性についてお話しいただけますか。

**中村（良）**　私は、広島市で川岸の景観をデザインするプロジェクトに一九七六年からたずさわってきました。広島というところは、デルタの上に複数の川が流れ込む山紫水明の街ですが、その河川敷の護岸デザインがすべての出発点でした。そこからどんなふうに都市全体のデザインに発展していったのか、一つの事例としてお話しします。

広島では川岸にたくさんの民家が建っております。広島で財をなしますと、こういう岸辺に家を建て、後ろの山に包まれ、川風に吹かれながらお酒でも飲むといった風流な生活を送ることが、古くからの理想だったそうです。しかし、ご存知のように、戦後にいろいろな経緯があって、その川岸の部分が非常に荒れてしまいました。こういう状況を少しずつ変える護岸整備をやっていく仕事の延長で、原爆ドームのすぐ前の川岸にテラスをつくるなど、水辺に活気を取り戻すさまざまなデザインを行いました。そうしたことをしているうちに、だんだんと川のほうに市民の注意が向いてきまして、今では観光船が動いたり、あの辺りの建築が皆、川岸のほうに顔を向けて建つというところまできています。

私自身は、単純に護岸のデザインをしたつもりはなくて、その作業を通じて川を中心に都市を結晶させていく仕事をしたようなつもりでおります。河岸には今、非常に居心地のいいカフェテラスができまして、そこから川を眺めなが

中村良夫

らくつろげるようになっています。ようするにこれは、戦前の広島の市民がほとんど無意識にやっていた水辺の風流が、現代の都市によみがえりつつあるということです。

実はこの水辺のカフェテラスの半分は河川敷で、そこにコーヒーショップを設けることに対しては、飲食店の営業許可の問題、公衆衛生法上の問題などいろいろなバリアがあって、非常に苦労しました。それを皆で知恵を出し合って、やっと実現にこぎ着けましたが、こうしたこともやはり長い時間をかけて、広島の市民が川と街を結び付けて考えるという作業をやってきた一つの成果であると思います。そして、観光船が登場し、同時に市民がNPOで運営する水上タクシーが現れるなど、最近はますます川を都市機能に組み込む方向で動きが加速しています。

川のデザインとは結局、都市デザインのなかに水辺をどのように織り込んでいくかという問題だと思います。それは都市側の建築、街並みと、河川管理、公園管理といったものを一つに綴り合せて物語をつくっていく仕事であって、そのなかに交通機能もうまく組み込んでいく必要があります。そういう総合的なデザインの視点こそ、これからいちばん求められるものではないかと考えています。

**武内**　続いて中村英夫さんにうかがいます。中村さんは都市計画家の伊藤滋さんたちと「美しい景観を創る会」を結成し、国土の美しさを国民運動にまで高めていこうとされていますが、その運動で興味深いのは「悪い景観百選」です。これは日本中の醜い景観を取り上げ、問題提起をするという試みですが、その話題にも少し触れながら、今日の景観問題について基本的な考え方をお話しいただければと思います。

**中村（英）**　私自身は、ほかの方たちのように、美しいものは何かといったデザインの良さの話はできないのですが、ただ、醜いものはきわめて不愉快だという神経は、私なりに持ち合わせているつもりです。そして、そういう醜いものを、可能な限り我々のまわりからなくしていきたいと願っています。それはいったいどうすればできるのか。たいへん難しい話ですが、「こういうことは、いくらなんでもやめたらどうですか」という事例を示していくことが、一つあるだろうということで始めたわけです。

こうした問題を解決するにあたり、まずいろいろなかたちで景観を形成するものに規制

中村英夫

をかけていくことが、一つ考えられます。景観法ができて、それをもとに地域で景観条例がつくられるようになり、京都ではかなり厳しい規制を導入しようとしております。こうした規制は当然、必要でありますが、それにもまして大事なことは、国民の意識改革です。我々は生まれたときから看板に囲まれ、電線が張り巡らされたなかで暮らしてきて、あまり不思議とも、不愉快とも思わずにきたところがあります。しかし、こうして好ましくない例を今さらながら見ていると、やはり日本の景観はひどいものだと思うわけで、そういう意識を国民全体で共有して、それらを一つでもなくしていこうという気にならないといけないと思います。

ドイツでタクシーに乗ると、運転手がよく、「あの建物はとんでもない。ああいうものは、なんとかしないといけない」というようなことをいいます。ドイツは地区計画上での規制が非常に厳しく、そう簡単には勝手なものを建てられないのですが、それにもまして市民の目が厳しいわけです。ところが日本では、変な建物や汚い看板があっても、タクシー運転手から「あれ、なんとかならないか」などといわれたことがない。そういうメンタリティの改善こそ、まず必要ではないかと思うわけです。

かなり前ですが、国際交通安全学会で、「もう少し交通標識や看板を整理できませんか」と、警察の方に話をしたことがあります。そのときは、それよりも事故がないことが絶対だということで一蹴されました。安全は、快適さや品格といったことの前にくる最も基本的な条件であり、まずそれをクリアすることが先決であることは、いうまでもありません。ただし、それだけではいつまでもやっていけないこともまた、無視できない事実だと思います。私が非常に気に入っている小学生がつくった標語があります。それは、「私のおうちは、みんなの景色」というものです。これは、自分たちの家も庭も皆の景色の一部であるという意識を持とうということですが、ようするに、今の日本人にいちばん足りないのはそういうメンタリティだと思うのです。

そういう意味では、北海道から始まったシーニック・バイウェイの運動は、景観改善の意識を沿道の人たちが持ち始めたという意味で、たいへん好ましいものと思っております。わが国もだんだんとそうした方向へ向かっているわけで、今後はそれを全国的に波及させてゆくことが大切だと思います。

そこで、私たちが関わっている日本橋プロジェクトについて、少しご紹介しておきます。これは日本橋の上から高速道路を外すだけの話ではなくて、この地域全体の街づくりであり、川の回復であり、都市の安全確保のためのプロジェクトであります。日本橋はご存知のとおり、江戸文化発祥の地で五街道の起点とされたところです。その日本橋周辺を高速道路の移設を一つの契機として、川筋に沿って総合的に再開発してゆく。そうして豊かで品格のある街づくりのモデルケースとなって、それを全国に波及させてゆくことが最大の狙いです。日本の都心の象徴ともいえる日本橋地区の再開発は、必ずや全国の都市再生への強い気運を促すに違いない。私たちはそういう気持ちをこめて、このプロジェクトを提案しているわけで、それはわが国の未来のためにどうしても必要なプロジェクトであるということを、ぜひご理解いただければと思います。

**栗原**　日本橋川のプロジェクトについて、会場から質問が届いています。「あれだけのプロジェクトを進めるとなると、かなり大きな投資が必要になるが、経済効果についてはどのようにお考えか」ということですが、いかがでしょうか。

**中村（英）**　プロジェクトの適否の重要な判断基準として費用対効果があります。この指標で見るかぎりは、日本橋プロジェクトの費用対効果は圧倒的に高い。今の日本でやっているたいがいの道路のプロジェクトは、いわゆる国民経済的な意味での内部収益率という指標で見ると、高くても4～5％程度です。これに対し、日本橋プロジェクトの内部収益率は25～40％で、非常に国民経済的な意味での収益性が高い。まさに圧倒的に高い費用対効果が望めるプロジェクトであるといえます。その効果は何で測っているかというと、それは日本橋・大手町地区の商業的な価値の上昇に伴う土地の資産価値の上昇などです。それ以外にも、仮に神戸で起こったような地震に見舞われた際に、現在のままで起きうる被害の回避といった観点も入れれば、もっと高い効果がありましょう。問題は、その利益が一部にだけ偏在してしまうのではないかという懸念であります。一部の人だけが儲かるようでは困るわけで、そこのところは、収益が全体に波及する仕組みをきちんと整備していく必要があると考え、開発利益の還元をも提言しています。

**武内**　次は隈研吾さんにうかがいます。隈さんからは、街全体と個々の建築との関係、建築が都市デザインとどのようにバランスを取っていくべきかといった問題について、「街区」というスケールの扱い方の問題にも踏み込みながら、お話しいただければと思います。

**隈**　これは、実はいちばん難しい問題です。今の考え方だと、都市は敷地単位でしかモノが構築されていかないからです。しかし、この敷地単位にこだわっていたら、都市改造は何百年もかかるかもしれない。ひょっとして生きているうちには、何も変わらないのではないかという懸念があります。そういう一種諦めみたいなもの、とくに日本人は、「結局はヨーロッパに勝てるわけがない」といった諦め感が強い。しかしヨーロッパの街並みを見ても、人工的にストーリーをつくり、そのストーリーに基づいて、かなり短期間で街を整備した事例がたくさんあります。たとえば、私がびっくりしたのは、イギリスのチェスターという街の話です。この街は中世の街並みが残っていることで有名で、観光客もたくさん行きますが、実はその街並みの八割は、一九世紀に再現されたものだといわれており、

隈　研吾

本物の中世から残っていたものは二割しかないといいます。

一九世紀にイギリスで一種の中世回帰運動、たとえばラスキンといった人たちの運動が起きます。そういう動きは、世界のなかでもイギリスがかなり早くて、日本は一世紀以上遅れているという見方もあります。いずれにせよ、チェスターでは中世から残っている二割の街並みに基づいて、少しずつ全体の街並みを昔の状態に戻していった。そのもとになる確かな資料はないわけですから、彼らは自分たちが考えるストーリーに従って、想像力でもって街全体を変えていったわけです。そうすると一〇〇年で十分に中世の雰囲気がよみがえったといいます。それで観光客は、あれはぜんぶ中世の建物だと勘違いして感激するわけです。私もすっかり騙されたほうで、「ああ、いいなあ」と思って帰ってくると、実はぜんぶ一九世紀の建物だったと聞いて非常に驚いた経験があります。

そういう例はヨーロッパにはたくさんあります。少し脱線しますが、ローマのカンピドリオ広場は、ミケランジェロがつくった傑作といわれている広場です。広場には黒と白の石を混ぜて、きれいなパターンが描かれていまして、観光客は、あれはミケランジェロがつくったと思い込んでいますが、実は戦前の写真にはそれが写っていない。ミケランジェロは絵を描いただけで、その当時は実現できなかったのです。しかし、我々は戦後にミケランジェロのパターンをまねてつくったものを見て、「ああ、あの時代の石はいいなあ」と感激する。このように都市というものは、そこに市民の思い入れがあり、ストーリーがしっかりしていれば、我々はむしろ積極的にそれに騙されるものなのです。

日本橋のプロジェクトも、普通の川を復活させるわけではなくて、日本の街道の原点となる橋を復活するという、非常に力強いストーリーがあります。それがきちんと意識されれば、一〇〇年後を見据えてかなり創造的な街づくりができるはずです。結局は我々のやる気にかかっているわけですが、一〇〇年先というと、すぐにヨーロッパの街にはかなわないとか、歴史のある街にはかなわないといって、日本人はわりと簡単に諦める。ところがそのヨーロッパの街には、実は一〇〇年、二〇〇年で改造したものもあるということです。今のパリを見ても、パリの都市改造はナポレオン三世が行ったもので、一九世紀の半ばです。それ以前のパリは、非常に乱雑といいますか、中世的な、きわめて狭い路地が入り組んだ街でした。今のパリは何百年もかけたように見えますが、実際にナポレオン三世がパリ改造をやったのは十数年間だけです。都市改造というものはそのぐらい、やる気があれば短期間でできるということで、日本人もすぐに諦めたりせず、もう少しポジティブに街づくりを考えてもいいように思います。

**武内**　二〇世紀以降、その街のなかで最も重要な交通手段となってきたのが自動車です。岩貞るみこさんはモータージャーナリストとして、安全や環境などさまざまな交通問題を取材されていますが、今日はユニバーサルデザインという視点から、クルマのデザインや、交通景観の問題についてお話しいただけますか。

岩貞るみこ

**岩貞**　最初にクルマそのもののお話をしたいと思います。今やクルマは、本当に家電製品と同じように老若男女を問わず、国境を越えて販売され、共通して使われている国際的な商品です。しかし、それが逆にユニバーサルデザインなどを考えるとき、問題を難しくしている面があります。一度、ユニバーサルデザインがご専門の中川聰さんとお話をしたときに、固く絞ったスクリュータイプのビンを子どもに渡すと、日本の子どもたちは最後まで手で開けようとするが、ヨーロッパの子どもは、最終的に口で噛みついて開けようとするというお話をうかがいました。ようするに、瞬間的に行動するときには、本来持っているDNAといいますか、国民性が発揮されるところがあって、国や地域によって反応がぜんぶ変わってくるわけです。ですから、ユニバーサルデザインと一言でいっても、万国共通でつくればよいというものでもなく、いろいろと難しい面があるのです。

　その意味で、クルマのインテリアや操作系のデザインも難しいのですが、私が今、いちばんかわいいなと思って気に入っているフォルクスワーゲンのポロというクルマがあります。インテリアも、わりとまじめなデザインが多いフォルクスワーゲンのなかで、とてもポップでカラフルなデザインになっていますが、なかでも特徴的なのは、操作系の部分にほとんど言葉が使われていないことです。つまり、誰が見てもすぐにそれとわかるように、操作系の部分にかなりデザイン的な工夫が施されているわけです。

これに対して、日本車の場合は、最近とくに日本語表記が流行しつつあります。バブル全盛の頃はわりと英語表記が主流でしたが、どうも高齢の方に不評ということで、最近は日本語、漢字などで表記されることが多くなりました。ですから、日本語表記をしたがる国産車と、ユニバーサルデザインを駆使する輸入車という構図が、最近のクルマの傾向として一つ言えるのではないかと思います。これはどちらがいい、悪いとは一概にはいえませんが、やはりクルマは世界的な商品であり、国内でも外国人が利用する場面があることを思えば、日本のメーカーももう少し視野を広げて、それなりに普遍性を持ったデザインを追求する必要があるのではないかと思います。

交通社会のデザインということでは、最近、気になっているのが標識です。ある公式の会議で、警察の方が、「標識さえちゃんと見ていれば、事故は起きません」と断言されたことがありますが、実際には、標識などは取り締まる側の都合だけでつくられている面が多いように思います。標識の役割は、いうまでもなく人やクルマをいかに安全に、わかりやすく誘導するかであって、そのためには一瞬で判断できるような見やすさ、わかりやすさが求められます。そうした標識をつくるためには、利用者の視点を重視して考えることが大切だと思いますが、今の標識や案内板は、それがほとんどなされていないのです。まずは利用者視点を無視しないこと、そして、標識によって交通の流れをデザインするといった発想を持たないと、本当に使い勝手のよい交通環境にはならないと思います。

もう一つ、私は交通社会をデザインするなかで、絶対に外してはいけないのは「機能美」だと思っています。機能がともなわないで見た目だけを優先することは、交通社会ではあり得ないことです。たとえばクルマの操作系でも、いくらカッコよくても操作ミスが出やすいものだと、事故を引き起こす原因になります。事故にならないまでも、少しアクセルオフしたときにスピードが低下すると、それが渋滞を巻き起こして環境を悪化させるなど、まわりまわってさまざまな悪影響を及ぼします。ですから、あらゆるもののデザインにおいて、まず求められるのは機能性であり、そこに美しさや楽しさ、ステータス感といった付加価値をどうプラスしていくか。これが、交通社会のデザインにおける問題設定の正しい順番だと思います。

## 地域デザインの課題

**武内** 次に、水戸岡鋭治さんにうかがいます。水戸岡さんは電車のデザイン以外にも、駅舎を中心に街との接点となる部分のデザインも手掛けておられます。そうした仕事を通じて、さまざまな人たちとの対話を続けながら、その人たちのデザインに関わる感性の底上げをしていく必要性を指摘されていますが、その点を少し掘り下げていただけますか。

**水戸岡**　一つの事例として、街や駅のサインのお話をします。サインの前に、都市のデザインがあり、道のデザインがあり、建築のデザインがあって、それらがうまく機能していない限り、サイン計画も難しく、わかりにくく、複雑になってしまうところがあります。駅のサイン計画をするときに、いつも会社の方から、「初めて街に来た人にも、わかるようにしてください」という希望が出ます。しかし、初めて来た人がすぐにわかるサインデザインなど、そう簡単にはできません。私は「そんなものはできません。六〇%の人はわかるけど、四〇%の人はわからないと思います」といいますと、皆さんびっくりしますが、それが現実なのです。

都市とは、それ自体が大きな公共の道具であるという認識を持たない限りは、よいデザインはできないし、それを使いこなすこともできないと思います。たとえば、いちばんの問題は年配の方です。年配の方のほとんどは、街を利用するときも、ほかの公共の道具を

水戸岡鋭治

使うときもあまり学習しませんし、日本人はそれを当然としてきました。ずっと「弱者」ということでよしとしてきたことが、公共装置をつくるときなどに大きな問題になります。それは街をつくるときも同様です。しかし、学習をすれば一回目はわからなくても、二回、三回と繰り返すうちにわかるようになる。公共の道具とはそういうものであり、学習すればわかるようにデザインされている。つまり、街を住みこなすにも学習が必要なのです。それなのに「弱者のために」という口当たりのよい言葉だけが先行し、ちょっとわからない人がいると、すぐに貼り紙を付けたりする。それでデザインシステムが壊れてしまい、よけいに煩雑になってしまうのです。

学習するとは、ようするにコミュニケーションをはかるということです。デザインについても同じで、言葉で形や素材、使い勝手についてきちんと説明し、それを理解してもらわないといけない。それをしないとデザインは成り立たないし、正しい使い方なども浸透しないのです。しかし、日本人は戦後それをずっと怠ってきました。戦前はある程度できていたと思いますが、戦後はそこがすっぽり抜け落ちてしまったように思います。

学習の基本はコミュニケーション、会話ですから、自分の言葉で相手にきちっと伝える努力をしない限りは、立場を超えたコミュニケーションはできません。しかし、今の街づくりの現場で、いったいどれだけの人が真剣にそうした会話を成立させているでしょうか。私は日本の街がだめになったのは、コミュニケーション不足が原因だったと痛感しています。そこを改善しない限り、街はつくれないし、景観も改善されないし、自然も守れないのです。そうしたコミュニケーションをデザインの分野でどう実現していくか、そのことで日々悩みながら、本当にこれでいいのかと思いながら仕事を続けています。

ところで、日本の街がだめになったのは、私たち団塊の世代がいちばん問題だったという気がします。団塊の世代は戦後、ずっと勤勉な「企業人」として生きてきました。しかし、家庭や地域に帰ったときは、ほとんど「社会人」としての仕事をしなかったのです。それが戦後の日本で、街が壊れてしまったいちばんの要因だと思います。かつてはその時代なりに、人々は自分の仕事をしながらコミュニティにも関わり、近所の子どもの面倒をみたり、町の整備作業などにも参加したものです。田舎では、それぞれの家も皆でつくって、材料の地産地消もあれば、食の地産地消もある、人の地産地消、文化の地産地消までやったわけです。そういった自立的な仕事の仕方を、昔の日本人は知っていましたが、それが戦後、失われてしまったのです。

それをもう一度、本来あるべき姿にもどさないといけない。その鍵を握るのが、我々団塊の世代だと思っているわけです。我々の世代は、これから企業人を卒業し、社会人として再出発する時期を迎えます。この六〇歳以上の大人たちが頑張らない限りは、いくらカッコいい話をしても街はよくならないし、よい環境はつくれないと思います。

もう一つ、いつも気になるのは、教育というと、誰もが子どもの教育の話しかしないことです。私は国民一億三〇〇〇万人が同時に学習しない限り、あらゆることが進まないと思っています。子どもだけでなく、私たちも、お年寄りも勉強する必要がある。反省と学習の繰り返しによって、私たちは何をすべきか、街はどうあるべきか、といったことをもう一度理解し直さないと、美しい街はつくれません。私自身は、「デザインは公共のために、デザイナーは公僕であれ」と思っています。デザインの学習機会をつくることも、我々デザイナーの仕事の一つであり、それをしない限り、街づくりは成り立たないと、いつも思いながら仕事をしています。街づくりはすでに、専門家だけではすまないところまできているのです。

**武内**　景観の問題について語るとき、日本の自然は素晴らしいという話はよく聞きます。しかし、我々は自然保護のほうはかなりやっていますが、その美しい自然と、まわりの町との関係が非常にぎくしゃくしている面があります。そうした問題について、中村良夫さんのほうから少し追加していただけますか。

**中村(良)**　たとえば、北海道の知床は国立公園であり、世界遺産に登録されているたいへん美しいところですが、そのベースになっている町は、国立公園からすっぽり除かれているといった問題があります。そういう事例は全国にたくさんあります。国立公園行政は、基本的には自然保護行政ですから、小さな村がそのエリアにあっても排除されるのです。これは常識から考えてもおかしなことで、一度考え直さないといけない問題だと思います。それには、行政が公園行政、河川行政、道路行政、港湾行政などと分けて考えるのではなく、先ほどから市民の意識や教育の話が出ていますが、ようするに、行政も景観を総合的に考えていく一つのコミュニティに入り、そこに参加するプレーヤーの一人として動くことが重要なのです。たとえば、景観法のなかには、とくに美しく保つ必要のある構造物を指定できる景観重要構造物の規定がありますが、鉄道の構造物だけは対象から外されています。なぜそういうことが起こるのか不思議な話ですが、そういう不思議な話がいたるところにあって、縦割り行政の弊害は想像以上に足枷になっているのです。

日本はカメラやパソコン、クルマなど工場の塀のなかでつくるものに関しては、機能といい性能といい超一流で、世界を席巻しています。なぜそういうことが可能かというと、いいものは美しさも含めてマーケットが選別してくれるからです。悪いものにはマーケットは見向きもしない。ですから最後には、非常に美しくて性能のいいものが勝って残るわけです。ところが景観とか、都市の魅力になると、なかなかマーケットメカニズムが働きにくいところがありま

す。しかし、最近になって、こうした分野でもマーケットメカニズムが働き始めたと思えるフシがあります。

その第一は、東京にいるとわかりにくいのですが、地方都市でいえば近江八幡や古川、温泉でいえば由布院や黒川温泉など、非常にブームになっている町が出てきています。そういうところは、ほぼ例外なくコミュニティが非常にしっかりしていて、リーダーも立派な人がいますが、こうしたところにマーケットが反応し始めたということがあります。もう一つは、もっと大きな国際的なマーケットです。わが国がこれだけの伝統文化と経済力を持っているにも関わらず、外国からの観光客がきわめて少ないという話はよく知られています。国際マーケットのなかで、ジェット旅客機で動きまわるお客さんが各国の魅力を選別しているわけですが、わが国はあまり分がよくないようです。結局、総合的な意味での国や都市の魅力というものは、見て、直観的にわかりやすいところがあって、それが都市景観であり、国土景観なのです。人が心を動かされるという意味での国際競争において、日本は今、明らかに出遅れている感があります。我々がこれから競争力を獲得するためには、いわゆるコミュニティを形成する市民だけでなく、行政市民、企業市民といった多様な市民が参加して議論し、学び合える新しいコミュニティをつくり、そこで知恵を出し合って策を練らないと、総合的な街づくりなどなかなかできないと思います。

## 「弱者」のためのデザインの難しさ

**栗原**　先ほどユニバーサルデザインや、バリアフリーに関わる話が出ましたが、会場からそうした質問もあり、関心が高いテーマです。そこで少し視点を変えて、弱者に配慮したデザインの考え方についてご意見をうかがえればと思います。これから高齢社会を迎えるなかで、こうしたことはデザインの世界にも深く関わる問題ですが、その点について、まず岩貞さんからご意見をうかがえますか。

**岩貞**　弱者については、日本は経済性最優先でずっときていますので、正直いって取り残されていると思います。ここにきて、鉄道関係が熱心にエレベーターやエスカレーターを設置したりして、車椅子などの方が利用しやすくなってきていますが、駅に行くまでの道づくりといった部分では、非常に歩道の幅が狭かったり、乳母車が使いにくいといった問題がまだ多く見受けられます。私がいちばん気になっているのは、クルマに乗らなくなった高齢者がシニアカーのようなものを使い始めることです。そういった方々が増えてきたときに、車椅子や乳母車が通れない道は、シニアカーも通れないわけです。そうした問題が今後、あちこちから出てくるのではないかと思います。今のいちばんの問題は、道を整備する側の人たちが、刻々と変わる交通社会の現場をしっかりと把握できていないということです。道づくりのシステムのなかで、弱者の意見をしっかりと受け止め、それを生かしていくシステムづくりを早急に進めないと、五年後、一〇年後に大変なことになるのではないかと心配しています。

**栗原**　水戸岡さんは、先ほど「弱者のため」となんでも一律に考えること自体に課題がある、と指摘されましたが、もう少し論を展開していただけますか。

**水戸岡**　私自身、弱者への対応ということを意識はしていますが、そのためのデザインが完全にできているとはいえません。これは非常に難しい問題で、手すりを付けるとか、滑らないようにするといった目に見えるわかりやすいことは、簡単にできます。しかし、もっと本質的に、大きく「街」というスケールで考えると、それをトータルに実現するのは非常に難しいのです。ルール、マナーだけでも守ってくれると解決できることはたくさんありますが、ルールすら完全に守れないというモラルの危機的状況が、街にはあります。また、役所の人たちがその街のことをきちっと調査できていないために、たとえばどれだけの人が、どこを、何に乗って動いているかといった基本データを把握しきれていないという問題もあります。最近、ようやく改善されつつありますが、そのような状況のなかで私たちは役所や専門家やボランティアの人たちがワーキングした結果をもらって、それをもとに具体的な形や色、素材、使い勝手に置き換えるという作業をしています。

ですから、ユニバーサルデザインといっても、表面的なことばかり議論していたのではだめだと思います。日本にはもともと「公共デザイン」という言葉があったのに、わざわざユニバーサルデザインに変えて、わけのわからないものにしてしまった感があります。公共デザインという言葉には、今のユニバーサルデザインの概念は基本的にすべて入っていたと思います。デザインとは本来、色・形の話ではなくて、その本質は「総合的で創造的な計画を立てること」ですから、すべての行為にデザインが絡んでいるという前提で考えられていた。ところが、いつの間にか日本では、デザインは色や形をいじりまわすことであり、お飾りみたいなものだと思われるようになり、そこで混乱が生じたわけです。改めてデザインとは何か、といったことをきちっととらえ直し、共通認識を育てていかないと、本当に実現しないといけないことを見失ってしまうのではないかと思います。

**栗原**　建築についても、最近はバリアフリーということがよくいわれます。隈さんもこうした問題に、日常的に接しておられると思いますが、どのようにお考えでしょうか。

**隈**　本当に難しいと思うのは、そういうことはすべて文化の問題でもあるからです。たとえば、和室で、畳まで一段上がるというつくりがあります。建築的には、その一段があるから、畳の部分はその下の土間の三和土《たたき》とは違う、一種の軽さのようなものが出るということがあります。そこの段差を、弱者への配慮とどう折り合いを付けるかといった問題に、我々は日常的に直面するわけです。そこに単に手すりを付けるとか、スロープを付けることで解決したといえるのか。それが弱者への配慮といえるのか。これは我々が、今後どういう文化を育てていくかということと深く関わっており、それを抜きにしては語れない問題だと思います。そこは非常に慎重に考える必要があるし、建築デザイナーだけで解決できる問題でもありません。もう少し広い視野で、デザインという行為がどれだけの広がりを持つかを認識してやっていかないと、文化的に大切なことがいろいろと抜け落ちてしまうような気がします。

## ジャパン・ブランドとモノづくりの精神

**武内**　次のキーワードは「ジャパン・ブランド」の実現です。これから日本らしいといいますか、日本の自然や歴史、文化にマッチした風景や、都市景観をどう実現していけばよいのか、皆さんのご意見をうかがえればと思います。

**岩貞**　「日本」という言葉を聞くと、やはり木とか和紙、水という言葉が浮かんできます。先ほどの隈さんの作品などを拝見しても、木を使った建築などは心に染み入るものがありますので、そういったものが広がってほしいと思いますが、反面、なんでもかんでも木とか和風にすることも違うという気がします。先ほど、中国ではその土地の風土にあったものを建てたという隈さんのお話をうかがって、やはりその土地の雰囲気や、使っている人たちに合ったものを一つひとつ丁寧につくっていくことが、日本的なデザインの基本になるのではないかと感じました。

**水戸岡**　日本ではいつの時代にも、伝統的な考え方や素材、職人の技と、その時代の最先端の技術を組み合わせて、当時として最もモダンなものをつくり上げてきたという歴史があります。ですから、今後もそういう伝統とモダンの融合がないと、本当の意味でのジャパン・ブランドは生み出せないと思います。その素材の持っている記憶とか、物語をきちっと理解した上で、懐かしくて新しい、そして世界のどの民族も実験していないようなチャレンジングな試みを行う。それが、本当の意味で価値あるデザインを生み出す唯一の道だと思います。また、日本人はもともと質素倹約で、何もなくても精神的に豊かであれば、人生を楽しめる、生きていけるというDNAを持っていたと思います。そのDNAを生かした文化を世界に発信し、提供していくことが、最終的にはジャパン・ブランドになっていくのではないでしょうか。

**武内**　隈さんは、ご自身の作品が今やジャパン・ブランドとして世界に知られていますが、日本的なものを世界に発信する上で、どのような視点が重要になるとお考えですか。

**隈**　ジャパン・ブランドといったとき、それは和風であるとか、そういう表面のテイストだけでとらえたのでは本質を見誤ると思います。日本のさまざまな分野のデザイナーが今、世界的に注目を集めているのは何かというと、それは日本なりのモノづくりの精神が、彼らの仕事に深く結び付いているからだと思います。

また、私が中国で仕事を始めたときに、工業化は日本のほうが進んでいるから、中国には職人技とか、手作業の部分でかなりいいものが残っているだろうと期待して行ったら、ほとんどそういう技術と出合えなかったということもあります。こんなに手の込んだ石の細工をした人たちは、どこにいってしまったのかと不思議に思うぐらいに、あちらの生産現場では、モノづくりに対する愛情が薄いのです。なぜ、そうなってしまったかについては諸説あって、それは儒教のせいだという人もいます。儒教はモノづくりを疎かにするから、儒教の優等生である中国・韓国はだめで、日本は儒教では劣等生だから、モノに対する愛情があるというわけです。

しかし、日本のモノづくりの強みは何かと考えたときに、私自身は、それはモノづくりに対する社会的信用みたいなものが、今もきちんと存在しているし、機能していることだと考えています。たとえば、「この木はこんな加工をしても使えるのか、耐久性はどうか」と問い合わせたときに、日本のモノづくりの人たちは、何の契約がなくても気軽に答えてくれるところがあります。そういう信用関係というか、ネットワークが機能しているから、日本のモノづくりはクオリティが高いのです。ですから、私もデザインの現場では、必ずモノづくりの人たちを巻き込んで仕事をするように心掛けています。ところが海外になると、「まず契約書を交わさないとお答えできません」というところが多い。その契約書を交わすにも、向こうの弁護士にチェックしてもらう必要があったりで、なかなか物事が進まないのです。海外ではそういう状況が一般的ですが、日本ではむしろ、モノづくりは信用関係で進んでいく。それが日本の強みですから、その信用関係をどうやって維持し、メンテナンスしていくかが、我々の重要なテーマの一つだという気がします。

**武内** 最近、駐英大使の野上義二さんとお話ししたときに、日本の著名な方を呼んで、イギリスで講演会を開催すると、建築家の講演だけはとにかく満員になるそうです。そのぐらい、日本の建築家は世界に売れているわけですが、他方で、日本の都市計画家に世界の街づくりを依頼したという話は、あまり聞きません。そのあたりの事情を、隈さんはどのように理解されていますか。

**隈** 確かに、日本はこれだけ建築を輸出しているのに、都市計画ではほとんど輸出がありません。ただ、今の都市計画自体、少しモノ寄りになってきている面があって、そのなかでは日本人も、わりと活躍の余地があるような気がしています。ようするに今は、一昔前のような大規模なアーバンデザインというよりは、都市のなかの装置をデザインして、その集積として都市をつくるという発想です。先ほど中村良夫さんが例を示されたような、自然と建築を近付けるような装置の集積として、都市をデザインする流れが海外でも現れていて、そのなかで日本のデザインが採用されるケースがけっこう出てきているのです。ですから、都市計画的なものの可能性が、まったくないわけでもないと思います。

**武内** 中村良夫さんは、かつての日本は、国全体を見ても、都市を見ても庭園のようで、それが伝統的な風景になっていたと指摘されました。そうした庭園的な空間は、二〇世紀後半の高度経済成長の時期に、急激に壊されてしまいましたが、それを回復するためにはこれから何が必要だとお考えですか。

**中村（良）**　先ほどの隈さんのモノづくりの話は、私もまったくそのとおりだと思います。問題は、日本人はモノづくりは上手だが、プランニングとか、マネジメントの部分が弱いのではないか。コンポーネントは非常にうまいが、システムインテグレーションは苦手だということかもしれません。しかし、よく考えると、そうとばかりもいえないところがあって、これは非常に難しい問題です。というのは、日本人は昔から、独特のシステムインテグレーション、マネジメントを行う感覚を持っていたところがあって、それがいちばん典型的に現れているのが日本文学です。これはよく引用される話ですが、日本の文学には小説のように一人で筋をつくっていくものとは別に、連句といって、何人かが集まって俳句を次々と付け加えて、つなげていく形式があります。最初は筋がなくて、連結されることでどんどん変わっていくという、これはいかにも日本的な、非常に柔らかなマネジメントの方法だと思います。

日本の庭づくりも、最初から全体のプランがあって造園されたのかは疑わしい。おそらく真ん中に池を置くぐらいのことは、最初に考えたかもしれないが、あとは考えながら付け足していったのだと思います。ある程度できあがっても、これで完成ということはなくて、庭師がまた来て、煙草でも吹かしながらひとわたり見て、「あそこの枝をちょっと切ろう」

とか、「こっちの池には石を置こう」とか、悪くいえば行き当たりばったり、よくいえば非常にフレキシブルなマネジメント感覚でつくっていったのです。

そういう方法を、庭師モデルといっていますが、その場合に、最初の発句が非常に重要になります。私は都市や地域のデザインを考える際にも、そういうモデルがあってもいいのではないかと思います。そのときに発句となるのは、日本の場合は自然、山水です。あるいは山水的な世界が集約された場所としての神社、仏閣です。神社・仏閣は日本のアーバンデザインのなかで、昔から非常に重要な意味を持ってきました。が、そうした場所の自然は戦後、まったく冷遇されるようになり、都市計画の制度のなかにも入っていません。ですから、今後はそうした自然も都市計画のなかで見直す必要があると思っています。

**武内**　今のような点も含めて、「ジャパン・ブランド」というスローガンを提唱された中村英夫さんに、ご意見をいただければと思います。

**中村(英)**　今後の国土景観づくりにおいて考慮しなければいけない問題を一、二述べたいと思います。先ほどから、昔の日本は素朴だったとか、自然が非常に美しかったという話が出てきまして、私もそのとおりだと思います。もともと自然が美しかったこと、そして、日本人が豊かな感性を持っていたことが基本にありますが、もう一つ見落としがちなのは、日本が貧しかったということだと思います。日本の伝統美と呼ばれているもののいくつかは、貧しさゆえの、いろいろなものを持ち込めないがゆえの美しさみたいなものが、多いように思われます。そういう素朴さによって保たれてきた美しさに代えて、これからは豊かさのなかで美を追求しないといけない。豊かさとは、いろいろなものを持ち込めることであり、そこで美を保つのは、たいへんな難題であるということが一つあります。

もう一つは、先ほど中村良夫さんがいわれた、マーケットが国の美しさや景観に反応し始めたということで、これも非常に重要なことだと思います。ただ、それが工業製品と違うのは、工業製品はマーケットが拒否したら、別のものをつくればいい。あるデザインのクルマが売れなくなれば、別のクルマをつくって売ればいいわけです。ところが、国土とか都市は、一度つくると数百年は続きますから、そう簡単につくり替えるわけにいきません。そこがたいへん苦しいところで、それを踏まえてこれからどうするか。これが我々の抱えるいちばんのテーマではないかと思います。

そのときに、我々が使える手段は、そういくつもあるわけではありません。一つは、行政的な規制手段です。それが筋の通ったものであれば、景観条例の類はそれなりに機能すると思います。また、モノづくりの知恵や技術を維持し、育てていくことも大事です。デザイン力といわれるものは、まさにこれに該当しますが、そうした知恵や技術をどう発展させていくかを、誰もがそれぞれの立場で考える必要があります。そして、さらに大事なことは、教育と啓蒙です。みんなが美しいものを歓迎し、醜いものは排除したいと考えるように、国全体で意識改革を進めていかないといけない。そうした意識改革なくしては、いくら街の景観をよくしたいとか、国の景観をよくしたいといっても、実現などあり得ない話です。そして、もう一ついえることは、投資に必要な財源はそれなりに確保しなければならないということです。未来のために、本当に必要なものには、それを理解した上で国民も相応の負担をする。景観改善にも金がかかりますから、本当に必要なものにはきちんと投資するという考えを、国民全体で共有しておく必要があると思います。

**武内**　最後に、私からお話をさせていただきます。今のグローバル化した時代のなかで、日本的なモノや素材、基準だけでは世界のなかで生きていけないし、日本のなかでもそれでやっていけるわけがないと思っています。水戸岡さんが九州新幹線の車両の話をされましたが、そのなかで九州の素材を生かし、日本の伝統技術を生かしながら、さらに今の技術を駆使して現代風にアレンジを加えたことがポイントだったといわれた。私はこれからの交通社会のなかで、新たな潤いを持ったデザインをしていくとは、結局はそうしたことではないかと思いました。

日本人にしか通じない基準を持ち出して、世界の孤児になってはいけませんので、日本の感性や技術を大切にしながら、なおかつ新しいものを求めていく。そのバランス感覚が大事だということだと思います。これはクルマでもそうでして、日本のクルマだけが世界と違う基準でつくられていては、世界で売れないクルマになるし、日本でも使い勝手の悪いものになります。世界的な基準はそれなりに守るが、そこから先の付加価値、楽しさとか潤いといったような部分では、徹底して地域にこだわってみたり、自然や文化にこだわってみたり、あるいはジャパン・ブランドにこだわってみるということが、これからますます問われていくのだと思います。

もう一つ、ハーバード大学デザイン大学院のカール・スタイニッツさんが、高速道路下の日本橋を見て、私にいったことを今でも覚えています。彼は「スポイルド・ランドスケープ」、汚された風景だといいました。これはなかなかショッキングな言葉であります。そこまでいわれた私たちではありますが、しかし二一世紀は始まったばかりですから、今日ここで議論したようなことも含めて、日本にはまだいろいろな可能性があると思っています。そういう意味で、デザインを通じた新しい交通社会の形成に向けて、これからさらに議論を深める必要があるという思いを皆さんと共有しながら、このシンポジウムを終わりにしたいと思います。本日は長時間のご静聴、どうもありがとうございました。

# おわりに

「デザイン」という言葉の語源は、もともとは「デッサン」などと同じく、「計画し、記号化する」といった意味のラテン語(designare)である。つまりデザインとは、ある問題を解決するために、その問題に関わる考え方や概念を検討し、具体的な計画を立て、それを実現するまでの全工程を指す言葉なのである。ところが、なぜか日本では、その意味が誤解されている面がある。デザインというと、日本人はすぐに色や形など、表面的なものだけを扱う作業と考えがちなのである。我々はまず、交通社会のデザインを考える前に、そうした基本的な認識を正しておく必要があるのではないかと思う。

そして、その上で、我々がこれから潤いのある交通社会を実現するために、実際にはどのようなビジョンを持ち、どのようなデザインを考える必要があるのか。本書では、それを国土や都市のスケールから、建築、乗物、標識まで、さまざまなスケールを通じて俯瞰的に検証し、その課題と可能性を浮き彫りにした。

幸い、本プロジェクトには、このテーマに直接、間接に関わる各分野の第一人者に参加をいただき、大変示唆に富む貴重な意見や、提言をうかがうことができた。それゆえ、当初思い描いた目的は、それなりに達成できたのではないかと思っている。各章を熟読していただければ、必ずや読者の胸に深く響くものがあったと信じている。

ここでは、本書で展開された議論の全体像を確認していただくために、各メンバーから指摘された重要な論点やビジョンについて、もう一度簡単に整理し、俯瞰しておくことにする。

・・・・

## 「自然」と「文化」の融合を

国土や都市スケールのデザインを考える上で、重要なキーワードとなったのは「自然との関わり」である。日本は、自然の美しさでは他国にひけをとらないが、我々はその美しい自然を、あまりにも粗末に扱っているのではないかという疑問は、今回のメンバー全員に共有された、基本認識であったといえよう。

とくに、中村良夫氏は、その「自然」と「文化」の関係性について、日本人は近代以降、この二つを分離して考える思考法に縛られすぎてきたと指摘。そのため手付かずの自然などは、日本では比較的よく管理されているが、その周辺の町や農村など、自然と文化が混合した地域の管理がおろそかになっていると論じ、「近代以前の日本には、自然と文化を見事に融合させてきた歴史があり、我々はこれから、その伝統をもう一度復活させていく必要がある」と指摘している。

一方、中村英夫氏は、同様に美しい自然景観を、野立ての看板などで台なしにする日本人の無神経さを嘆きつつ、そうした問題を国土計画のなかで提起してきた経緯について、丁寧にふり返っている。さらに、今日の日本は、国全体の基本整備については、ほぼ終了したとの認識を示し、今後は美しさや品格といった、ワンランク上の国づくりを目指す必要があると指摘。「国を美しくするとは、国民の誇りを育てることだ」と語り、新しい国づくりへの理解を、国民全体に広く呼びかけている。

## 交通景観が、時代を象徴する風景となる

では、いわゆる交通景観にフォーカスすると、どのようなことがいえるのか。日本の郊外のロードサイドの景観が、きわめて劣悪であることは周知のとおりである。大規模なショッピングモールの進出などで画一化が進み、郊外には没個性的な街並みが延々と続く。古より沿道の景観が、時代ごとの代表的な風景となってきたことを思えば、これは由々しき事態であり、今後は法的措置の強化や、国民的なコンセンサスづくりを進め、なんらかの解決の糸口を見出していく必要がある。

また、日本では戦後、新幹線や高速道路などのインフラ整備が、全国標準で画一的に進められてきた面もある。中村英夫氏はこの点について、「いつの間にか現場の設計が学問と乖離し、まわりと不釣り合いな巨大構造物がつくられるようになった」と指摘。今後は景観との調和を重視し、より質の高いインフラづくりを進める必要があると語っている。

一方、「交通」は人間のライフスタイルを拘束する力を持ち、都市デザインの基盤となるものだが、二〇世紀にはその交通インフラの整備と、建築のデザインが分離されてきたと指摘するのは隈研吾氏である。その上で、「これからは、土木と建築の本質的な意味での融合が必要」との認識を示すとともに、二一世紀には、これまでの自動車交通に支配された都市構造を脱皮し、もっと多様な交通メディアが都市の骨格を担うべきと提案している。

## 都市の課題と、これからの方向性

都市景観の問題は、本書で最も大きく扱われたテーマの一つである。かつての江戸や大坂がそうであったように、近代以前の日本の都市は、いずれも余韻嫋々《じょうじょう》たるものがあった。それが急速に失われ始めたのは、都市から水辺が消えていった、昭和三〇年代の半ば頃からである。これは、我々が経済効率ばかりを優先して都市開発を行った結果であるが、「経済でもキャッシュフローのことばかり考え、都市に財を蓄積するという発想を持たなかったことが大きい」と中村良夫氏は指摘する。

また、都市建築のデザインが抱える課題として、道路で囲まれた「街区」という枠組みの拘束力をあげる隈氏は、その枠組みに縛られている限り、建築は自分を目立たせるだけのものになり、都市デザインと深く結び付いた存在にはなり得ないと語る。さらに、今後は建物の外がパブリック、内がプライベートという、内と外の関係性を壊し、溶かし込んでいく作業が必要であり、「そのプロセスのなかで、これまで失われてきたヒューマニスティックな空間を、もう一度、都市のなかに取り戻す必要がある」と指摘している。

この隈氏の議論を、現実のものにしていくようなプランが今、東京で検討されている。日本橋川の上空に架かる高速道路の移設を核とする、日本橋地区の再生事業がそれにあたる。このプロジェクトで指導的な役割を担っている中村英夫氏は、その意義について、「日本の中心だからこそ美しく、品格のある街づくりを先行して行い、そこから全国に、これからの都市再生の意義と方向性を波及させていきたい」と語っている。

## デザインが、地域のアイデンティティを育てる

鉄道などの公共交通のデザインが、地域のアイデンティティを育てることを身をもって体現しているのは、水戸岡鋭治氏の仕事であろう。水戸岡氏は、天然木や藺草《いぐさ》などの自然素材を使った九州新幹線「つばめ」や、岡山市内を走る路面電車「ＭＯＭＯ」のデザインを手掛け、今やこれらの車両は、その地域の新しい「顔」として定着しつつある。

水戸岡氏はこのほかにも、駅舎のデザインや、種々の街づくりプロジェクトにも参画。そうした地域デザインの現場で重視しているのは、住民との対話であると語る。「今の日本の町が衰退した一番の原因は、コミュニケーション不足にある」と指摘し、デザインの本来的な役割や、そこで使われる色や形、素材が持つ歴史背景などを、地道な対話を重ねることで地域に浸透させてきた。こうしてデザイナーと市民が一緒になり、デザインについて考え、学び合うことが、「地域のアイデンティティを育て、さらには、人や文化の地

産地消を実現していく土台にもなる」と語っている。

一方、近年、建築の世界で自然素材にこだわった仕事を続けている隈氏は、自らのスタンスを「場所性へのこだわり」と表現する。とくに、豊かな自然に包まれた地域社会において、「コンクリートという素材にこだわっていたのでは、その場所にフィットした建築は望めない」と指摘。同時に、最近は防災・防火面も含め、木や竹、紙などの利用の可能性が高まっていることに触れ、今後は自然素材のイノベーションが、地域デザインに大きな変革をもたらすと語っている。

## すべての人に使いやすく、魅力も備えたデザインへ

公共的な施設や、標識、案内板などのデザインで求められるのは、まず機能性、使い勝手である。近年は、ユニバーサルデザインの考え方が普及し、消費社会ではクルマのデザインから、薬のパッケージまでユニバーサル化が進んでいるが、岩貞るみこ氏は、「標識、案内板などの公共物は、こうした視点があまりにも欠落している」と語る。

岩貞氏の指摘するとおり、公共物のデザインでは、つくり手である行政側の都合だけが透けて見えるところがあり、縦割りの壁に阻まれて、全体を俯瞰し、調整する仕組みが確立されていないという問題を抱えている。今後はその仕組みをどのように整え、公共空間のユニバーサル化をはかっていくかが、行政サイドの大きなテーマになるといえよう。

使い勝手の充実は当然のこととしてクリアした上で、公共物のデザインにはさらに、そ

の時代の核心をとらえた新しい提案や、付加価値が求められると語るのは、水戸岡氏である。あまねく人に配慮した機能性とともに、ある種の革新性がないと優れたデザインとは呼べず、さらに公共のデザインでは、「利用者をリラックスさせると同時に、心地よい緊張感をもたらす必要があり、それがおのずとグッドマナーの醸成につながる」と指摘する。水戸岡氏のこうした発言は、デザインがたんに見た目の問題にとどまらず、さまざまな社会的効用をもたらすものであるという事実を、改めて我々に気付かせてくれる。

## テクノロジーの発達は、交通社会を潤すか？

これからの交通社会を検討するにあたり、もう一つ考えないといけないのは、テクノロジーとの共存の問題である。近年、交通社会を取りまく環境はますます高度化、複雑化しているが、矢野雅文氏は、今日のテクノロジーと人間のなじみ具合の悪さは、「人間がまだ、生命世界のロジックを手にしていないことから生じる」と指摘する。

生命世界のロジックとは、ようするに我々人間を含む、あらゆる生命活動に通じる諸原理のことだが、矢野氏は議論のなかで、「今後はその原理の解明を急ぎ、それに基づいたヒューマンフレンドリーなテクノロジーを実現する必要がある」と指摘。その一つの条件として、従来の中央制御型から、自立分散型の技術社会への転換の重要性を強調している。

逆に、テクノロジーの可能性という視点に立てば、乗物のさらなるインテリジェント化により、二一世紀のモビリティが今後、どのような方向に進化していくかといった興味も出てくる。「クルマという乗物が最近、面白くなくなりつつある」と指摘する古川修氏は、クルマが自動化一辺倒になることに危機感を抱きつつ、「これからは使い手の感性を刺激する技術なども、ハイテク化によって実現されるべきだ」と訴える。

また、クルマの生産工程も、今後はマスプロダクションから、個々の消費者ニーズにあわせた個別対応へと転換することが予測されるが、「〝個〟の伝統文化を持つ日本人にとって、それは喜ばしいことであり、また日本人技術者にとっては、能力を発揮しがいのある時代になる」とも語っている。

技術にはこのように、両刃の剣のような面があるが、その可能性とリスクをきちんと見きわめ、適切に対応することで、技術をより便利で快適な交通社会の実現に役立てていくことも、我々に課せられた非常に大きなテーマであるといえよう。

・・・・

以上見てきたようなことは、本書で示された各メンバーからの指摘や提言の、ほんのごく一部にすぎない。しかし、こうして改めてふり返ってみると、一口に「交通社会のデザイン」といっても、実に多様な視点があることに気付かされる。冒頭でも述べたように、我々はこれまで、「デザイン」というものを狭い概念でとらえがちだったが、本書をひととおり読み終えた方は、それが誤りであることにおそらくはっきりと気付かれたであろう。

もちろん、交通社会に関わるデザインの問題は、きわめて多様かつ複雑であるから、この一冊ですべてを俯瞰できたとはいいがたい。しかし、本書に散りばめられた各メンバーからの提言は、どれも非常に明快かつ、示唆に富むものばかりである。また、具体的な事例もふんだんに盛り込み、なるべくビジュアルに、わかりやすい構成を心掛けたので、専門家だけでなく一般読者の方々にも、それなりに興味を持って読んでいただける一冊となったのではないかと思う。本書が、これからの交通社会のあり方を考える上で、「デザイン」が果たす役割をもう一度とらえ直し、そのあり方を問う議論をさらに深めていくきっかけとなることを、切に願っている。

最後になったが、本プロジェクトの趣旨にご賛同いただき、ご協力いただいた諸氏には、心より御礼を申し上げたい。とくに水戸岡鋭治氏には、カバーと表紙イラストの作成および、装丁にご協力までいただいたことに、重ねて御礼を申し上げておきたい。また、プロジェクトの運営に尽力された当学会事務局の奈良坂伸氏、黄金井幹夫氏、出版・編集にご協力いただいた技報堂出版の宮本佳世子氏、アストクリエイティブの堀井信行氏、浜崎浩氏、梅沢亜子氏にも、この場を借りて謝意を表したい。

武内和彦
栗原典善

表紙イラスト・デザイン：水戸岡鋭治＋ドーンデザイン研究所
口絵・本文デザイン：ベンチシート　図版デザイン：ソーイトン
編集協力：アストクリエイティブ

**デザインが「交通社会」を変える**
**—美しい国土、魅力ある交通—**

定価はカバーに表示してあります

2007年4月25日　1版1刷発行

ISBN978-4-7655-4238-8 C0036

編　者　財団法人 国際交通安全学会
発行者　長　　　　　滋　　　彦
発行所　技報堂出版株式会社
〒101-0051　東京都千代田区神田神保町
1-2-5（和栗ハトヤビル）
電　話　営業（03）（5217）0885
　　　　編集（03）（5217）0881
FAX　　　　（03）（5217）0886
振替口座　00140-4-10
http://www.gihodoshuppan.co.jp/

日本書籍出版協会会員
自然科学書協会会員
工学書協会会員
土木・建築書協会会員

Printed in Japan



印刷・製本　三美印刷